Julian Gick

Rhön

Wandern für die Seele

20 Wohlfühlwege

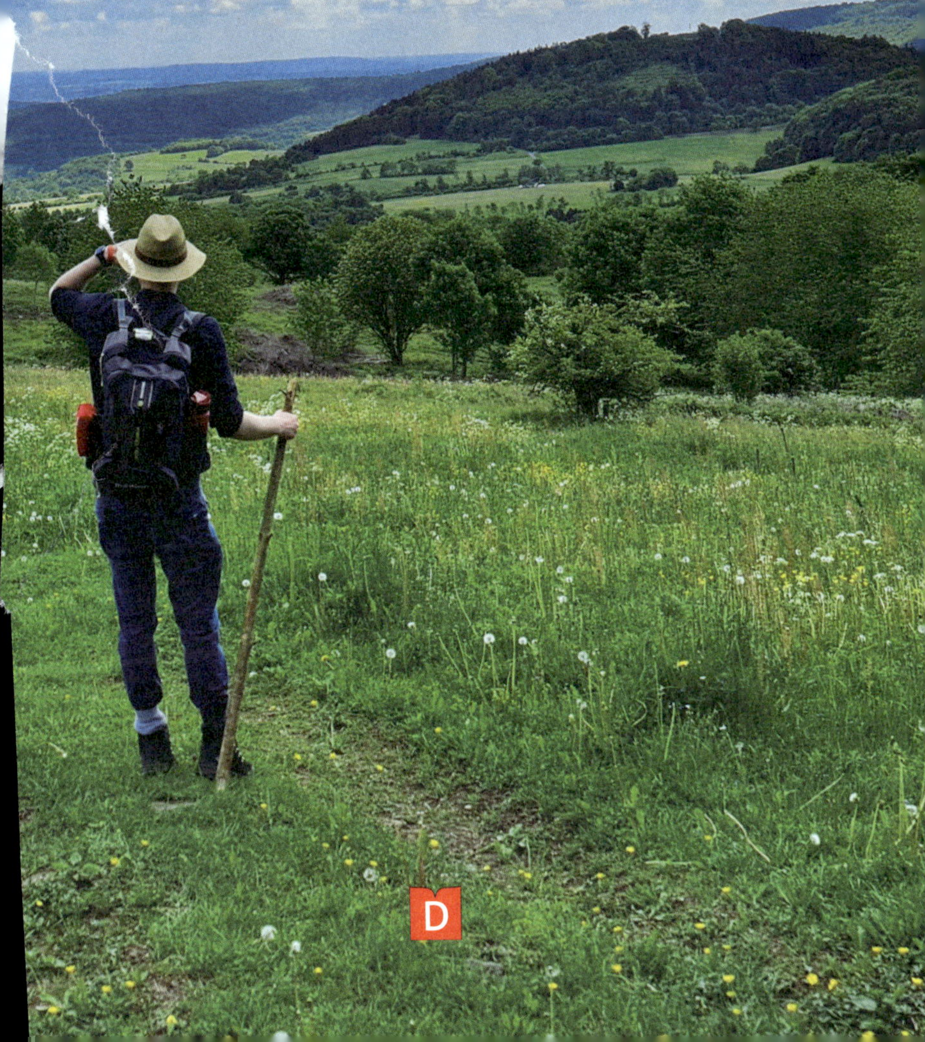

Alle Touren auf einen Blick

AUSZEITEN

WEITBLICKE

GENUSS

ENTSCHLEUNIGUNG

ERFRISCHUNG

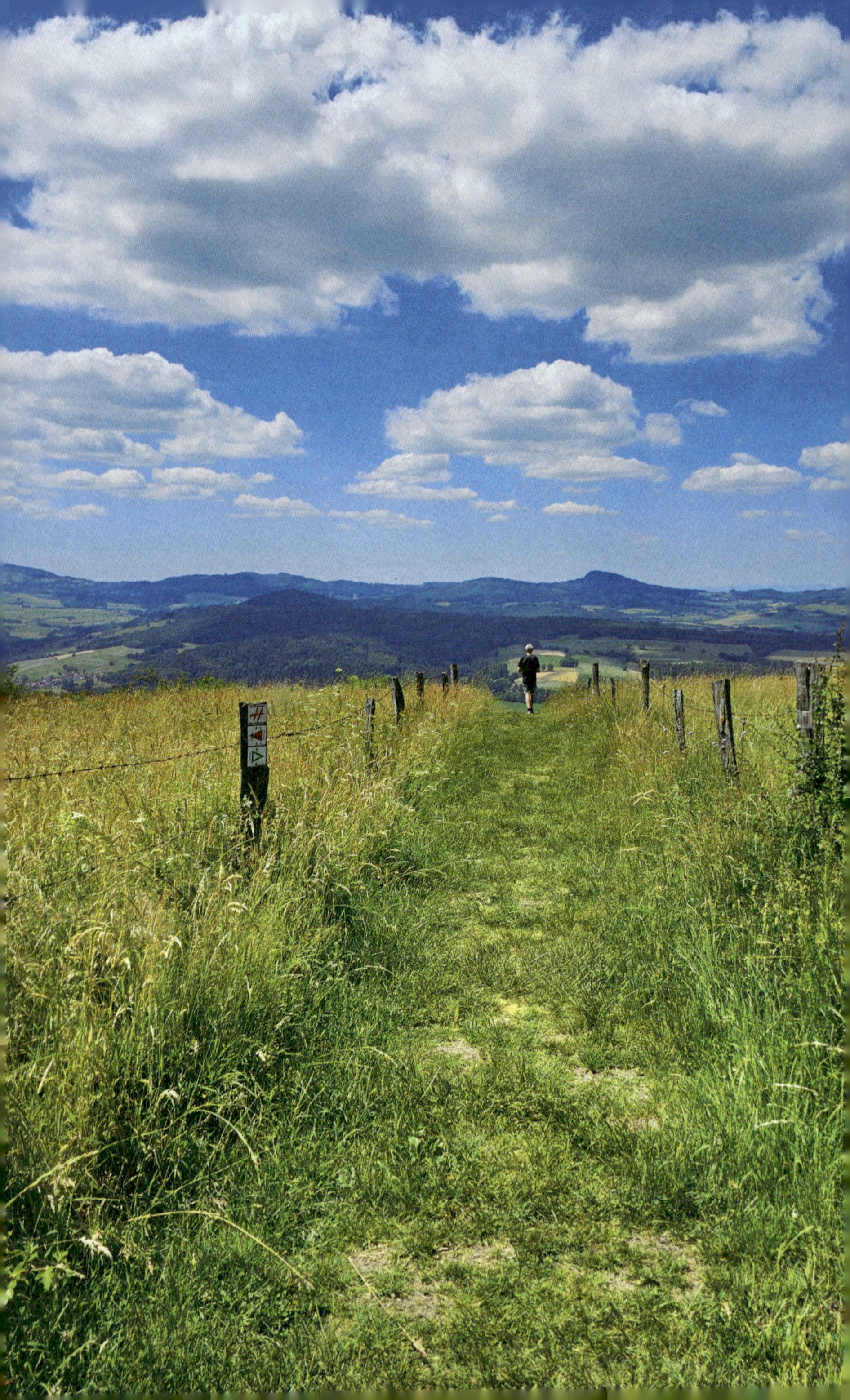

Liebe Naturgenießerinnen und Wanderabenteurer,

willkommen in der wildromantisch rauen Rhön, die immer mehr **Zufluchtsort für Einsamkeitsuchende** wird und mit ihren vielen floralen Almen, urigen Berghütten, schroffen Basaltkuppen, verlassenen Buchenurwäldern und ursprünglichen Dorflandschaften die Sehnsucht nach Landleben weckt.

Wie leidenschaftlich waren die vielen Debatten mit Rhönerinnen und Rhönern um die Frage, ob es überhaupt möglich ist, die 20 schönsten Wanderwege zusammenzutragen. Die fruchtbaren Gespräche wurden oft einstimmig beendet: Die **20 schönsten Wanderwege** der Rhön gibt es nicht. Daher möchte ich im Vorfeld mitteilen, dass dieses Buch 20 ausgesprochen schöne und vor allem abwechslungsreiche Wege bereithält. Es hätten aber auch gut 60 Touren werden können.

NATUR

KULTUR

GENUSS

TOUR

GPS-Tracks zum Download

Sie genießen jeden Morgen aufs Neue die **Freiheit der Entscheidung:** Möchte ich heute unberührte, würzig duftende Bergwiesen in der Langen Rhön genießen, Abenteuer in Buchenurwäldern und felsendurchsetzten Kaskadentälern erleben oder auf Entdeckungstour in den sanften Flanken der Hohen Rhön gehen? Die meisten Wege haben eines gemeinsam: Sie bieten ein **herzöffnendes und erhebendes Erlebnis** im Land der offenen Fernen.

Ich wünsche Ihnen viel Freude beim Kennenlernen dieses eigentümlichen Mittelgebirges, das Sie anschließend nicht mehr loslassen wird.

Julian Gick

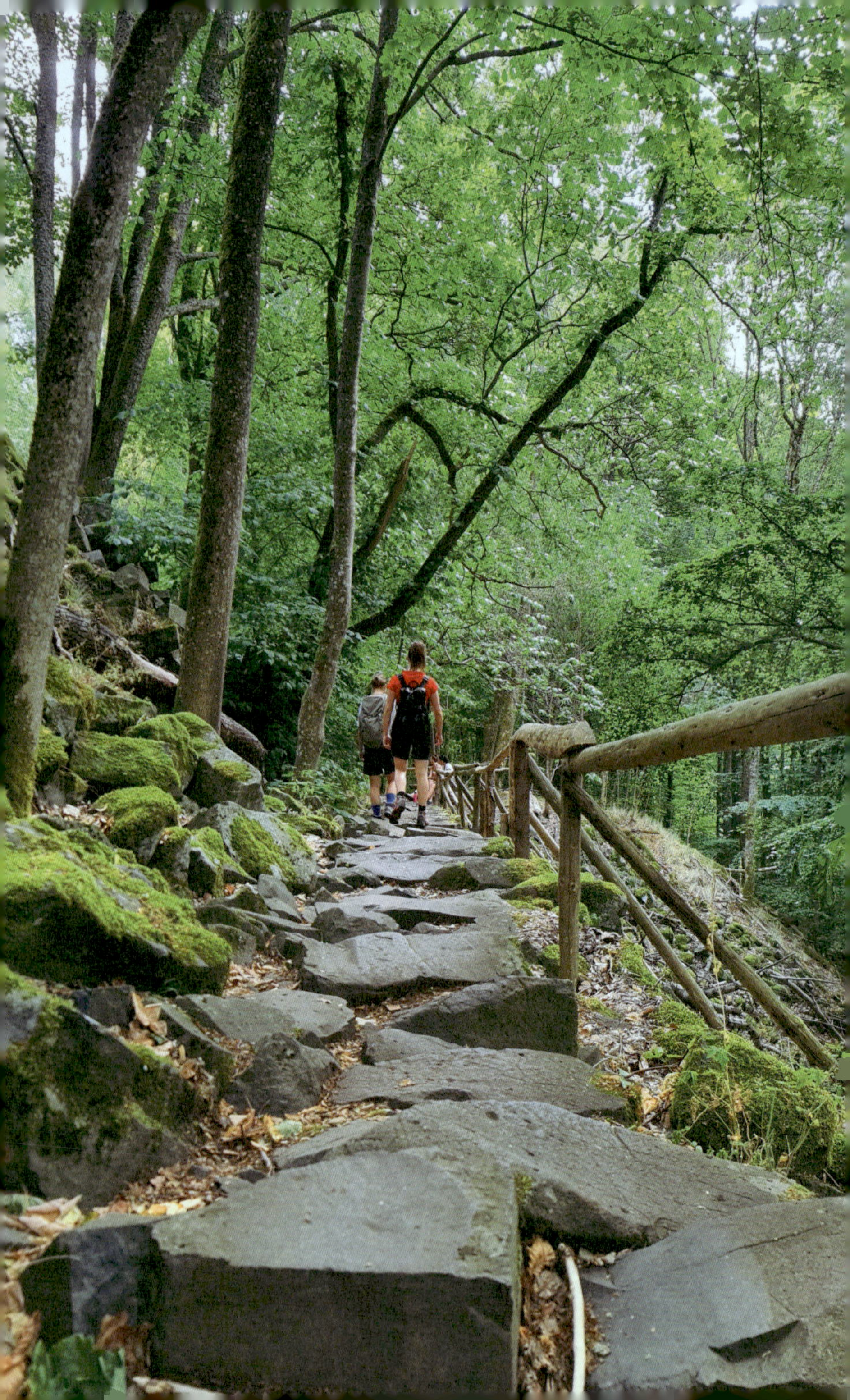

Basaltene Höhen

Teufelskeller und Basaltsee

Wenn es um Wanderhighlights geht, spielt diese Wanderung in der ersten Liga. Geruhsam, abwechslungsreich und auch sagenumwoben bietet sich uns der heutige Wandertag dar. Wir starten unsere Wanderung auf dem sonnigen Aussichtsplateau seitlich der ❶ **Thüringer Hütte** weit über 700 Höhenmeter. Hier haben wir bereits zu Beginn einen wunderbaren Blick über die fränkische Rhön und spüren noch einmal der wärmenden Sonne auf unserer Haut nach, ehe es für die nächsten Kilometer immer tiefer in die alte und schattige Buchenwaldschlucht hineingeht. Hinter der Thüringer Hütte steigen wir nach links in den Wald und folgen erst einmal einer ebenen Geraden. Mit jedem Schritt werden wir langsamer und kommen entschleunigter in diesem Wandertag an. Unbeirrt queren wir einen kreuzenden Weg und passieren den gegenüberliegenden überdachten Rastplatz. Zwei Holzsäulen weisen uns darauf hin, dass wir nun auf dem Teilstück eines **Naturlehrpfades** gehen.

Allmählich säumen immer mehr einzelne Steinbrocken den Wegesrand. Wir bemerken, dass sich links und rechts massive Felsen angehäuft haben, die inzwischen mit einem dicken Moospelz überzogen sind. Ehe der Weg eine Biegung nimmt, erblicken wir links eine Abbruchkante, an der bereits zahllose Felsen in die Tiefe gestürzt sind. Alte und knorrige Buchen ragen über den Abgrund hinaus und halten sich mit aller Kraft zwischen den oben gebliebenen Brocken fest. Je höher wir kommen, desto mehr lichtet sich das Kronendach, die

Kilometer: 13,3
Höhenmeter: 393
Stunden: 4,5
RUNDWEG

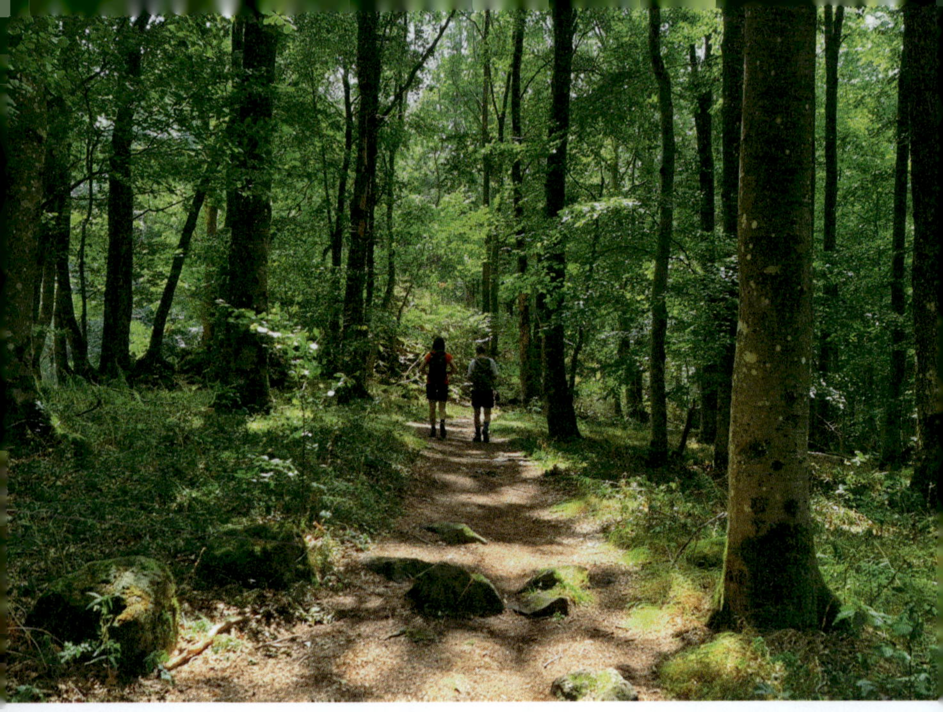

Die hier verbliebenen **Steinwälle** sind Zeichen alter Befestigungsmauern einer Wallanlage aus dem 4. bis 5. sowie aus dem 7. Jahrhundert. Die Anlage diente vermutlich den Merowingern zur Kontrolle der Verbindung von Fulda ins Grabfeld.

wärmende Sonne fällt in einem schönen Wechselspiel auf das Moos und legt sich über die Felsen. Die Buchen schwinden und einzelne Eichen sorgen für noch mehr Lichteinfall. Ein schlankes hölzernes **Gipfelkreuz** begrüßt uns inmitten des spärlichen Waldes. Dahinter liegen die Felsbrocken nicht etwa willkürlich verteilt, sondern formen bei genauerer Betrachtung die Grundrisse eines alten Gemäuers. Wir befinden uns an der **2 Ruine der Gangolfskapelle** der Propstei Fulda aus dem späten 8. Jahrhundert. Vermutlich wurde sie im Zuge der Bauernkriege im 16. Jahrhundert zerstört. Über den heiligen Gangolf, dem wir wieder begegnen werden, ist wenig bekannt. Der Ritter mit Schwert soll aus Frankreich stammen und hatte sich hier nach einem Ehebruch in die Einsamkeit zurückgezogen. Später wurde er ermordet.

Da es sich hier oben um den einzigen Pfad handelt, können wir den Abstieg in 150 Metern nicht verfehlen. Ab jetzt verlieren wir uns die nächsten 2 Kilometer immer tiefer in der Schlucht des Buchenwaldes und wandern über enge und steile Serpentinen zum 200 Höhenmeter tiefer gelegenen idyllischen Elsbach. Nach den ersten beiden Haarnadelkurven marschieren wir an einem felsenüberladenen Hang entlang. Diese mächtigen **Blockschutthalden** sind Zeitzeugen des Vulkanismus und der jahrelangen Verwitterung.

Zwischen den natürlichen Blockschutthalden erblicken wir eine etwa 3 Meter höher gelegene Bank und gönnen uns diesen kleinen Abstecher. Von hier haben wir einen wunderbaren Blick durch ein Kronendachfenster ins offene Land. Weil ein paar Meter weiter eine richtige ❸ **Wohlfühlbank** steht, entschließen wir uns dazu, noch etwas weiterzugehen. Denn von dieser Bank aus bietet sich eine herrliche Sicht auf sattes und reines Grün – ein wahrer Ozean an Bäumen. Hier können wir den Blick ganz weich werden lassen und mit tiefen, erfrischenden Atemzügen Kraft für den weiteren Abstieg sammeln.

Da der Berg doch recht steil ins Tal stürzt, fühlen wir uns mit den Holzplanken gut gesichert und stützen

Für die Seele
Über eine Kapellenruine steigen wir zum Teufelskeller ab und später auf zum glitzernden Basaltsee.

*Im **Felsenmeer** können Buchen schlechter wachsen, dadurch entstehen struktur- und artenreiche Edelholzwälder aus Bergahorn, Bergulme und Traubeneiche.*

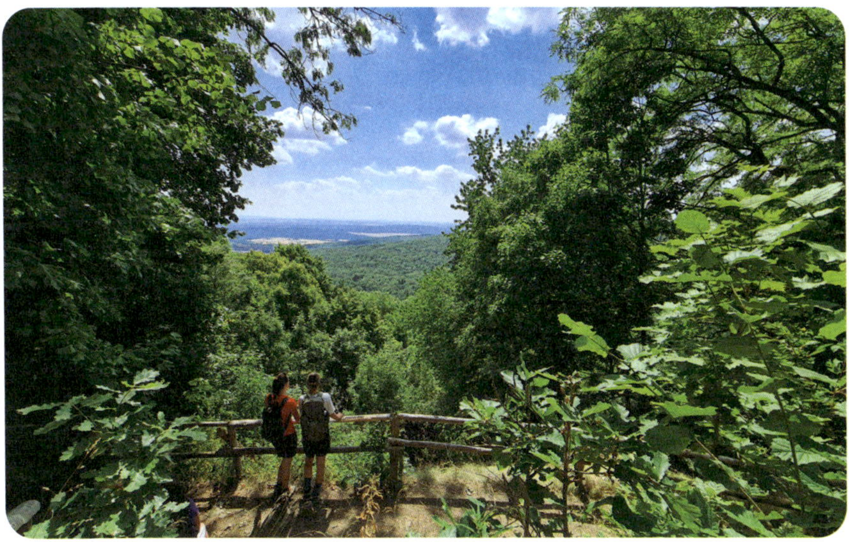

uns hier und da etwas ab. Bereits nach 100 Metern lädt uns ein abzweigender Weg nach rechts zu einem kleinen Abstecher runter zum ④ **Teufelskeller** ein. Dort unten ragt ein riesiger Felsen schräg über den Wanderweg und verbirgt unter sich eine Höhle. Hier im tiefen Wald, unter dem schroffen Gestein, zieht feuchte, fast modrige Luft aus der Finsternis der Höhle. Einer Sage nach hauste der Teufel in dem Felsenloch und lockte Vorbeikommende für seine Machenschaften an. Als der Pfarrer das mitbekam, zog er mit den Mutigsten aus den Ortschaften in den Wald, um den Teufel aus seinem Versteck zu treiben. Zwar wurde der Teufel danach nie wieder gesehen, aber wir können vielleicht noch den beizenden Geruch von Schwefel aus der Höhle wahnehmen. Um die dort lebenden Tiere zu schonen, entscheiden wir uns dagegen, die Höhle zu besichtigen, und gehen die 60 Meter des Abstechers wieder zurück.

Der wurzelige Pfad presst sich nun noch stärker an den Berghang und mündet kurz darauf in brüsken

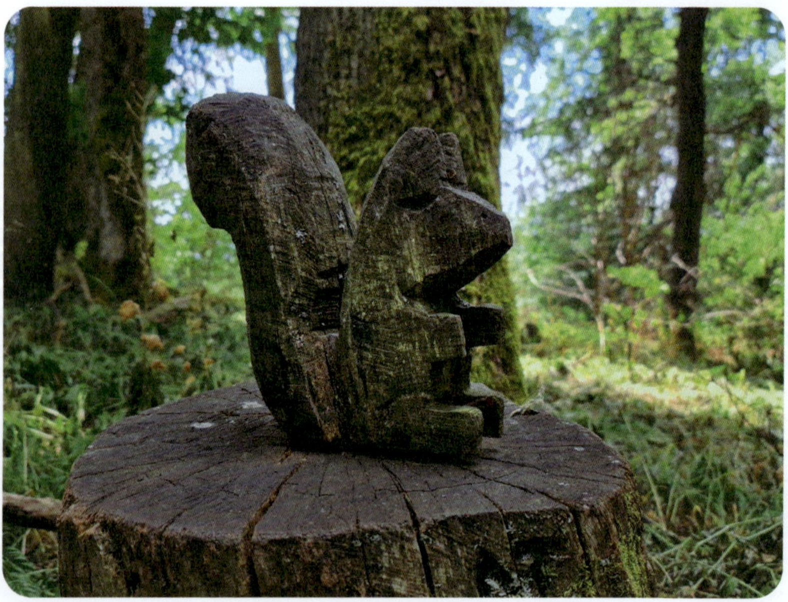

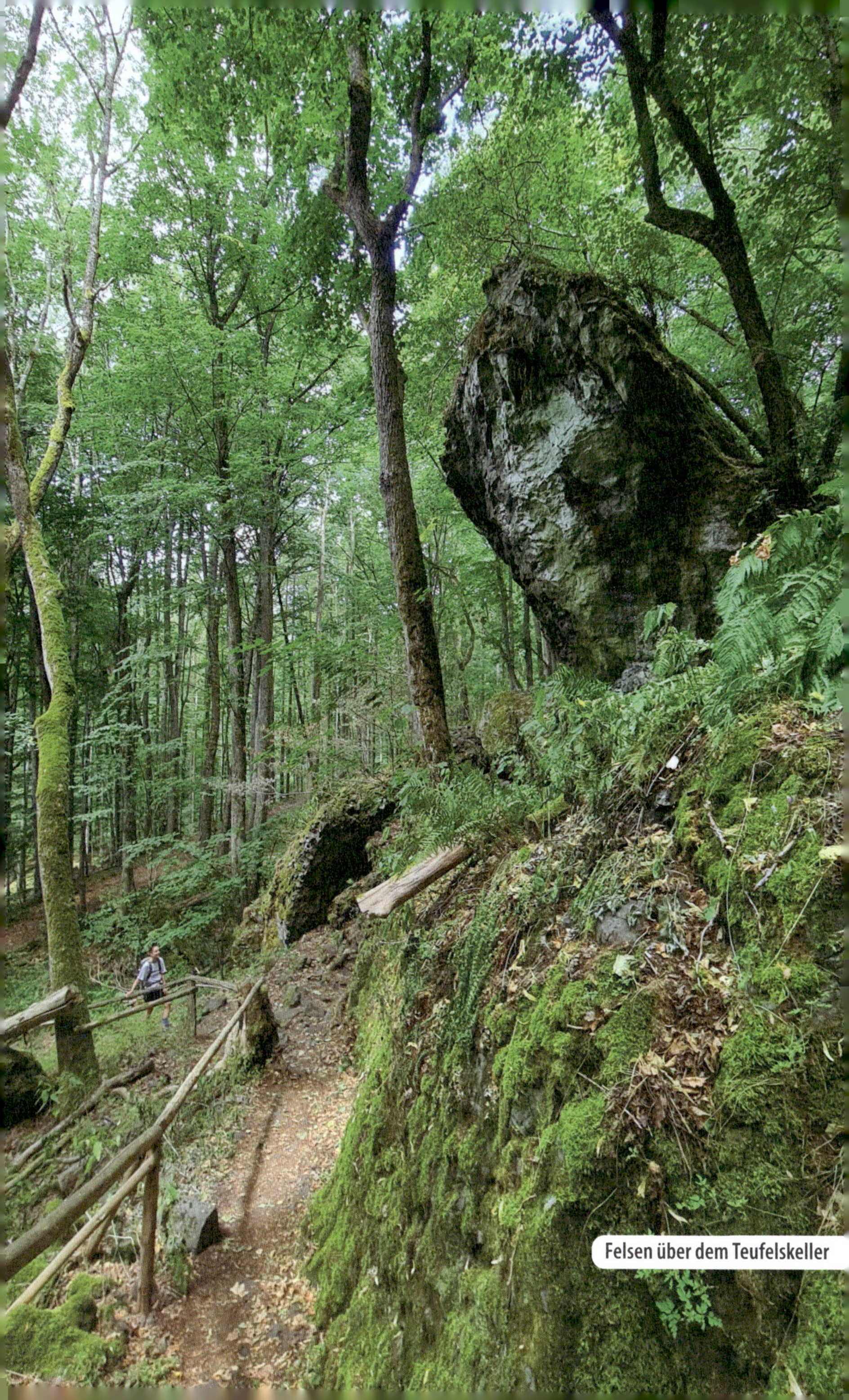

Felsen über dem Teufelskeller

basaltenen Prismen. Wenig später öffnet der Berg einen Blick in seine vulkanische Vergangenheit: Eine große Wand voller übereinandergestapelter ❺ **Basaltprismen** ragt uns entgegen, ein wahrer natürlicher Schatz und ein toller Selfie-Ort.

Anschließend steigen wir die restlichen scharfkantigen Stufen hinab und halten uns rechts. Auf einem bequemen breiten Forstweg vernehmen wir entferntes Plätschern. An dem ❻ **Wurzelbrunnen** gluckst kühles, klares Quellwasser in ein steinernes Becken. Die kleine Erfrischung kommt uns gerade recht. Etwas Wasser ins Gesicht und über die Arme gegossen und der leichte Wind breitet sich als Gänsehaut auf uns aus. Wir halten uns links und der **Elsbach** taucht sonnenfunkelnd zwischen dem Blattwerk auf. Das breite Bachbett mit glatt gewaschenen Kieselsteinen bietet eine schöne Gelegenheit, sich ans Wasser zu setzen und die Füße darin zu baden. Wir haben ja schließlich den gesamten Tag für

*Kühlt die basaltene **Lava** langsam ab, bilden sich Schrumpfungsrisse, die zu recht regelmäßigen Sechsecken führen und hier ein sehr außergewöhnliches Geotop bilden.*

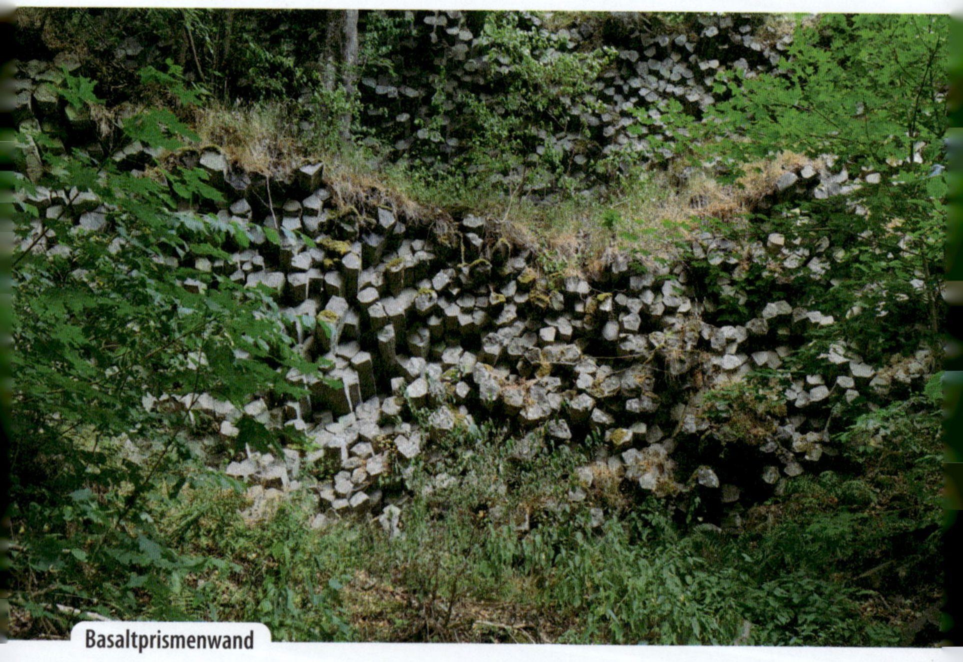

Basaltprismenwand

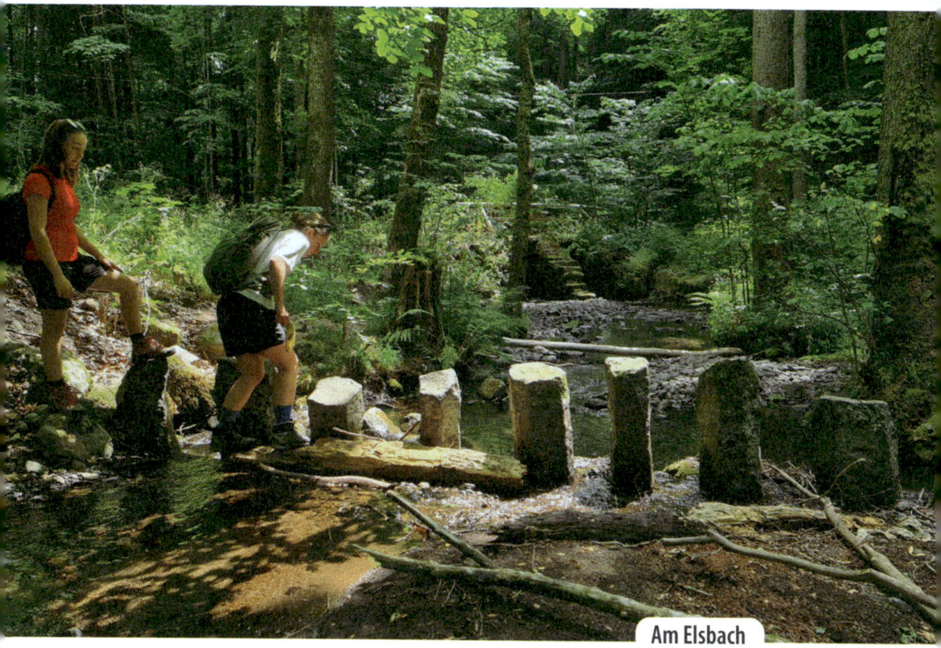

Am Elsbach

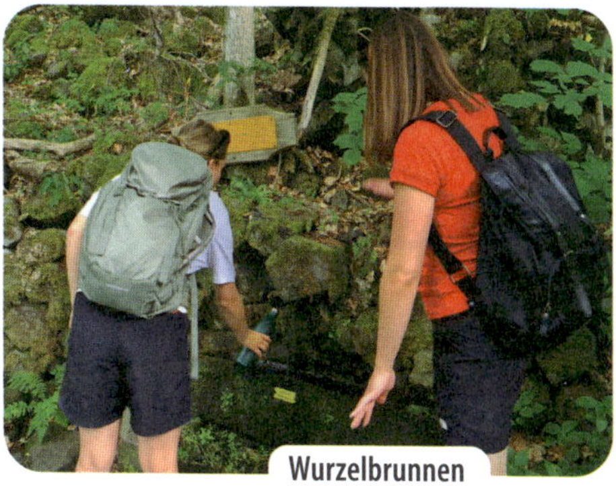

Wurzelbrunnen

uns. Danach begleiten wir den Elsbach etwas in Richtung Tal und passieren ihn an der nächsten Brücke. Den Weg laufen wir hoch bis zur Straße und queren diese, denn gegenüber lädt uns ein breiter Weg zur Fortsetzung unserer Tour ein. Die vielen verlockenden Abzweige lassen wir links liegen und halten uns für rund 2 Kilometer wacker auf dem komfortablen landwirtschaftlichen Weg, ehe wir rechts abbiegen. Den Wald haben wir längst verlassen und eine offene felsendurchsetzte Hochebene zeichnet sich immer stärker ab. An einem geschotterten Platz wandern wir nach links und überqueren einen Wanderparkplatz. Der **7 Basaltsee** flimmert uns schon von Weitem entgegen. Haben wir Glück, hat der angrenzende **8 Kiosk am**

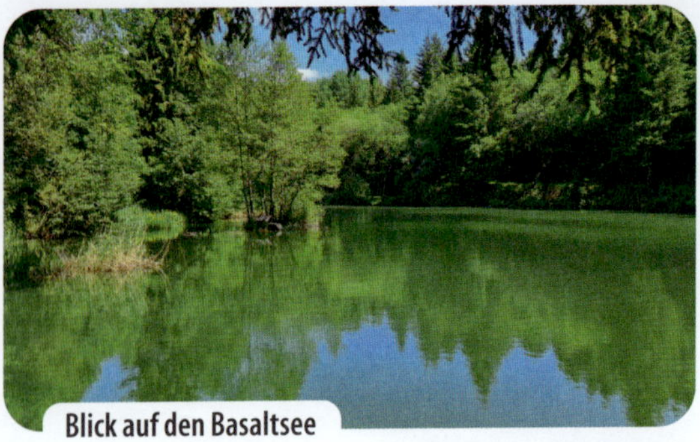
Blick auf den Basaltsee

Basaltsee geöffnet. Dann ploppen Augenblicke später unsere Bügelflaschen am wurzeligen Uferrand des Sees auf. Immer wieder hören wir ein sattes Platschen auf dem Wasser. Achtsam halten wir den Blick auf das Gewässer und plötzlich springt keck eine zappelnde Rhönforelle in die Lüfte und taucht sofort wieder ab.

Den See umrunden wir und nehmen einen kleinen Weg zum etwas höher gelegenen **Steinernen Haus.** Zwar ist von diesem kaum mehr etwas zu sehen, es gibt aber eine Sage über diesen Ort. So liebten sich einst ein Mädel und ein Bursche, konnten aber nicht zusammen sein, weil ihnen Grund und Boden fehlte. Als der Bursche in die Hohe Rhön zum Arbeiten musste, fluchte

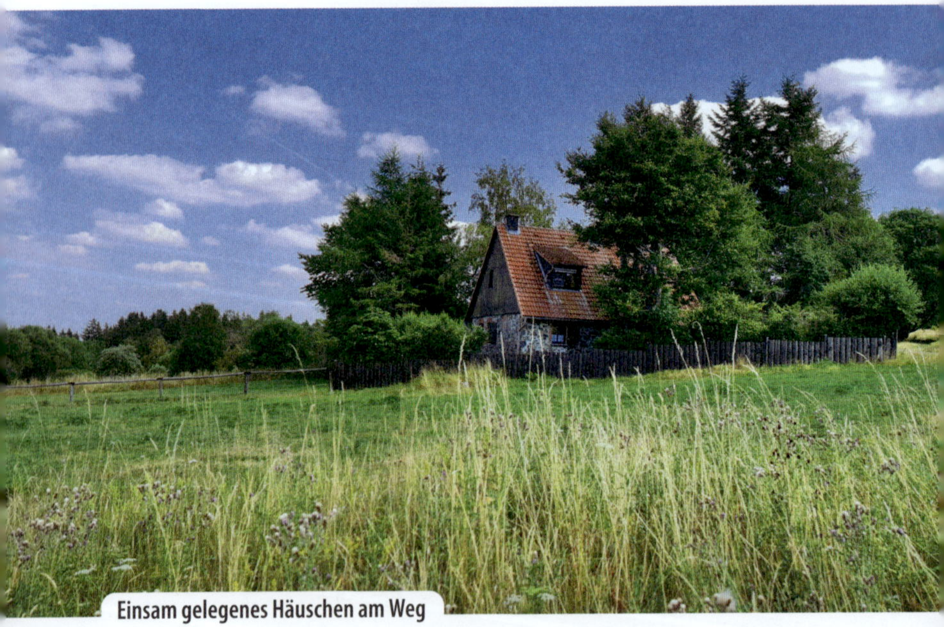
Einsam gelegenes Häuschen am Weg

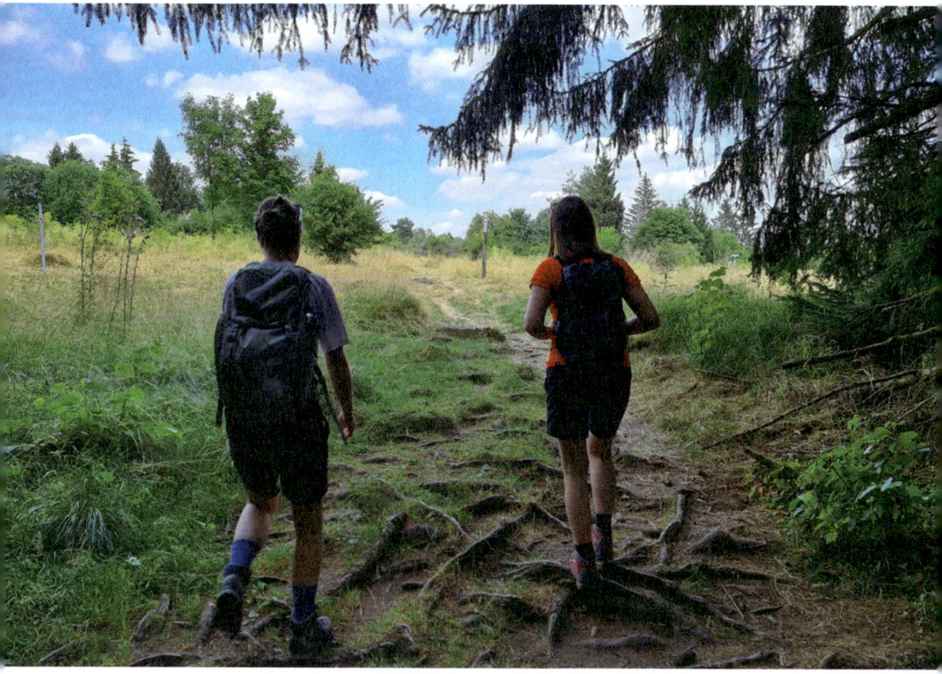

er auf dem Feld, dass doch der Teufel ihnen ein Haus bauen solle. Da tauchte dieser auch schon auf und erfüllte dem Burschen seinen Wunsch, sofern er niemals den Namen Gottes in dem Hause erwähne. Am nächsten Tag stand ein prachtvolles steinernes Haus hier oben. Aus Dankbarkeit betete das Mädel am Hausportal zu Gott und feurige Blitze schlugen aus dem Himmel auf die kleine Behausung nieder. Das junge Paar lebte danach trotzdem glücklich in einer bescheidenen Lehmhütte. Zu sehen sind auch hier wieder Basaltprismen als Zeugen des alten Hauses.

Wir kehren zu unserem Ausgangspunkt an der geschotterten Stelle vor dem Wanderparkplatz zurück, denn von da an geht es weiter über die mageren Hochebenen der Rhön. Im Hochsommer erinnert die weitläufige Bergwiese vor uns an eine norddeutsche Küste, bloß kreischen hier auf knapp 1000 Höhenmetern

Die ***Thüringer Hütte*** *ist bekannt für ihre besonders großen Windbeutel. Die Spezialität aus Brandteig wird mit viel Sahne, etwas Eis und wahlweise Kirschen oder Waldfrüchten angeboten.*

keine Seemöwen, sondern prächtige Rotmilane ziehen ihre weiten Kreise über unseren Köpfen. Ab nun folgen wir genüsslich dem roten H auf weißem Grund bis zur Thüringer Hütte. An einem **einsam gelegenen Häuschen** passieren wir eine Straße.

Nach einem ausgiebigen Bogen kommen wir in eine kleine Waldpassage und an der darauf anschließenden Offenfläche genießen wir einen weiten Blick ins Land – ein herzöffnendes Erlebnis. Nun steigen wir kurz vor dem Skilift hinunter und erspähen am gegenüberliegenden Hang die Rother Kuppe mit dem markanten Turm. Wenig später hören wir schon reges Treiben und Geschirrgeklapper und sehen schon bald die hölzerne **Thüringer Hütte.**

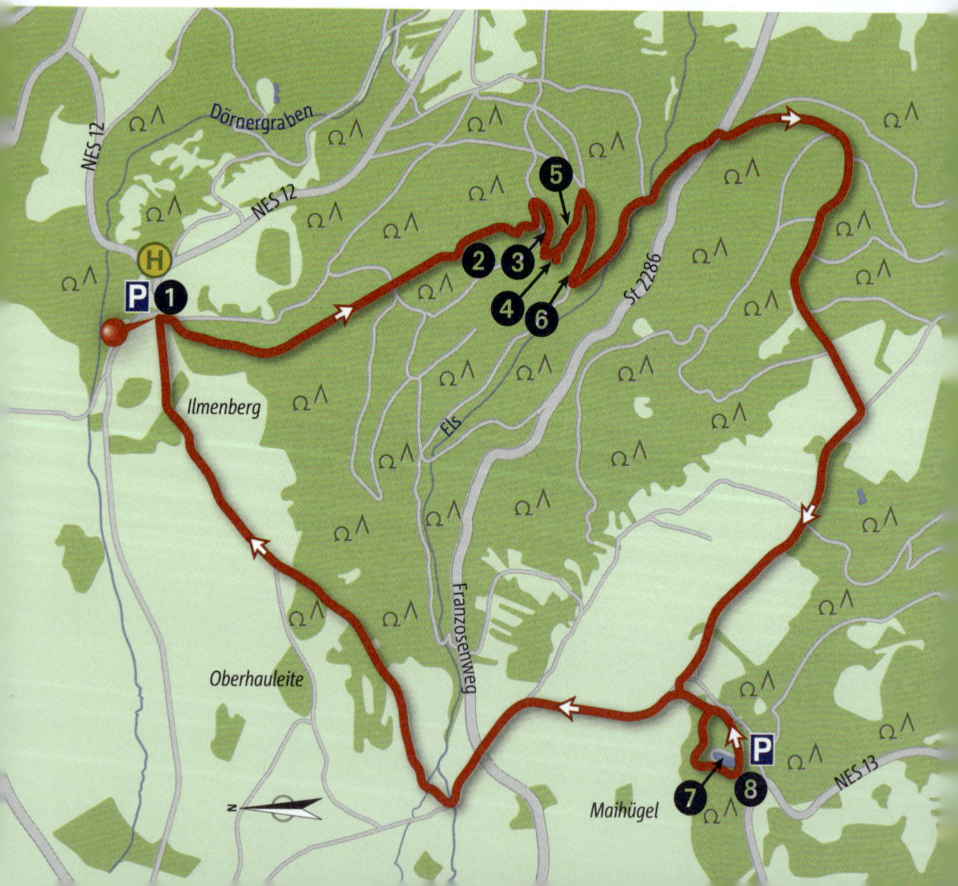

ALLES AUF EINEN BLICK

Entspannung
Abenteuer
Vielfalt

WIE & WANN

Die von Frühling bis Herbst zu empfehlende Wanderung steckt voller natürlicher Highlights, dafür nehmen wir einen unwegsamen Abstieg gerne in Kauf. Wer etwas trittsicher ist, sollte aber keine Probleme haben. Überwiegend verläuft der Weg über schmale, wurzelige Pfade. Nach dem Elsbach folgt ein längerer Abschnitt auf einem gut ausgebauten landwirtschaftlichen Weg, später dann über eine Wiese. Besonders schön ist der Weg an Werktagen, wenn am Gangolfsberg wenig los ist.

HIN & WEG

Auto: Wanderparkplatz Thüringer Hütte, Thüringer Hütte 1, 97647 Thüringer Hütte; Wanderparkplatz Basaltsee, 97656 Oberelsbach
ÖPNV: Haltestelle Thüringer Hütte

ESSEN & ENTSPANNEN

1 **Berggasthof Thüringer Hütte,** Thüringer Hütte 1, 97647 Thüringer Hütte, Tel. (0 97 79) 5 62, thueringer-huette.com
8 **Kiosk am Basaltsee,** Am Basaltsee/Steinernes Haus, 97656 Oberelsbach

ENTDECKEN & ERLEBEN

2 **Ruine der Gangolfskapelle**
3 **Wohlfühlbank**
4 **Teufelskeller**
5 **Basaltprismenwand**
6 **Wurzelbrunnen**
7 **Basaltsee**

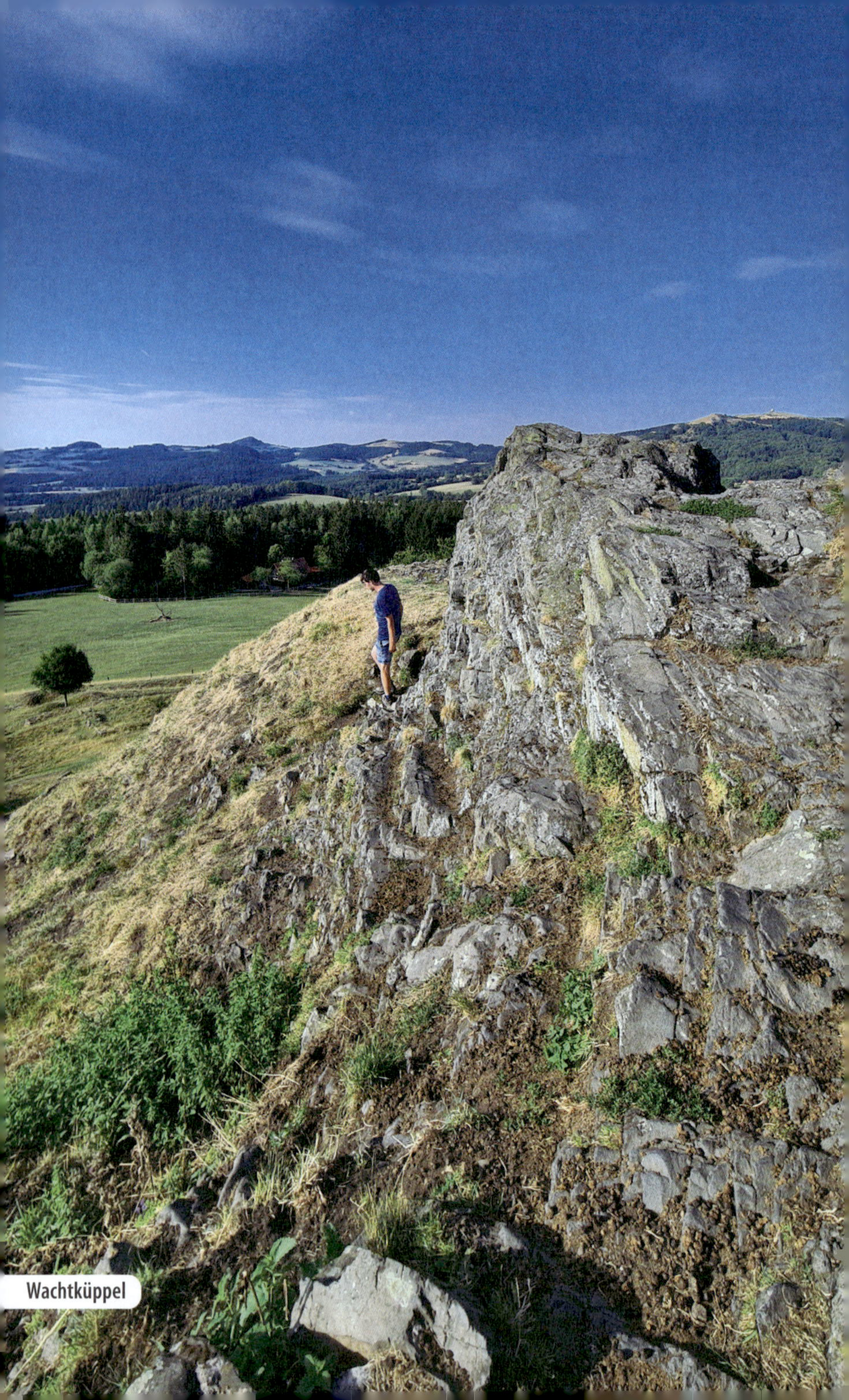

Wachtküppel

Ritter & Wächter

Ebersburg und der Wachtküppel

Durch zahlreiche Weiler und Höfe gelangen wir auf dieser Tour über den Ritterpfad zur Burgruine und zu dessen Vorposten, dem Wachtküppel. Wir beginnen unseren heutigen Wandertag im schönen Poppenhausen am Ende der Straße mit dem Namen Am Schießküppel, an der Stelle, an der der Schießküppel in zwei Feldwege übergeht. Wir wählen zunächst den rechten Feldweg. Die ersten Kilometer verlaufen ganz entspannt über gut ausgebauten Untergrund durch abgelegene und idyllische Weiler, vorbei an kleinen Bauernhöfen und efeuberankten Fachwerkhäusern. Entlang frisch gemähter Felder mit würzigem Heuduft passieren wir mit dem **Storchshof** einen netten Familienbetrieb, der auch Gäste bei sich willkommen heißt. Kurz bevor wir in die Straße **Bienhof** mit dem gleichnamigen Weiler gelangen, biegen wir nach links ab, denn der schöne Buchenmischwald lockt uns schon mit dem ersten Aufstieg. Im Anschluss an einen Linksabzweig und einen Rechtsabzweig wenig später taucht vor uns ein besinnlich schmaler Wanderpfad auf. Je höher wir diesen Weg gehen, desto felsiger, desto älter werden die Bäume. Totholz versperrt unseren Weg und wir durchkämmen die sanften Flanken des Hanges nach alternativen Pfaden, die uns immer näher zur Burg führen können. Wie auf einer Zeitreise in die Vergangenheit verschwindet mit jedem Schritt, den wir in Richtung der **zerfallenen Ruine** setzen, die Hektik der Moderne aus unseren Gedanken. Der Berg steigt steil an und wir erahnen weit oben die Grundfesten alter Mauern. An einer

*Den **Turm der Ruine Ebersburg** können wir besichtigen. Dafür holen wir vorher einen Schlüssel am 2 Kilometer entfernten Schafhof 1 in Ebersburg ab, Tel. (0 66 56) 3 89 oder 84 53.*

Kilometer: 13,6
Höhenmeter: 425
Stunden: 4,5
RUNDWEG

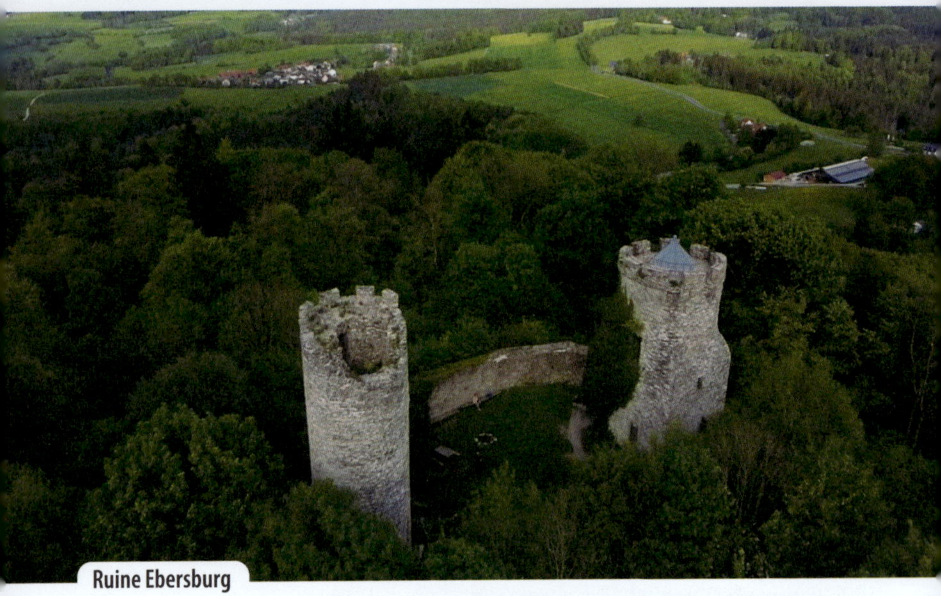

Ruine Ebersburg

Wegeverzweigung markiert uns eine Schranke die Richtung zur ❶ **Burgruine Ebersburg.** Wir nähern uns zaghaft. Die Bäume krümmen sich mit ihrem knorrigen Holz bedrohlich über unseren Weg. Dichtes Dornengestrüpp aus Himbeeren lässt keine Auswege mehr zu und zwingt uns weiter hoch zur zerfallenen Burg. Auf dem schattigen Vorhof der Ruine ruhen morsche Holzbänke, durch die schon das hohe Gras gedrungen ist. Wir schreiten die felsigen Stufen hinauf und unterwandern den steinernen Torbogen zum lichthellen Innenhof der Burgruine. Die beiden gut erhalten gegenüberliegenden Türme aus massivem Buckelquader, das weiche Gras, die vom Efeu überwucherten Mauern und der freie Blick ins dörre Geäst regen Erinnerungen an allerlei Märchen an. Schließlich mutet besonders der nördliche Turm verwunschen an und wartet mit der Hoffnung auf, dass jederzeit hoch oben eine Frau in Erscheinung tritt, die ihr wallendes Haar zu Hofe lässt. Wir haben das große Glück, mit dem Schlüssel in den südlichen, intakten Turm aufsteigen zu können. Die

*Die **Ebersburg** bot der umliegenden Bevölkerung in vielen Gefechten Schutz. Da sie keinen eigenen Brunnen hatte, war es jedoch schwierig, längere Belagerungen auszusitzen. Wasser musste aus einer Quelle am Fuße des Ebersberges geschöpft werden.*

engen Treppenkurven, die uns korkenzieherartig immer weiter in die Höhe wiegen, sind rasch überwunden. Oben bietet sich uns an dem gusseisernen Geländer ein sagenhaftes Panorama. Die gesamte fuldische Rhön liegt zu unseren Füßen, der Blick zur Hohen Rhön lässt uns ganz klein werden. Mit diesem falkengleichen Ausblick atmen wir tief durch und gehen mit geöffnetem Herzen wieder zurück zu unserem Ausgangspunkt unten an der Schranke.

Für die Seele
Wir entdecken Relikte vergangener Zeiten, die die Natur bereits zurückerobert.

Kurz vor dem Wanderparkplatz lädt linker Hand ein befestigter Weg ein, das ehemalige und nun im Umbau befindliche Wirtshaus zu queren. An der Bushaltestelle vorbei wandern wir in die Richtung des Streuörtchens **Neuwart.** In der beschaulichen und wundervoll gelegenen Hangsiedlung nehmen wir die erste Kurve und verlassen den Weiler auch schon wieder über einen Wirtschaftsweg.

*Der Ortsteil **Ebersberg,** in dem wir uns nun befinden, ist eine Siedlung aus verschiedenen kleinen Weilern und 15 verstreut liegenden Höfen.*

Bald lädt die Georgstraße zum Passieren ein und am Wegesende steigen wir weiter hinauf, wandern an einem kleinen Baumhain vorbei geradewegs hoch zur Birkenallee, die ihrem Namen alle Ehre macht. Von der Birkenallee aus bietet sich ein schöner Abstecher zum nahe gelegenen ❷ **Waldgasthof Wachtküppel** an.

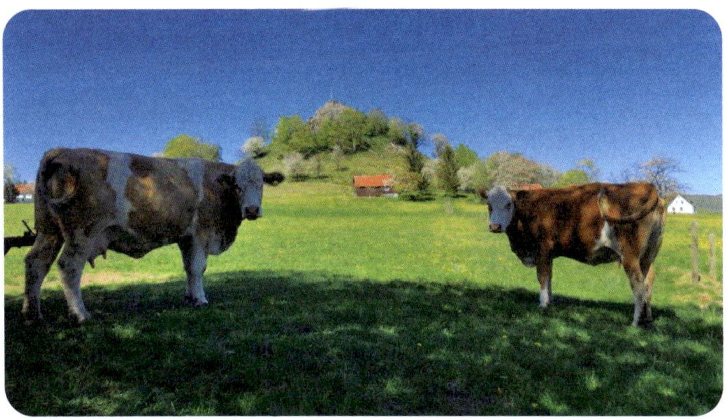

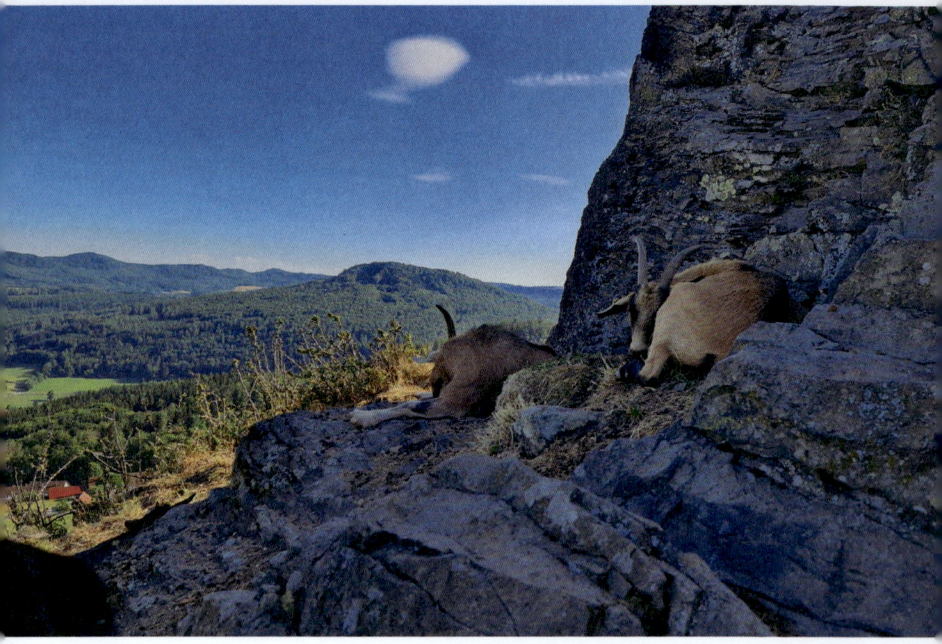

Der **Waldgasthof Wachtküppel** wartet mit biologischen, überwiegend vegetarischen und regionalen Speisen für Genießer des Slow Foods auf.

An der Einöde des **Bodenhofes** vorbei wandern wir etwas herab. Was genießen die Menschen, die hier wohnen, für einen tollen Ausblick von ihren Terrassen! Glückbeseelt unterwandern wir den ❸ **Mariensteinküppel** und erahnen oben am Waldhang seine felsige Gipfelspitze. An dem Weiler Holenbrunn steigt erneut die Lust aufs Landleben. Wohnen mit Aussicht in ein grünes Tal, kein Verkehr und dafür die Sonne, die abends direkt vor dem großzügigen Wohnzimmerfenster hinter dem üppigen Grün verschwindet. Wer erkennt zuerst den spitzen und steinigen ❹ **Wachtküppel,** der das gesamte Areal überragt? Den Namen „Spitzbub der Rhön" trägt der alte Wachtposten, da wir ihn in der fuldischen Rhön von fast allen anderen Bergen aus erkennen können. Nachdem das hölzerne und schwere Gatter unterhalb des Küppels hinter uns zugeschlagen ist, springt unser Herz vor Freude, denn der Wachtküppel ist eine Oase für Kraxler und Kletterer. Der alte Vul-

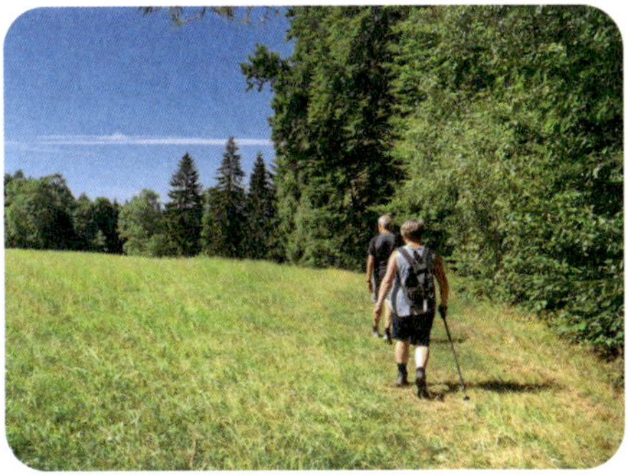

kanschlot besteht aus einem felsig spitz zulaufenden Piz. Schroffe geflochtene Seile erleichtern den Aufstieg zum exponierten Kreuz, schön platzierte Bänke laden immer wieder zum Verweilen ein. Aber auch an Tagen, an denen wir weniger Lust auf die kleine Klettereinlage haben, bietet ein kurzer Rundweg unterhalb des Gipfels ein großartiges Erlebnis. An einer Bank an der Nordseite des Küppels geht es aber urplötzlich nicht mehr weiter: Bunt gefleckte Ziegen in allen erdenklichen Erdtönen versperren uns den Weg hoch zur Spitze. Also heißt es einen Moment warten, bis die zahme Herde weitergezogen ist. Am exponierten **Kreuz** angekommen lassen wir uns auf einem Felsen nieder und genießen den genialen Ort für ein Panoramafoto. Die außergewöhnliche Lage war ein prima Ort

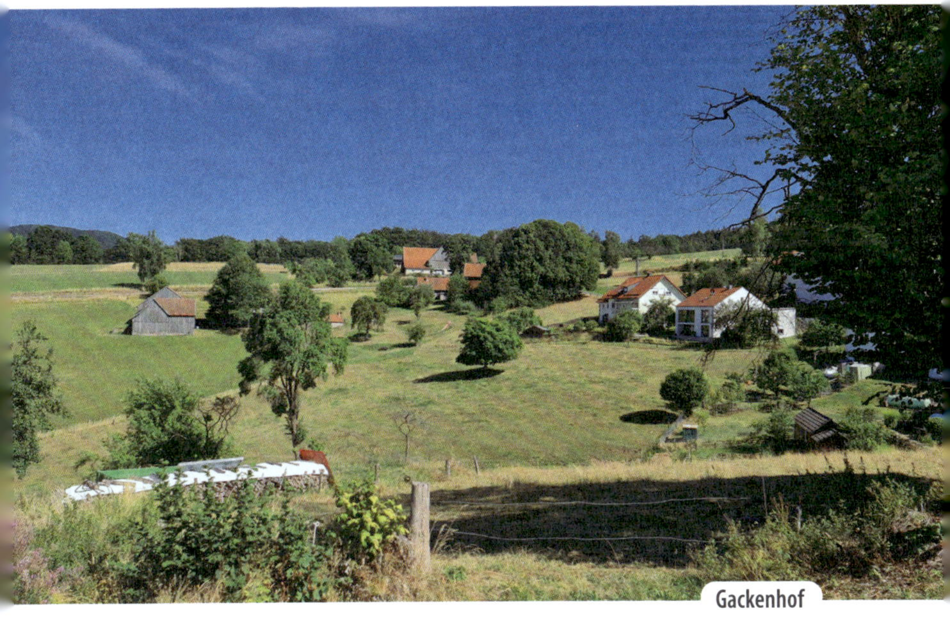

Gackenhof

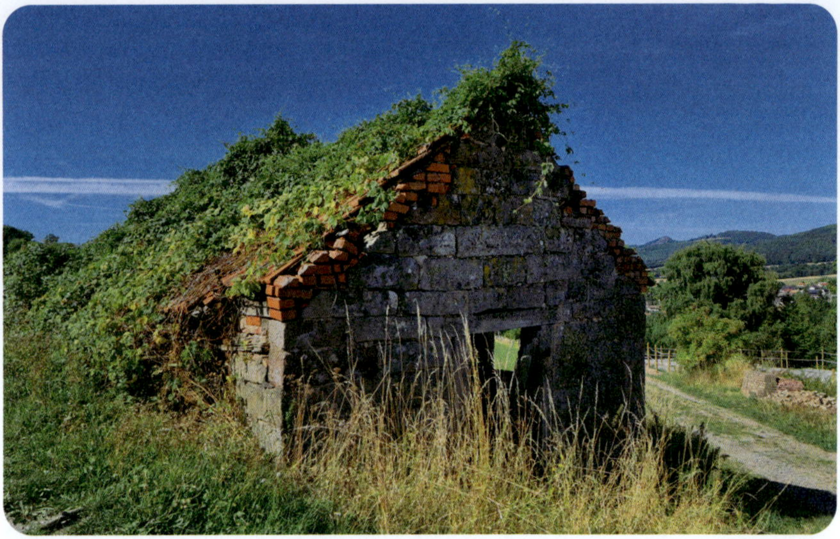

für einen Wachtposten, denn mithilfe eines Signalfeuers wurde von hier aus die nahe gelegene Ebersburg vor Feinden aus dem Osten gewarnt. Heute ist der Küppel toll für eine köstliche Brotzeit und einen frischen Schluck Wasser. Kurzum: ein absoluter Lieblingsort in der Rhön.

Zurück an dem Gatter machen wir uns auf den Weg und umkurven die moderne ❺ **Kirche St. Wendelinus,** wandern vor dem Wanderparkplatz in einen schönen und schattigen Pfad hinein und verschwinden im Wald.

An einem großen Steinbruch mit Buntsandstein vorbei schlängelt sich der Weg flott ein Stück tiefer in das dichte Grün. Aus dem Wald heraus durchqueren wir das kleine Örtchen **Gackenhof.** Die Wanderung führt uns über Felder, auf denen die goldene Gerste erntereif auf den Mühlstein wartet. Der Wind streift sanft und wogend über die gleichmäßigen Spitzen des Korns. Vielleicht pulen wir eine Ähre auf und kosten etwas von der mehligen Frucht. Kauend gelangen wir zum ❻ **Kühlküppel,** der mit einem kleinen Stichweg zum Rasten ruft. Oben steht ein einfaches steinernes

*Die **Kirche St. Wendelinus** bestand zunächst als Hauskapellchen, das vom Papst höchstpersönlich genehmigt worden war. Später wurde eine Baracke in Abtsroda abgetragen und hier als Kapelle wieder aufgebaut, ehe das aktuelle Gebäude im Jahr 1961 errichtet wurde.*

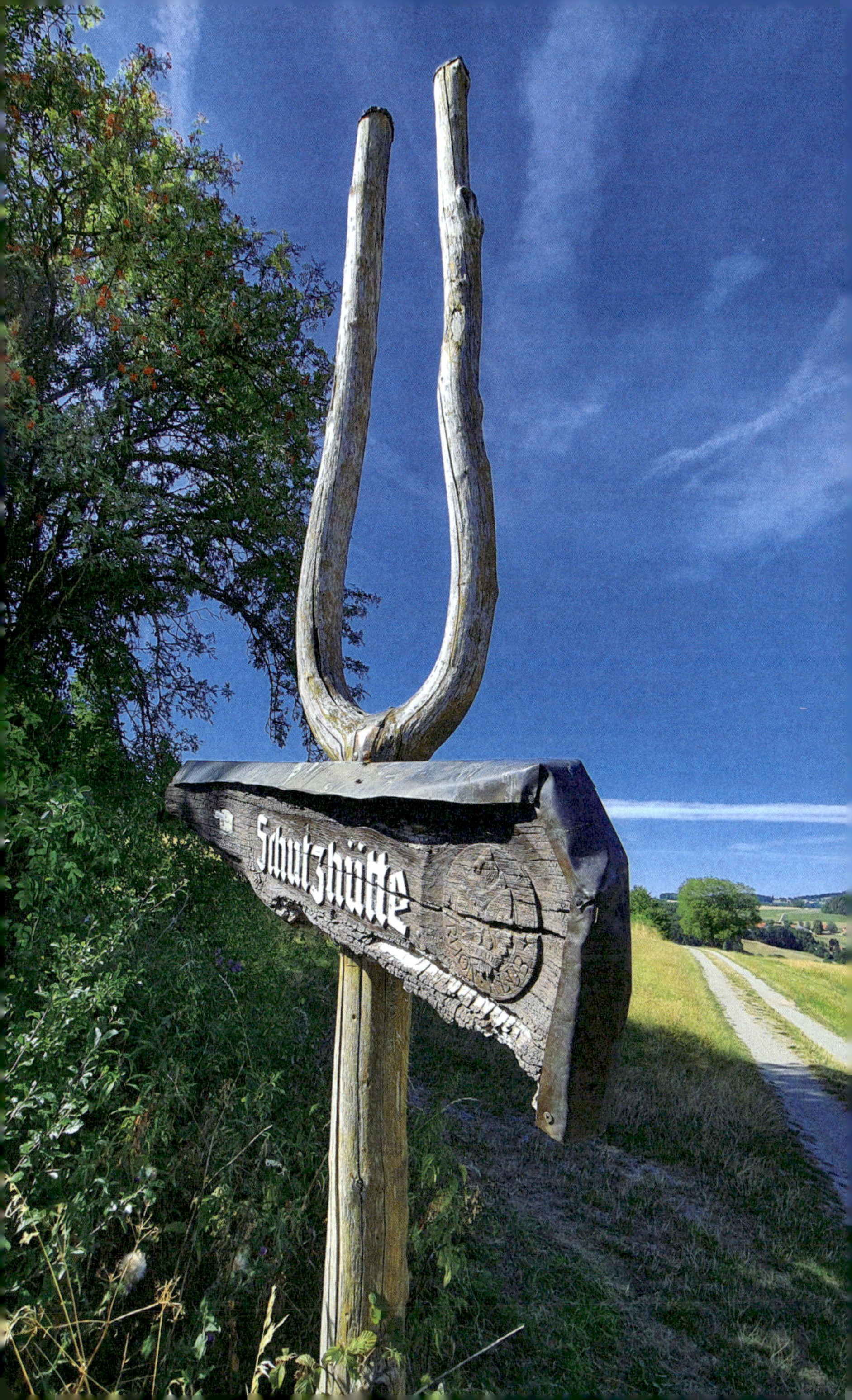
Schutzhütte

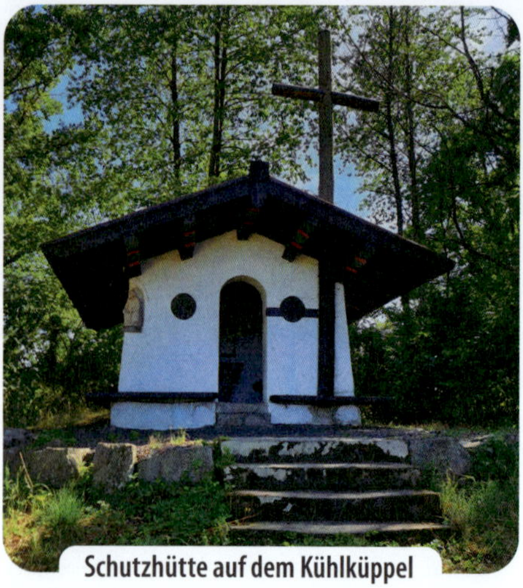
Schutzhütte auf dem Kühlküppel

Häuschen für Wandernde, die einen Moment Erholung bei einem beruhigenden Ausblick über Poppenhausen genießen möchten. Hinter dem schattigen Kühlküppel geht es für uns allmählich zwischen den Feldern zurück zu unserem Ausgangspunkt. Von dort aus gelangen wir auch nach Poppenhausen, wo wir es uns auf der Terrasse des ❼ **Landgasthofs Zum Stern** mit einer frisch gefangenen Rhönforelle und einem Glas fränkischen Weißwein gut gehen lassen können.

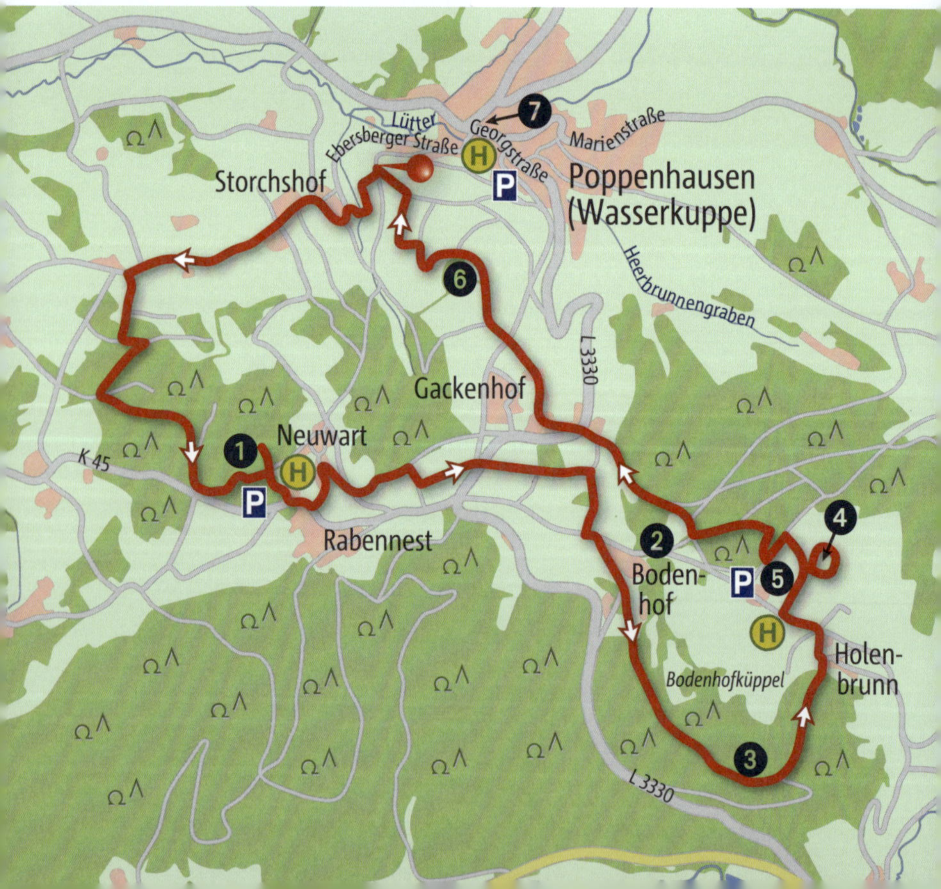

ALLES AUF EINEN BLICK

Entspannung ●●●○○
Abenteuer ●●●○○
Vielfalt ●●●●○

WIE & WANN

Die ganzjährig schöne Wanderung ist gerade für Kinder ein Erlebnis, da es unterwegs zahlreiche Highlights gibt. Die gut ausgebauten Zwischenpassagen und breiten Wirtschaftswege fallen daher kaum auf. Gutes Wetter ist aber Vorbedingung, damit die vielen Besonderheiten ausgiebig erkundet werden können.

HIN & WEG

Auto: Parkplatz an der Georgstraße, 36163 Poppenhausen; Wanderparkplatz an der Ebersburg, 36157 Ebersburg; Wanderparkplatz, 36129 Gersfeld
ÖPNV: Haltestelle Ortsmitte Poppenhausen, Ebersburg oder Wachtküppel-Maiersbach

ESSEN & ENTSPANNEN

2 **Waldgasthof Wachtküppel**, Am Steinbruch 1, 36129 Gersfeld, Tel. (0 66 54) 3 23, wachtkueppel.de
7 **Landgasthof Zum Stern,** Am Marktplatz 5, 36163 Poppenhausen, Tel. (0 66 58) 12 02, landgasthof-zum-stern.de

ENTDECKEN & ERLEBEN

1 **Burgruine Ebersburg**
3 **Mariensteinküppel**
4 **Wachtküppel**
5 **Kirche St. Wendelinus**
6 **Kühlküppel**

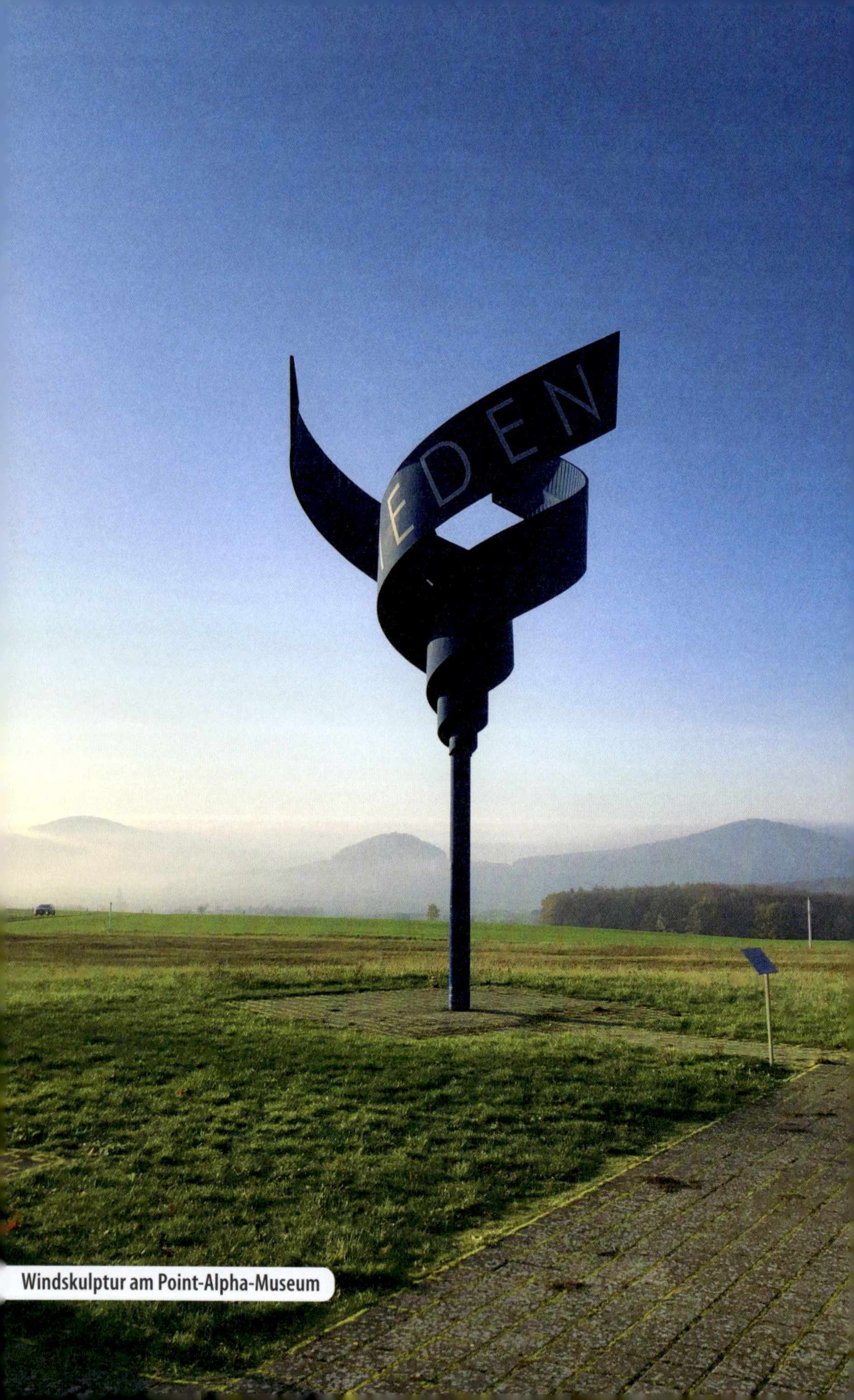

Windskulptur am Point-Alpha-Museum

Auf Zeitreise

Von Point Alpha ins Testament

Das pittoreske Rhönstädtchen Geisa ist schon aus der Ferne eine Augenweide, denn die Altstadt verläuft über einen Bergrücken, dessen höchsten Punkt das Geisaer Schloss darstellt. Eine herrliche Umgebung für unsere Wanderung, die heute im mittelalterlich anmutenden Kern oberhalb der Stadtmauer zwischen dem **neugotischen Rathaus,** der **barocken Schlossanlage** und der **katholischen Kirche** mit dem auffälligen spätgotischen Turm beginnt. Bereits hier am Ausgangspunkt wird uns die Liebe der Stadt zur skulpturalen Kunst deutlich, die uns im Tourenverlauf noch einmal eindrücklich begegnen wird.

Zum Einstieg der Wanderung flanieren wir über den Parkplatz am Schloss und verschwinden in einer kleinen Gasse, deren viele Treppenstufen uns hinunter zur Stadtbefestigung bringen. Denn an der Mauer entlang haben wir einen Blick auf den modern angelegten grünen Stadtpark, den die Ulster durchströmt. Schon der Stadtbalkon an der Mauer lädt uns zu einem kurzen Überblick ein. Aber wir wollen noch ein wenig weiter, sind neugierig auf die vielen spannenden Plätze, die uns heute noch erwarten, und wandern bis ans Ende der Befestigung, die Pfortentreppe nach oben. Schnurstracks gehen wir auf die **1 Kirche St. Philippus und Jakobus** zu, deren Bau noch unter dem fuldischen Einfluss stattfand. Wie viel Uhr ist es gerade? Eigentlich sollte Zeit auf unserer Wanderung keine Rolle spielen, aber mit viel Glück schlägt die Uhr im Kirchturm jeden Moment elf. Um diese Zeit ertönt das Carillon aus 49 Glocken und spielt eingängige und teils wundersame Musik.

Kilometer: 14,7
Höhenmeter: 356
Stunden: 4
RUNDWEG

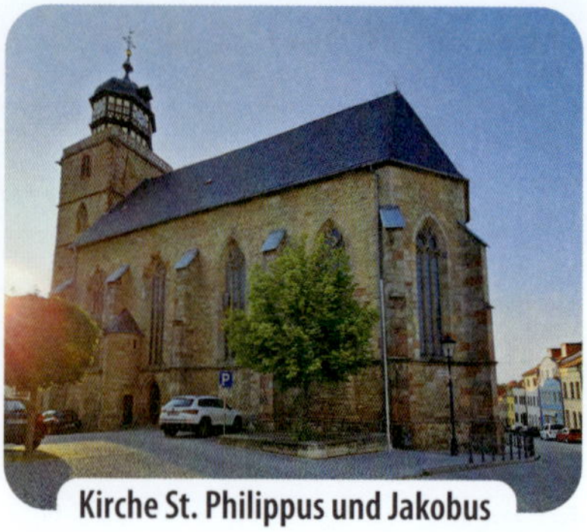
Kirche St. Philippus und Jakobus

Hören wir einmal genau hin! Passend zur Jahreszeit oder zum Feiertag werden nämlich neben kirchlichen Liedern auch heimatliche oder zur Faschingszeit närrische Melodien gespielt. Wir folgen der Werner-Deschauer-Straße herab und haben die Chance, noch etwas Wegzehrung von der ❷ **Familienbäckerei Faber** einzupacken, ehe wir von der Rasdorfer Straße und wenig später der Butlarer Straße hinaus ins frische Grün geführt werden.

Langsam und mit viel Sinnlichkeit arbeiten wir uns den **Osthang des Rasdorfer Berges** über den schön reliefierten Muschelkalkboden hinauf. Die Trift wird zur wärmeren Jahreszeit von weidenden Tieren gepflegt, um den schönen Bergwiesencharakter zu erhalten. Verschiedenfarbige Zwergstrauchheiden blühen uns mit aller Kraft entgegen und am oberen Ende des Rains schießt uns der würzige Duft von Südfrankreichurlaub in die Nase: hohe, schräg stehende Kiefernstämme, deren ätherische Öle sonnenerwärmt durch die sanfte Brise getragen werden. Durch das spärliche Nadelwerk blendet uns die starke Frühmittagssonne entgegen. Das Gefühl von Freiheit und Muße kommt in uns auf und wir entschleunigen noch etwas mehr.

*Größtenteils deckt sich unser heutiger Weg mit der **Extratour Point Alpha,** daher können wir uns in vielen Situationen an dem roten P auf weißem Grund orientieren.*

Blick vom Osthang des Rasdorfer Berges

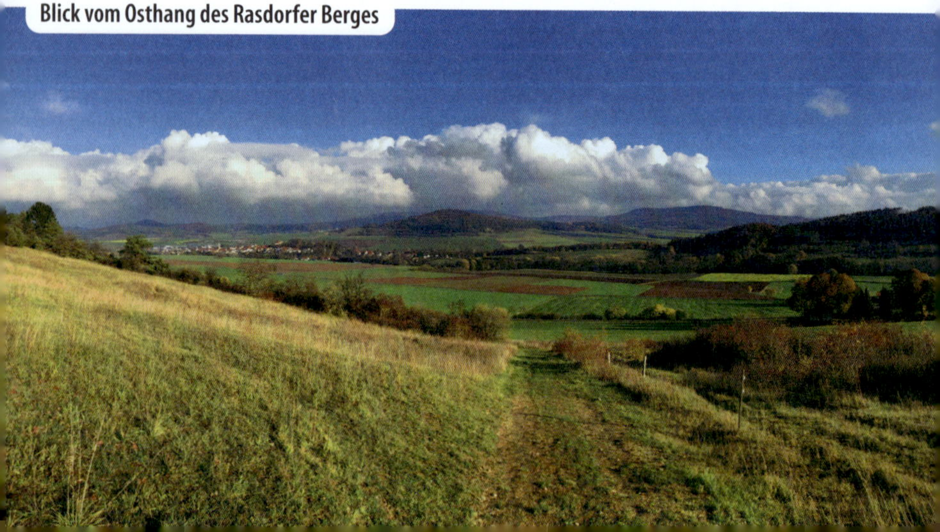

Aus dem Wald herauskommend ändert sich das Klima jedoch abrupt. Zwar mag die Vegetation weiter trocken anmuten, doch plötzlich wandern wir nicht mehr über bröselnden Kalkboden, sondern auf harten Betonplatten, erkennen zwischen den Büschen Stacheldrahtzäune und mehrere bedrohlich wirkende Aussichtstürme, die uns reflexartig hinter dem lockeren Heckenbestand Schutz suchen lassen. Ein Deutscher Schäferhund ruht mit geschärftem Blick vor seiner Hütte. Gott sei Dank: Er ist angeleint! Der Graben, die gespannten Drähte wie auch die Warnhinweise auf Lebensgefahr lassen aber Schlimmstes vermuten. Und genau dieser Eindruck ist gewünscht, denn wir stehen hier an einer denkmalgeschützten Grenzsicherungsanlage des ehemaligen innerdeutschen Überganges aus dem Kalten Krieg, die uns das Museum der Point Alpha Stiftung erinnernd wie mahnend näherbringen möchte. Vielleicht nehmen wir uns die Zeit, das ❸ **Grenzmuseum Point Alpha** zu besuchen, oder wir wandern an dem langen Zaun weiter hinab.

Das ❹ **Haus auf der Grenze** lädt ein, sich ein wenig mehr in die historischen Zerwürfnisse zu vertiefen. Vorbei an dem blau gefärbten Metallwimpel, der mehr-

Für die Seele

Eine Wanderung der Begegnungen, die uns emotional vorerst nicht mehr loslassen wird.

Point Alpha *war aufgrund seiner Lage auf einem Bergrücken und seiner geografischen Position ein bedeutsamer Beobachtungsstützpunkt der US-Amerikaner zu Zeiten des Eisernen Vorhanges.*

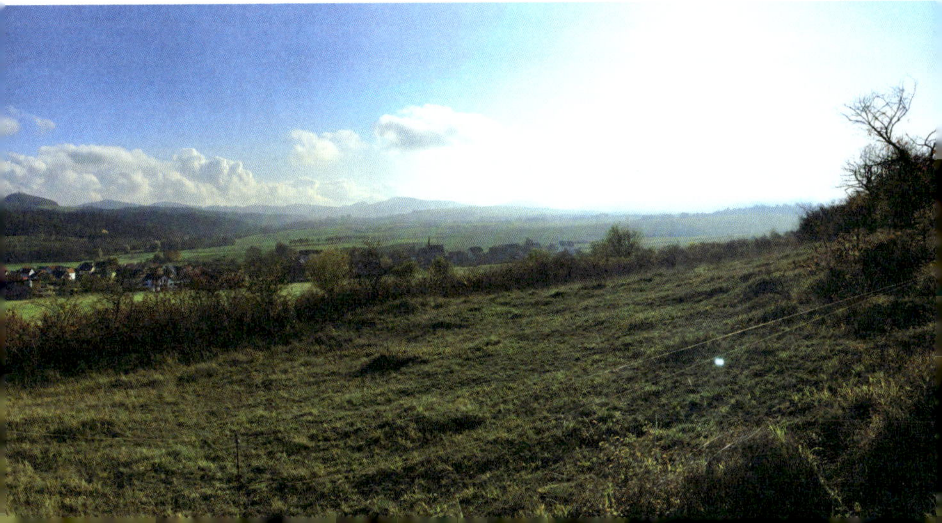

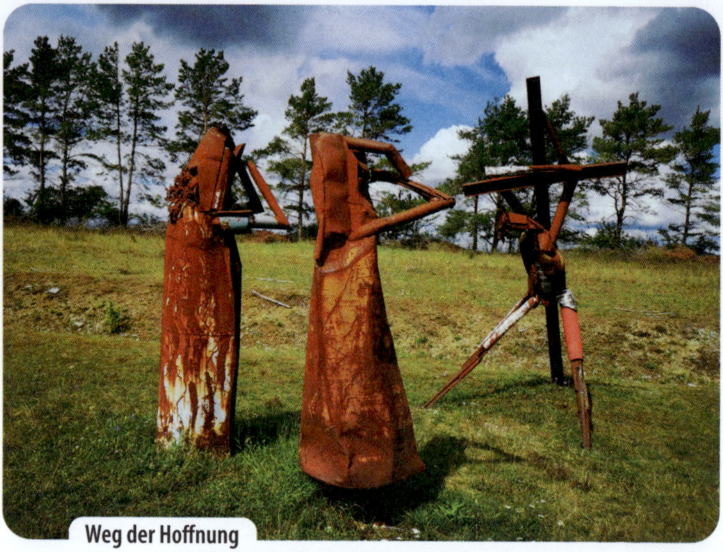

Weg der Hoffnung

sprachig für Frieden appelliert, passieren wir die Straße. Doch kaum aus dem einen überwältigenden Erlebnis heraus, werden wir schon mit etwas Ähnlichem konfrontiert: Eine monumentale Szenerie aus geschweißtem Rostmetall wartet auf uns in der kargen Landschaft als zum Nachdenken anregendes Mahnmal und als Symbol für einen nicht zu brechenden Freiheitswillen. „Willkür" und wenig später „Unterdrückung" sind die ersten eindrücklichen Skulpturen des 5 **Weges der Hoffnung.** Was einst Kolonnenweg war, ist nun zum linearen Ort der Begegnung geworden.

Das, was uns nun erwartet, ist nicht leicht zu verdauen, denn selten hatte ein Leidensweg mehr Tiefgang. Die vielen intensiven skulpturalen Darstellungen färben sich unwillkürlich auf die Seele. Welch ein befreiender Prozess ist es dann, am Ende des schweren Ganges die beiden cortenstählernen Flügeltore aufzuschieben und durch sie hindurch in die helle Landschaft zu schreiten. Erlöst von der Last, die uns gefasst und stellenweise gar fest im Griff hatte, gehen wir bis zum letzten der drei Tore und bekommen einen herz-

*Die 1400 Meter des **Weges der Hoffnung** symbolisieren nicht etwa den klassischen Kreuzweg, sondern erinnern an die innerdeutsche Grenzlänge von 1400 Kilometern. Geschaffen hat die 14 Szenerien der international bekannte Bildhauer Ulrich Barnickel.*

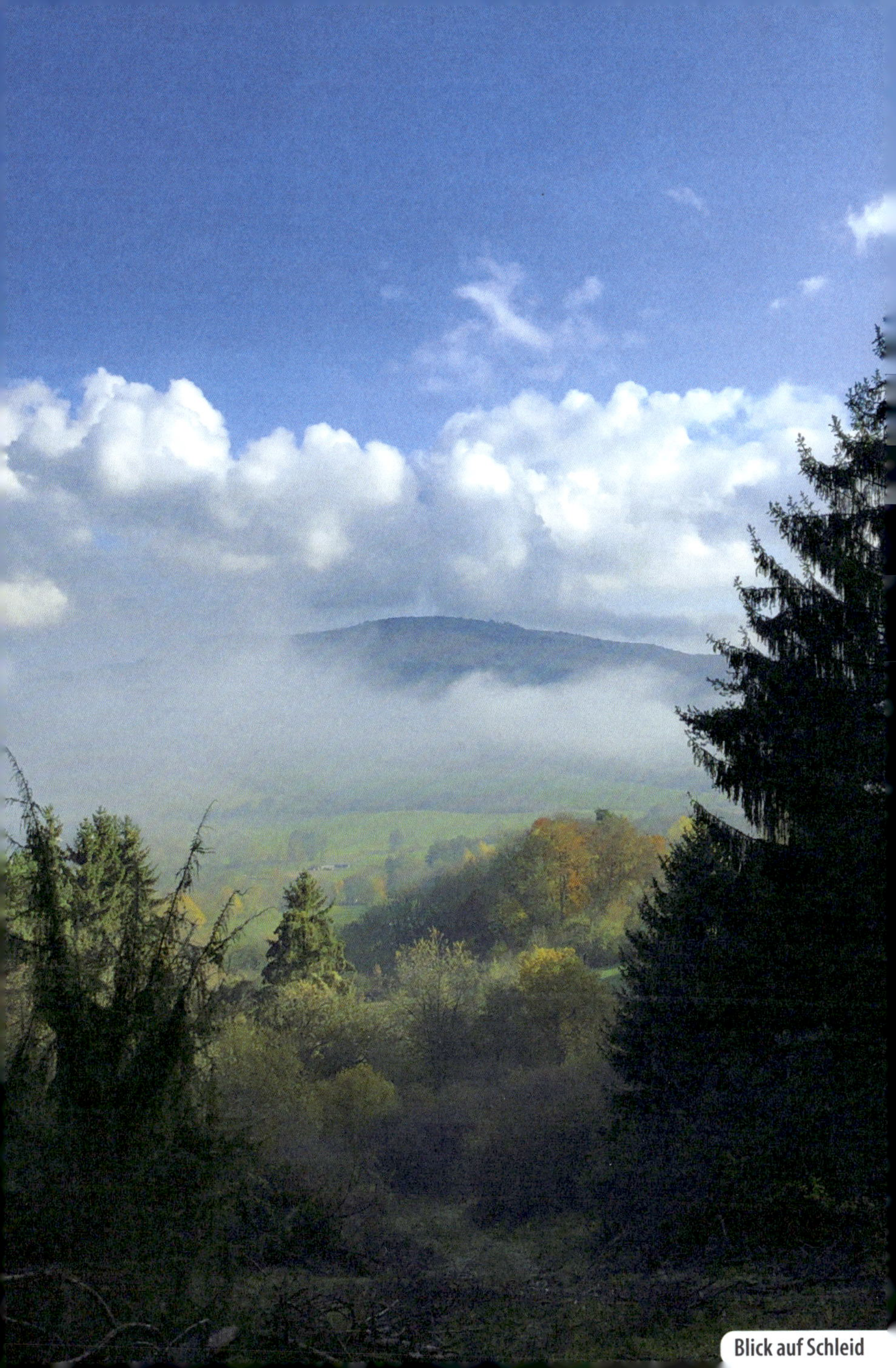

Blick auf Schleid

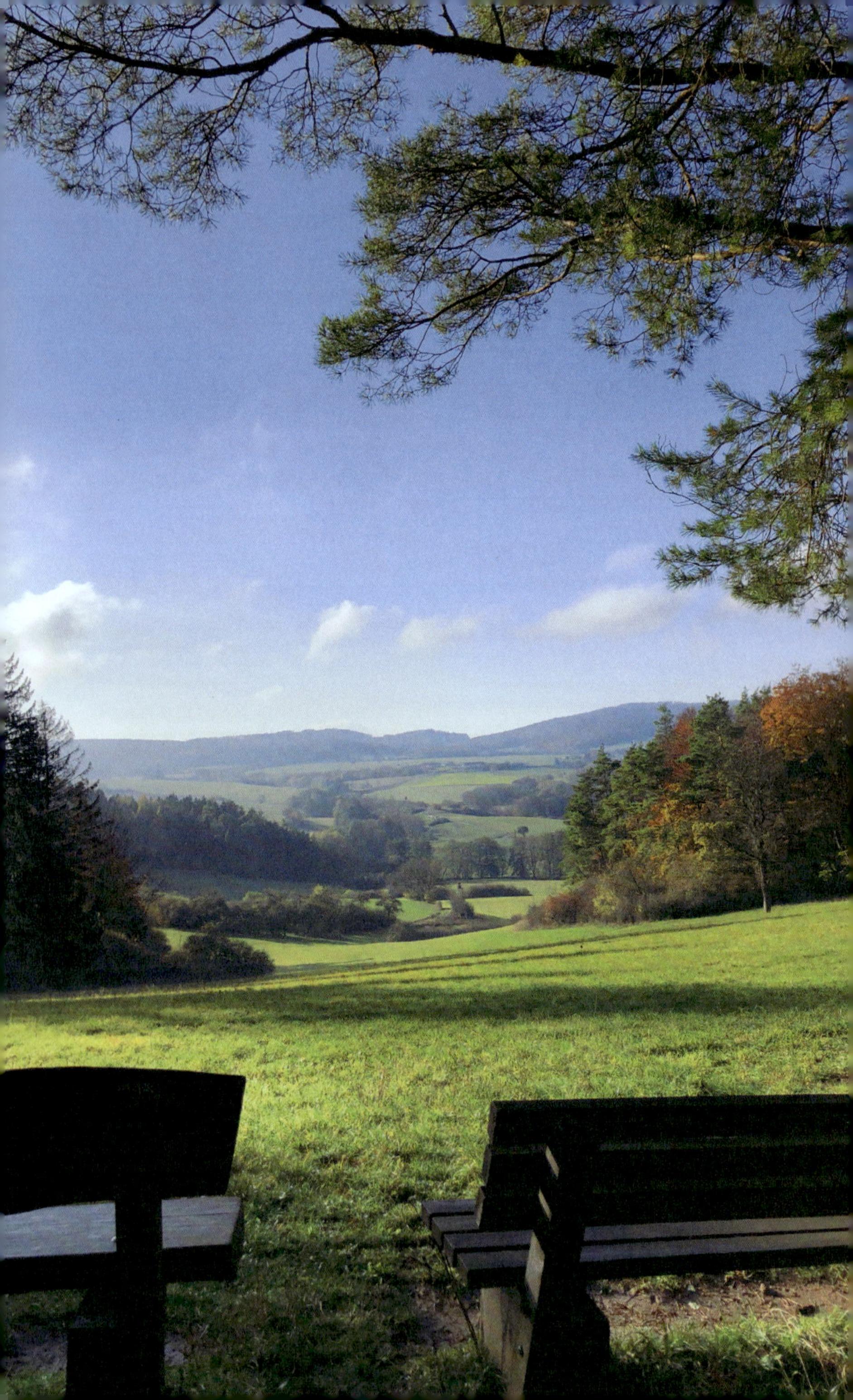

öffnenden Blick. Wir lassen die gesammelte Anspannung los und atmen hier erst einmal tief ein und aus.

Ein emotionales Auf und Ab waren diese letzten Kilometer. Jetzt aber wollen wir in den nahe gelegenen Wald eintauchen und hier unsere Ruhe finden. Ein idealer Zeitpunkt, sich einmal auf eine Bank oder besser ins frische Gras fallen zu lassen, die vorbeiziehenden Haufenwolken im blau getünchten Himmel zu beobachten, während Hauhechel-Bläulinge zart durch die Lüfte segeln und Grillen ihr balzendes Zirpen erklingen lassen.

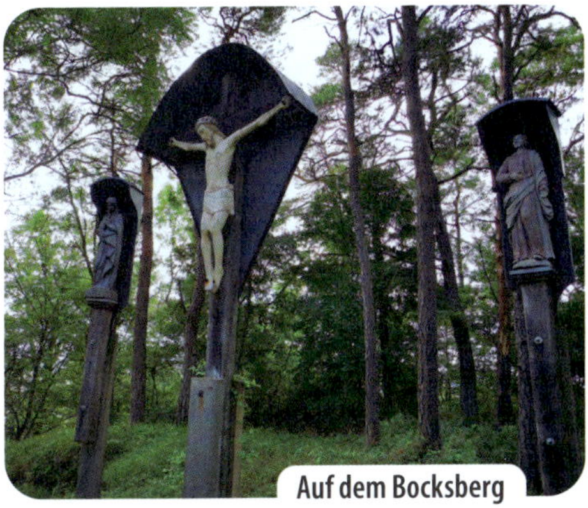
Auf dem Bocksberg

Folgen wir doch einige Kilometer der Point-Alpha-Beschilderung in das Örtchen **Wiesenfeld.** Kaum 150 Bewohnerinnen und Bewohner hat der nahezu 1200 Jahre alte Ort, der ursprünglich durch kriegerische Vasallen geführt dem fuldischen Kloster unterlag. Unter der Operation „Aktion Ungeziefer" wurden die Familien des Ortes im Jahr 1952 zwangsumgesiedelt. Davon ist heute nicht mehr viel zu sehen, denn der Ort besticht durch seine stoische Ruhe. An der **Kirche St. Ursula** vorbei wandern wir die gleichnamige Straße wieder aus dem Ort hinaus, über einen Feldweg nach rechts und begleiten ein wenig die plätschernde Geisa, die sich schließlich zum Überqueren unter uns niederbeugt. Die Natur tut uns wohl und wir freuen uns darauf, unterhalb des Abendberges in den Wald einzusteigen. Nach einer Rechtsbiegung wollen wir achtsam sein, denn an einer Wegespinne verbirgt sich eine verblichene Holztafel, die auf eine im dichten Gestrüpp versunkene **6 Gipfelruine auf dem Bocksberg** hindeutet. Man mag zwar kaum mehr als einzelne Grundfesten erkennen, doch der Weg hoch ist, wie es sich für eine stattliche Wanderung gehört, ein Genuss. Ein verwurzelter,

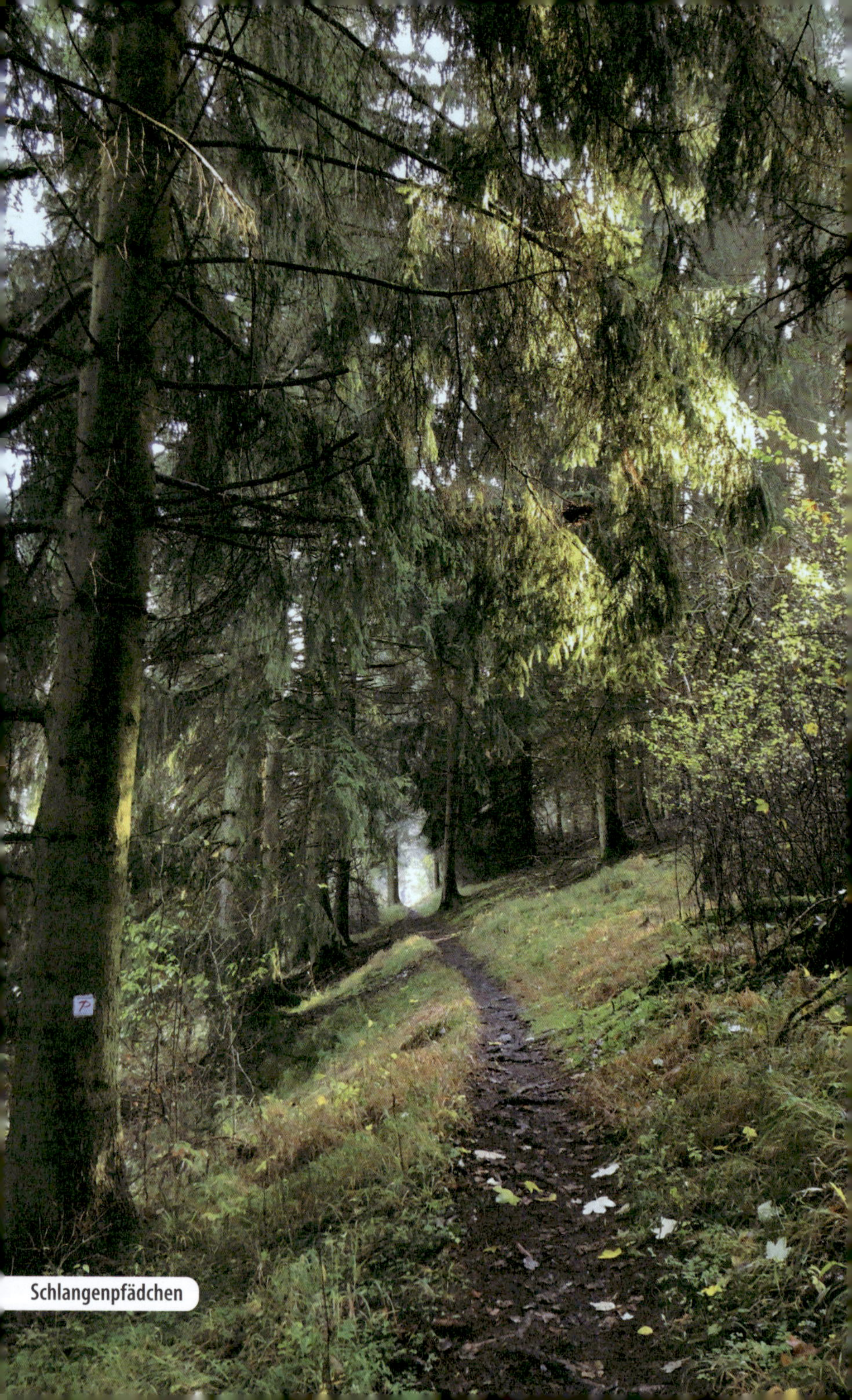

Schlangenpfädchen

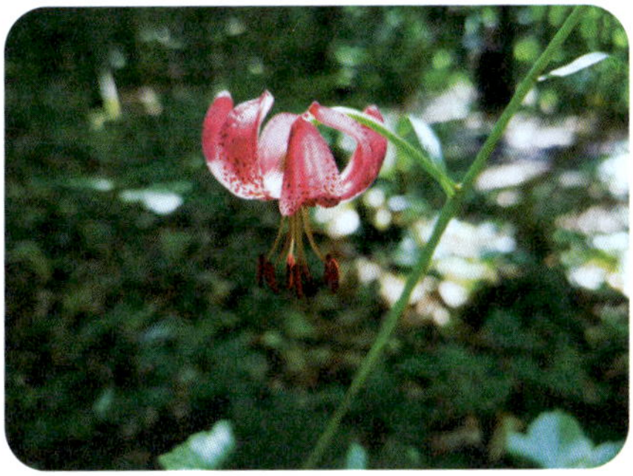

kaum begangener, vage angedeuteter Pfad windet sich peu à peu den Kegel hinauf. Oben angekommen wollen wir ruhen, denn nun sind wir weit entfernt vom modernen Leben und den Ereignissen der letzten Stunde. Einzige Gesellschaft ist ein kleines, überdachtes Kruzifix im Gebüsch. Sonst gibt es nur rankendes, efeuverschlungenes Grün an den rauen Rinden alter Laubbäume. Ein idealer Ort, um einmal in sich zu gehen und Teil der natürlichen Umgebung zu werden. Unten angekommen folgen wir dem Weg bis an das wuchtige Kreuz der **Geiserämter.** Dort biegen wir links in den Wald hinein.

*Wer möchte, kann der Extratour Point Alpha am Kreuz der Geiserämter noch um den **Rockenstuhl** folgen und das Wandererlebnis um 2,5 Kilometer verlängern.*

An der nächsten Raststelle treffen wir erneut auf die Extratour Point Alpha und orientieren uns wieder ein Stück an der Wegemarkierung. Denn ein kleines Highlight wartet noch auf uns: das **7 Schlangenpfädchen,** ein bereits im 19. Jahrhundert vom Rhönklub angelegter Panoramaweg. Auch wenn die vielen Bäume die Aussicht verändert haben, wird der Weg seinem Namen mehr als gerecht: Am Hang entlang schlängelt

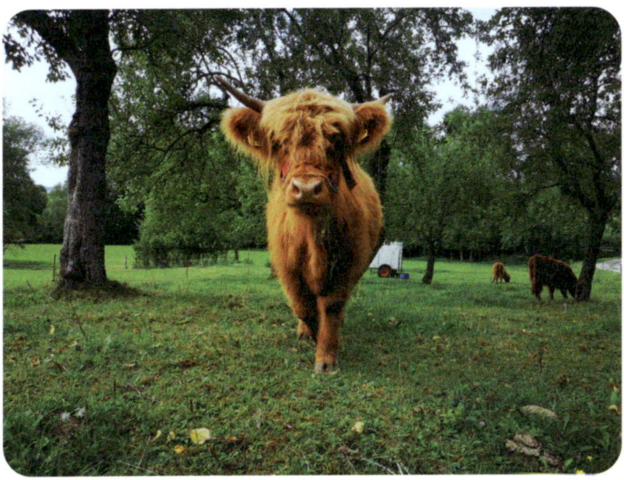

sich eine ausgetrampelte Spur, in der wir nur einen Fuß nach dem anderen setzen können. Ein wenig Geschick ist gefragt und so wird das Wandern zum Abenteuer und wir um die Bedeutung des Spruches „Der Weg ist das Ziel" reicher. Ehe wir wieder in Geisa ankommen, flanieren wir über eine Wiese hinunter an einer jüdischen Ruhestätte vorbei. Von Weitem begrüßt uns der Gangolfiberg der Stadt mit dem Park und dem barocken Schloss. Auf den letzten Metern bleibt Zeit, den Wandertag noch einmal Revue passieren zu lassen, ehe uns die Markierung an den massiven Eckturm der Stadtmauer bringt und wir schließlich über die Treppenstufen zurück an unseren Ausgangsort gelangen.

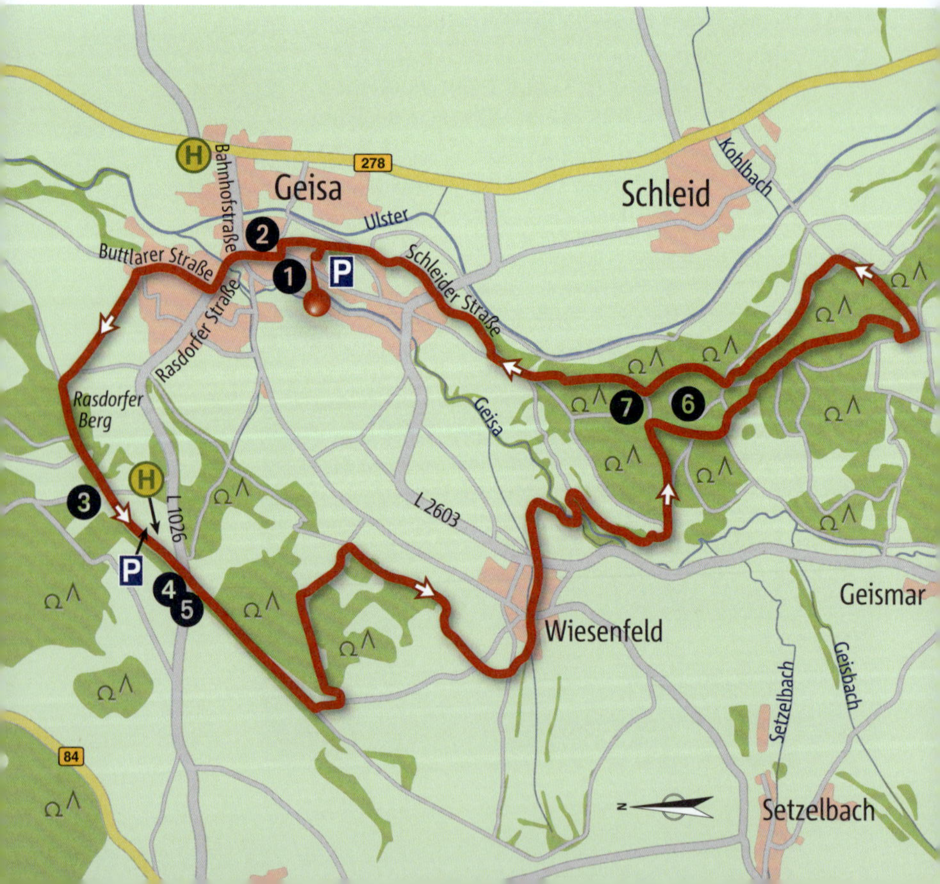

ALLES AUF EINEN BLICK

Entspannung
Abenteuer
Vielfalt

WIE & WANN

Die vielen verschiedenen historischen Ereignisse, die diese Tour begleiten, machen die Wanderung ganzjährig zu einem Spektakel und drücken sich auch in den Untergründen aus: Vom Beton der Kolonnenwege über historisches Pflaster bis hin zu mittelalterlichen Trampelpfaden ist alles dabei.

HIN & WEG

Auto: Parkplatz am Marktplatz, 36419 Geisa; Parkplatz am Platz der Deutschen Einheit an der Point Alpha Stiftung, 36419 Geisa
ÖPNV: Haltestelle Busbahnhof Geisa oder Grenzmuseum Point Alpha

ESSEN & ENTSPANNEN

2 **Bäckerei Faber,** Werner-Deschauer-Straße 16, 36419 Geisa, Tel. (03 69 67) 7 52 54

ENTDECKEN & ERLEBEN

1 **Kirche St. Philippus und Jakobus**
3 **Grenzmuseum Point Alpha,** Platz der Deutschen Einheit 1, 36419 Geisa, Tel. (0 66 51) 91 90 30, pointalpha.com
4 **Haus auf der Grenze,** siehe Grenzmuseum Point Alpha
5 **Weg der Hoffnung**
6 **Gipfelruine auf dem Bocksberg**
7 **Schlangenpfädchen**

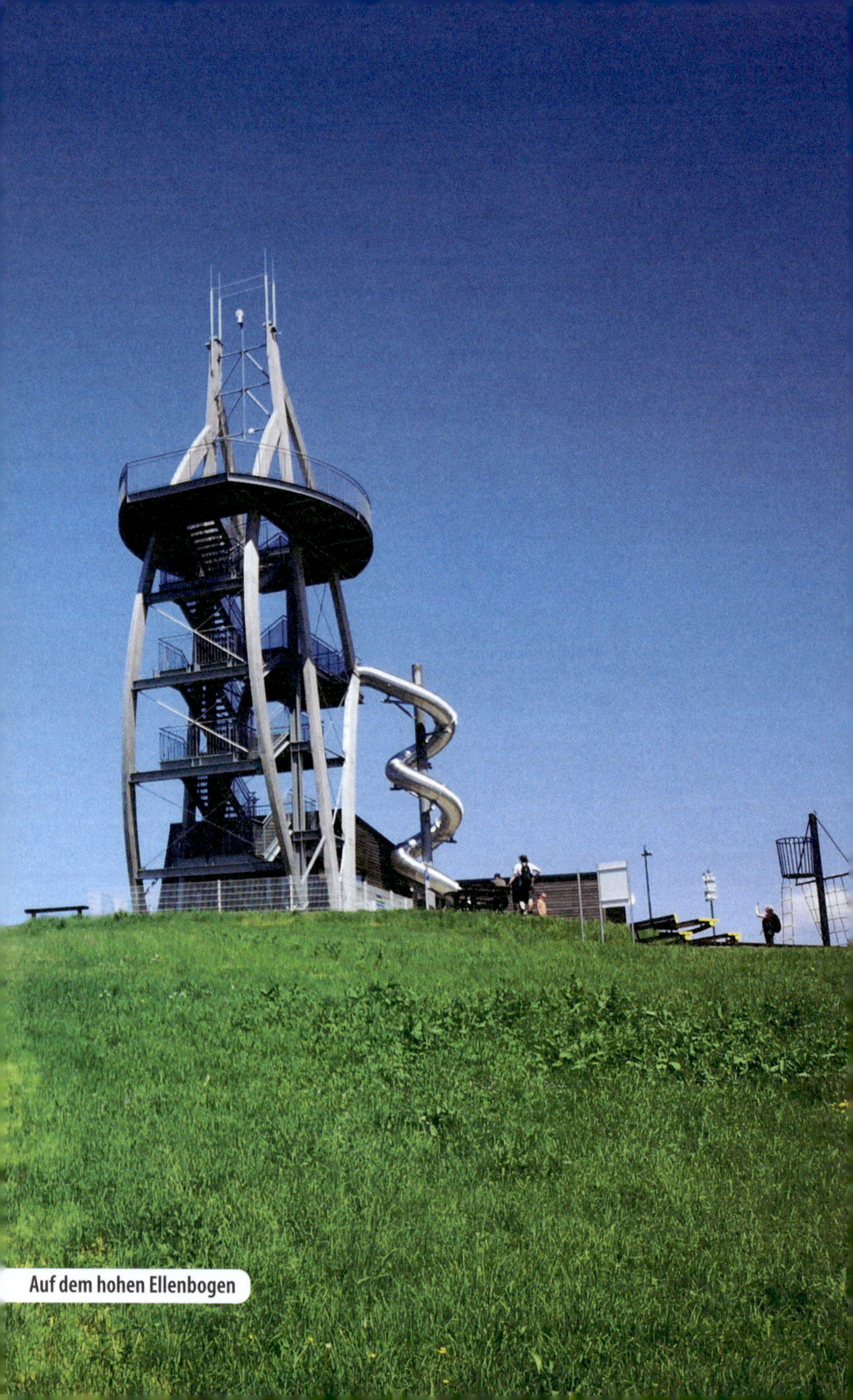

Auf dem hohen Ellenbogen

Auf die Arche Noah

Unterwegs um den Ellenbogen

Der Start unserer Wanderung ist der lange Wanderparkplatz unterhalb des Ellenbogens. Da der prägnante Berggipfel unser heutiges Highlight ist, heben wir ihn uns bis zum Ende auf und wandern zunächst über die felsendurchsetzte Magerwiese am Anfang des Wanderparkplatzes Richtung Süden. Bald schon gelangen wir in einen kleinen, aber finsteren Nadelwald. Eine Cortenstahl-gerostete Tafel weist uns auf die Spuren alter Hexen hin. Denn der einzelne Felsbrocken ein wenig tiefer im Wald erschien den Menschen im Mittelalter so ungewöhnlich, dass dabei nur Hexen am Werk gewesen sein konnten. Heute wissen wir es besser: Der ❶ **Hexenstein** ist ein Überrest eines ehemaligen Vulkans. Sobald wir den Wald verlassen haben und unsere Füße wieder weiches Wiesengras spüren, sehen wir links von uns einen kleinen Sendemast auf einer flachen Erhebung — der höchste „Berg" der Thüringischen Rhön, der Schnitzersberg mit 816 Meter, blieb lange Zeit unbeachtet und trug nicht mal einen Namen, so unscheinbar ist diese Stelle. Lange dachte man, der Ellenbogen sei der höchste Berg der Gegend. Inzwischen ist klar, dass es drei ähnlich kleine Erhebungen gibt, die allesamt etwas höher sind als der Ellenbogen: „Drei Spitzen" wird das Kollektiv genannt. Neben der Hinteren Rhön mit rund 813 Metern Höhe hat die dritte Erhebung noch immer keine Bezeichnung. Vielleicht wartet sie ja noch auf ihre Erstbesteigung?

Wir halten uns rechts und visieren den Wald an, der hinter einem einsamen Wirtschaftsgebäude liegt. Dem Weg durch den

Kilometer: 9,6
Höhenmeter: 234
Stunden: 2,5
RUNDWEG

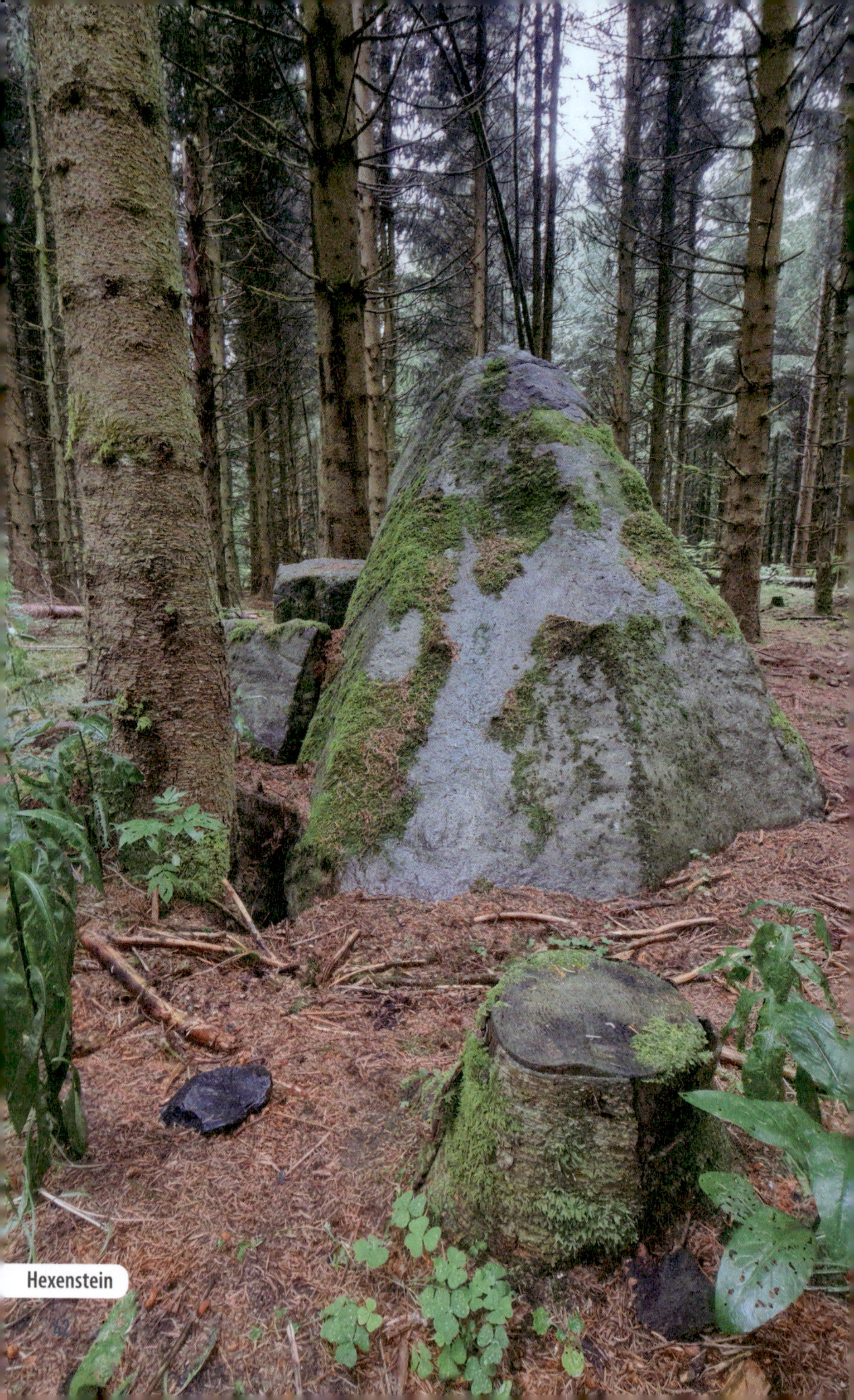

Hexenstein

Buchenmischwald folgen wir so lange geradeaus, bis wir an einer T-Kreuzung in Richtung des ❷ **Thüringer Rhönhauses** abzweigen. Wer mag, kann hier schon eine kleine Rast machen. Immerhin bietet das Traditionsholzhäuschen ein paar kleine, aber leckere Speisen aus regionalen Zutaten in idyllischer Waldumgebung. Auf einen selbst gepressten Apfelsaft aus regionalen Apfelsorten lassen wir uns gerne nieder, denn Erfrischungen sind auch auf einer Auszeittour gerne gesehen. Für Kinder schön ist sicherlich der liebevoll gestaltete Spielpark mit den heimischen Tieren und der Bach, der durch den Park gurgelt.

Für die Seele
Am Balkon des Ellenbogens lassen wir uns von der Sonne verwöhnen.

Hinter dem Rhönhaus führt uns der Weg hinab in einen Laubmischwald in Hanglage, wo wir bald einen Weg nach rechts einschlagen. Unsere Tour führt uns auf einen komfortabel zu gehenden Weg, der sich in den Hang unterhalb des Ellenbogens schmiegt. Unter der Woche wird uns hier sicherlich niemand begegnen und wir haben alle Zeit der Welt, ein wenig saumselig in uns zu gehen. Wie schön! Unser Rucksack wippt im Rhythmus unserer Schritte und morsche Äste brechen unter unseren Füßen. Ein kreuzender Weg lädt uns zum Passieren ein und wir gehen geradeaus, erst bei der nächsten Möglichkeit halten wir uns an einer

*Vom Wanderparkplatz unter dem Ellenbogen aus können wir zusätzlich am Ende der Tour eine **Abkürzung** zum Rhönhaus nehmen.*

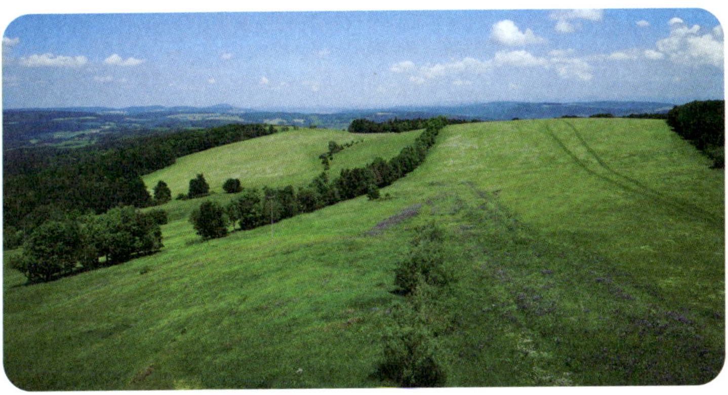

Wegespinne im Offenland rechts den Bergwiesenhang hinauf. Hier sind wir wieder auf freiem Feld, die Sonne scheint uns direkt ins Gesicht und wir erfreuen uns schon an einem tollen Weitblick. Unter uns liegt das kleine Dörfchen **Oberweid.** Vielleicht machen wir ja ein wenig weiter oben Rast auf der Bank? Mit etwas Glück vernehmen wir das wilde Kreischen eines umhersegelnden prächtigen Rotmilans.

Die Rhön ist mit ihrem Wechselspiel aus Offenlandschaften und Wäldern ein optimaler Lebensraum für ***Rotmilane.*** *Entsprechend finden wir hier eine der größten Rotmilan-Populationen der Welt!*

Nachdem wir den Zipfel eines Waldes durchquert haben, endet der Weg, sodass wir uns nach rechts zu der schönen **Wetterschutzhütte des Reichenhäuser Rhönklubs** bewegen. Danach wird es mystisch, denn die Wanderung führt uns über einen felsengespickten Pfad durch einen knorrigen alten Wald. Morsche und mit Flechten überzogene Bäume säumen den Rand und feste Moosteppiche halten die letzten Perlen des funkelnden Morgentaus. Als wir schließlich aus dem Wald heraustreten, wandelt sich die Atmosphäre urplötzlich und wir stehen auf einer märchenhaften floral gespren-

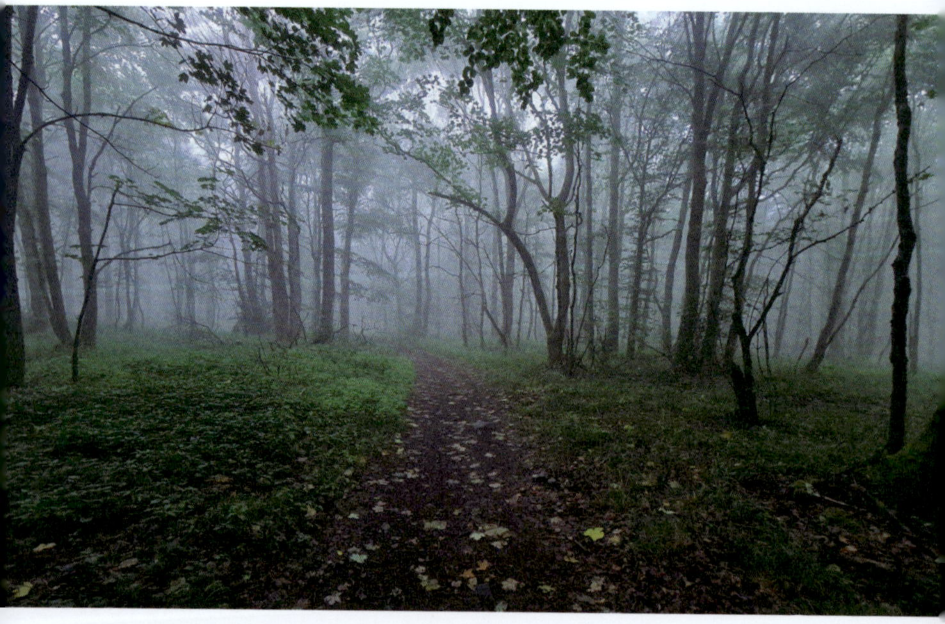

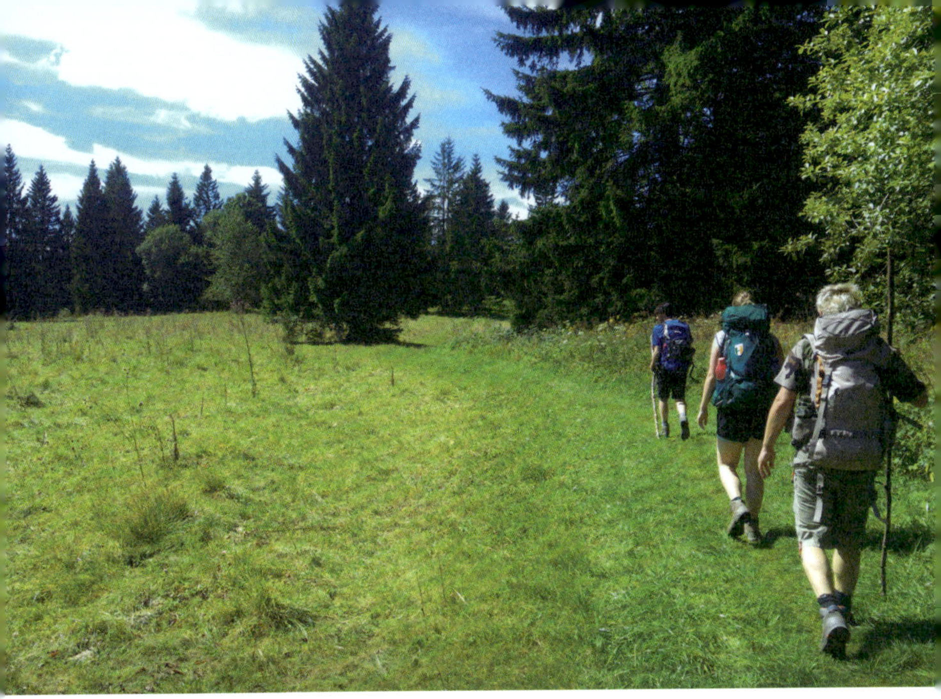

kelten Hochwiese. Zitronenfalter segeln akrobatisch durch die Lüfte und gleiten dann sanft zur nächsten Küchenschelle. Ein Buntspecht klopft hohl in den holzigen Stamm einer nahen Kiefer und der würzige Duft von wildem Thymian steigt uns in die Nase. Wir schlendern die Rhöner Matten entlang und genießen den weichen Untergrund unter unseren Füßen. Wenn wir wollen, haben wir die Möglichkeit, links einen Abstecher zu einer kleinen Ruheoase zu machen. Ein Holzschild weist uns den Weg zur ❸ **Rhönklub Gedenkstätte.** Die sonnige Nische im Wald ist ein wahrer Kraftort, an dem wir ungestört einen Augenblick verweilen wollen und vielleicht einmal in unser liebevoll belegtes Brot beißen.

Wenig später treten wir unterhalb des **Eisenacher Hauses** aus dem Wald heraus. Ehemals dem Rhönklub gehörend, wurde es im Kalten Krieg aufgrund der Grenznähe zum Ausspionieren der anderen Seite genutzt. Wir umkurven das große Gebäude über den Innenhof und marschieren einen schmalen Pfad hinaus zum fotogenen ❹ **Ellenbogen.** Imposantes Wahrzeichen

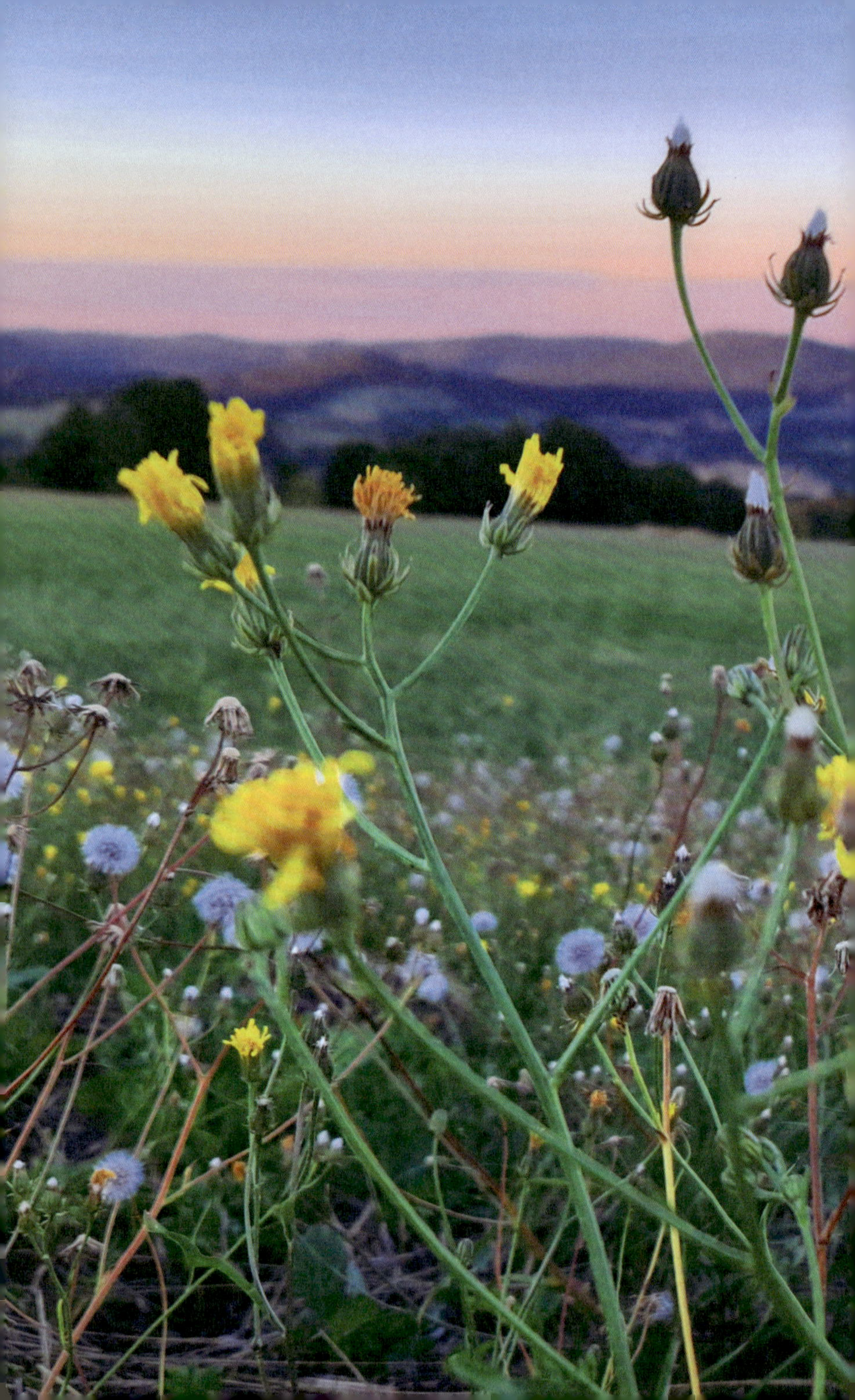

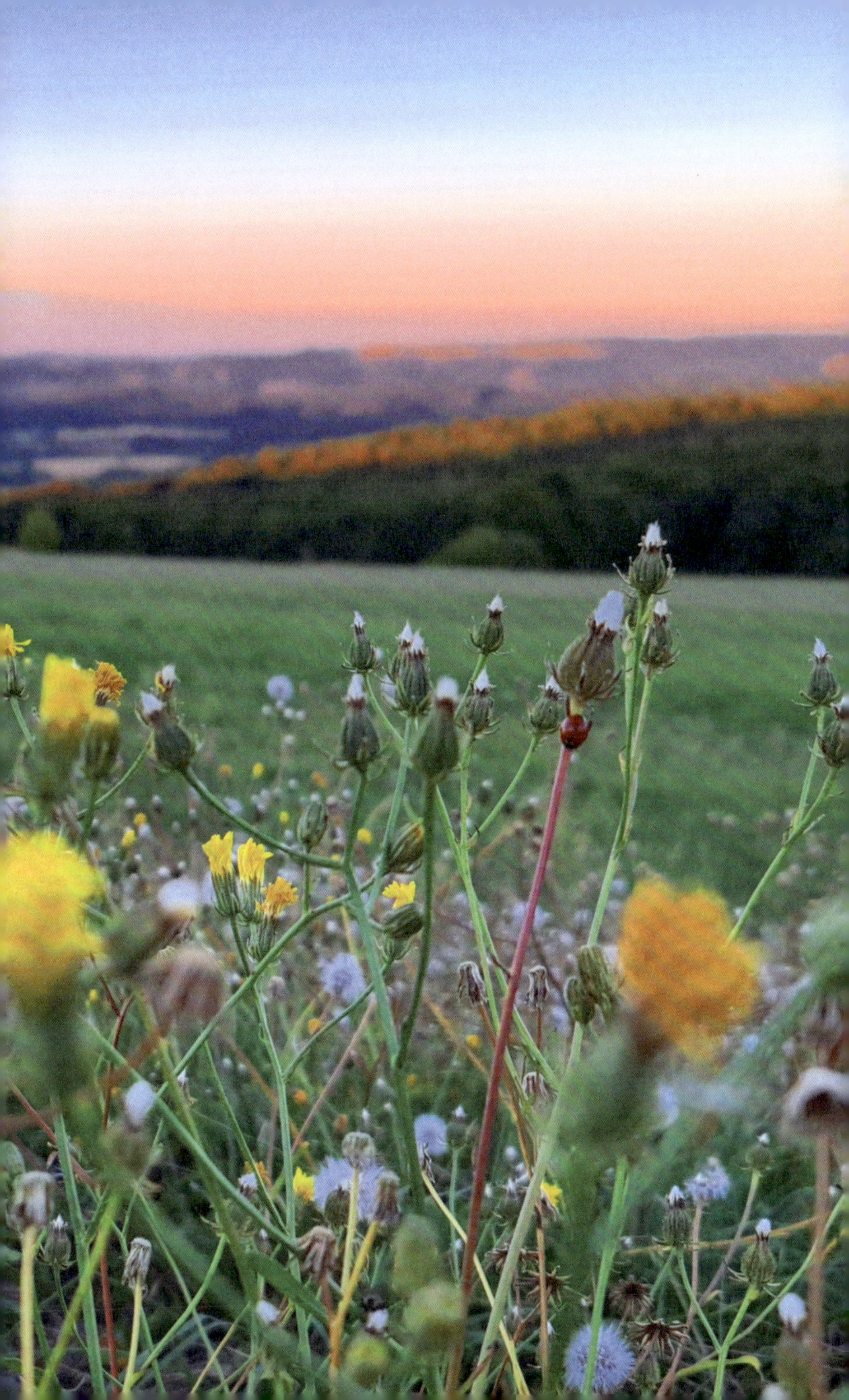

ist das im Jahr 2017 errichtete gigantische Segel der Arche Noah. Der Gipfel ist ein Vergnügen für Groß und Klein, denn der Ausblick vom 23 Meter hohen, modernen Aussichtsturm ist sagenhaft und reicht an klaren Tagen bis zum Harzer Brocken. Während der Aufstieg noch über Treppenstufen verläuft, können wir den Weg nach unten über eine 120 Meter lange **Erlebnisrutsche** nehmen. Vorher nicht den Rutschteppich vergessen! An schneereichen Tagen wandelt sich der Ort zu einem kleinen Wintersportzentrum und dann haben wir die Möglichkeit, über große Reifen ins Tal zu gleiten. Vom Segel aus können wir der Beschilderung ganz einfach zurück zum Ausgangspunkt unserer Wanderung folgen.

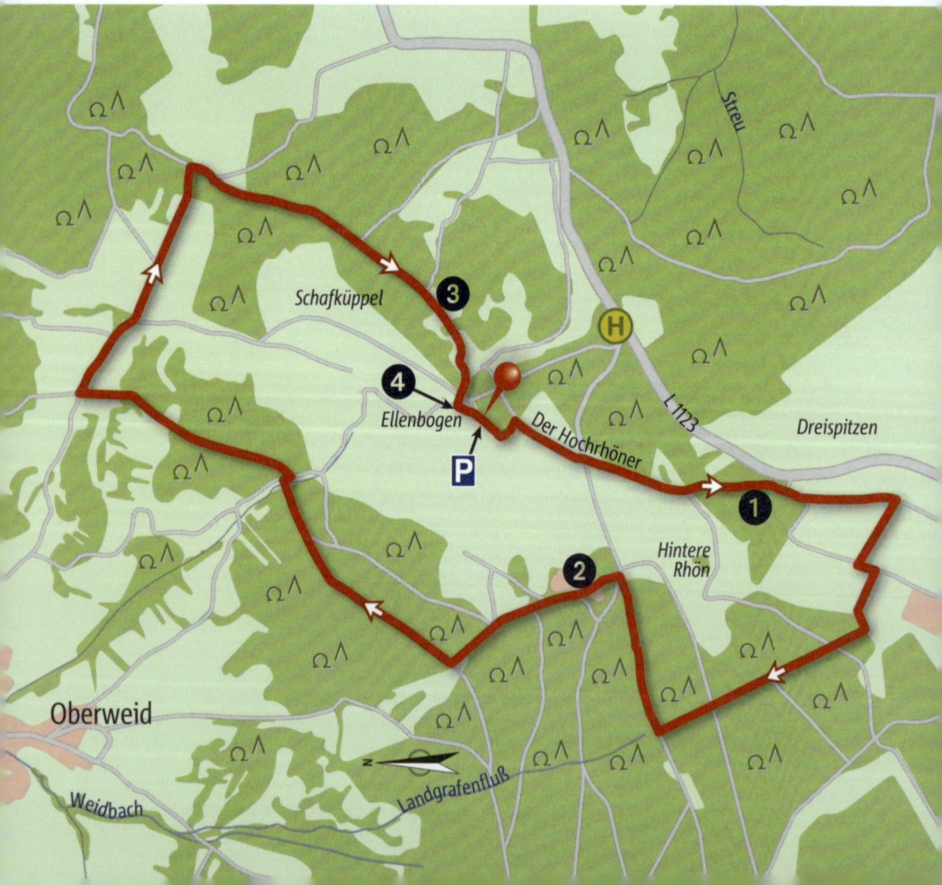

ALLES AUF EINEN BLICK

Entspannung ●●●●○
Abenteuer ●○○○○
Vielfalt ●●○○○

WIE & WANN

Eine einfache Wanderung ohne viele Höhenmeter. Überwiegend gehen wir über gut ausgebaute Wege sowie über schöne Pfade sowie Wiesenwege. Die Wandertour eignet sich besonders für Kinder und auch im Winter.

HIN & WEG

Auto: Wanderparkplatz am Ellenbogen, Frankenheimer Straße, 98634 Frankenheim/Rhön
ÖPNV: Haltestelle Ellenbogen

ESSEN & ENTSPANNEN

2 **Thüringer Rhönhaus,** Thüringer Rhönhausstraße 1, 98634 Oberweid am Ellenbogen, Tel. (03 69 46) 3 20 60, thueringer-rhoenhaus.de

ENTDECKEN & ERLEBEN

1 **Hexenstein**
3 **Rhönklub Gedenkstätte**
4 **Ellenbogen mit Noahs Segel**

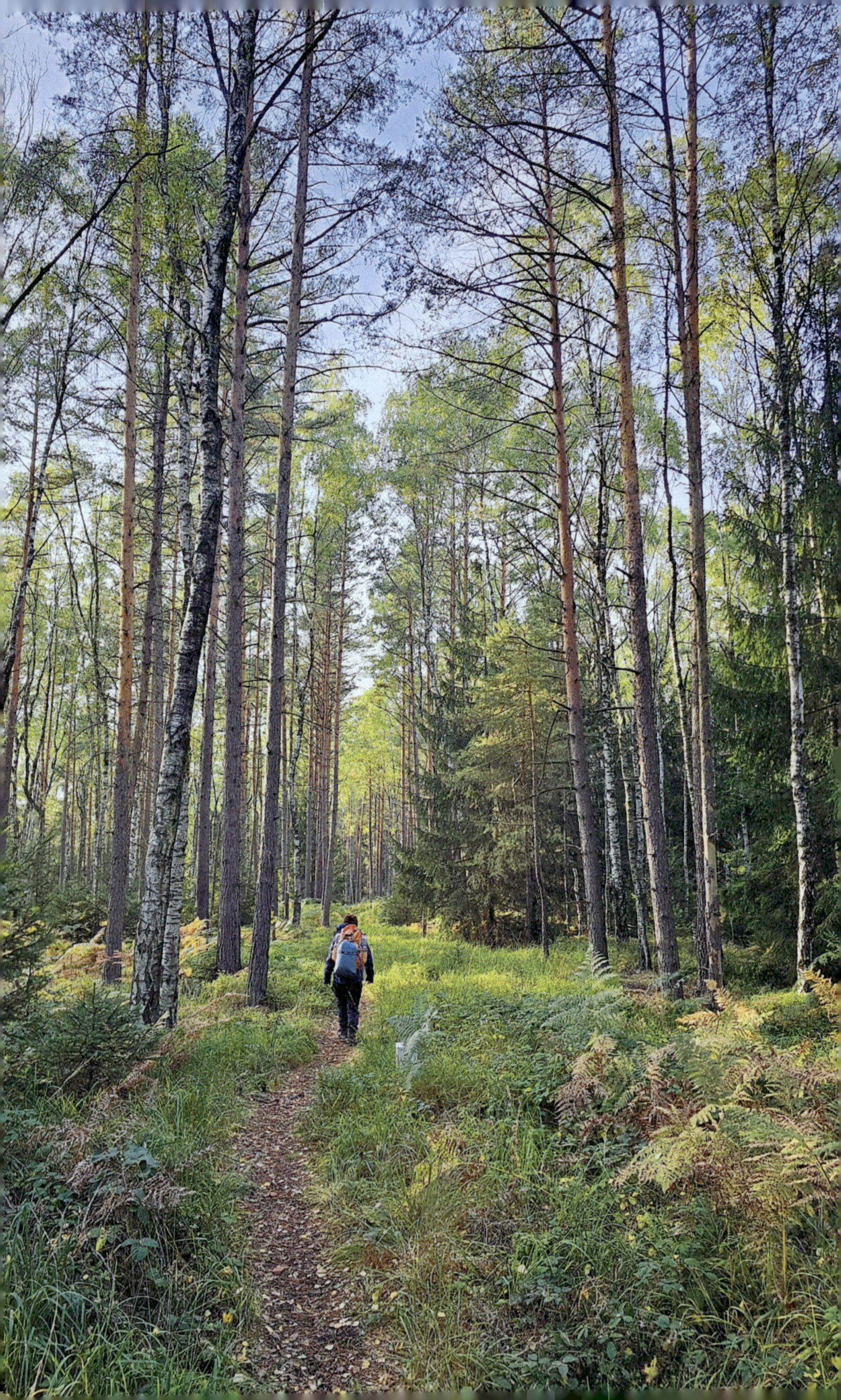

Feuer & Flamme

In den Schwarzen Bergen

Heute folgen wir mit dem Basaltweg einem gut markierten Wanderweg. Durch das rote B auf weißem Grund können wir uns ganz entspannt auf die Naturerlebnisse konzentrieren. In den schwarzen Bergen der Rhön rund um das Naturschutzgebiet Lösershag tauchen wir in dunkle Buchenurwälder ab. Aufgrund des dominanten Nachbarn, des Kreuzbergmassivs, werden die Hänge des Feuerberges touristisch deutlich weniger frequentiert. Gut für uns! Denn selten können wir so allein mit der Natur sein wie auf der heutigen Wanderung.

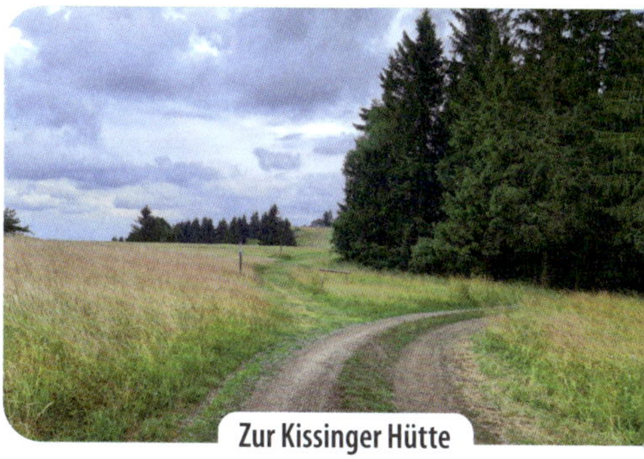

Zur Kissinger Hütte

Unser Wandertag startet am Flüsschen ❶ **Zintersbach** nahe dem Örtchen **Oberbach** am tiefsten Punkt der heutigen Tour. Zum Warmlaufen gehen wir die ersten Meter auf gut ausgebautem Untergrund, so können sich unsere Gelenke schonend an den anstehenden Aufstieg gewöhnen. Nach der ersten Kurve zweigt unser Weg sachte nach links ab – wir verlassen den festen Grund und freuen uns auf den erdigen Waldboden. Bis zur Kissinger Hütte und dem Feuerberg werden wir nun rund 300 Höhenmeter an einem Stück absolvieren. Grund genug zu entschleunigen, denn Eile haben wir heute nicht. Im Gegenteil: Hier in den Schwarzen Bergen sind wir so tief im Wald, dass der Alltag eine Weltreise entfernt scheint.

Kilometer: 11,7
Höhenmeter: 544
Stunden: 4,5
RUNDWEG

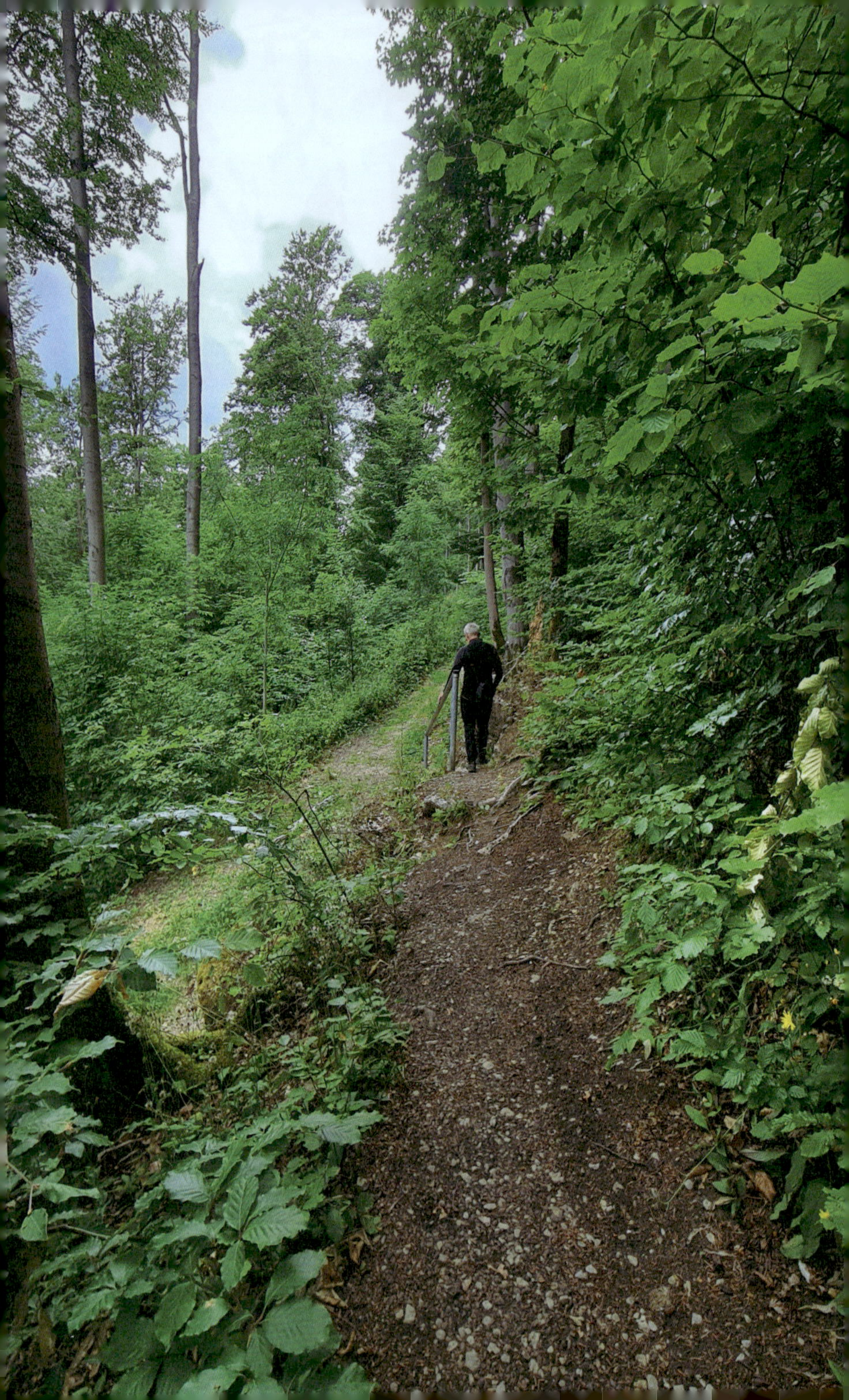

Nach rund 1 Kilometer weist uns an einer Wegekreuzung ein Schild auf einen basaltenen Bruch mit dem Namen ❷ **Gebirgsstein** hin. In nur 800 Meter Entfernung können wir uns den ersten Vulkankrater anschauen. Wandern wir vor dem Kratereingang noch einmal 200 Meter weiter, nehmen wir auch die Berghütte des Oberbacher Rhönklubs mit. Den Abzweig haben wir uns gemerkt und marschieren zielsicher zurück zu der Kreuzung.

Für die Seele

Was das Wanderherz begehrt: weite Aussichten, verschlungene Waldwege und eine urige Berghütte.

Wir erwandern uns weiter Stück für Stück den **Feuerberg** und steigen durch einen tief in den Waldboden gefurchten Weg. Vermutlich wurde über diesen sogenannten Hohlweg jahrhundertelang Vieh hinabgetrieben oder junge Hirten zogen alte Holzkarren die schmale Waldgasse runter nach Oberbach. Nicht mehr lange und die Sonne bricht wieder mehr durch die dicht stehenden Bäume, das Kronendach wird mit jedem Schritt lichter und schon bald treten wir über einen Wiesenweg aus dem Wald heraus. Am oberen Gipfel der weiten und offenen Wiese können wir hinter großen Tannen schon die urige hölzerne Kissinger Hütte erahnen. Über einen angenehm weichen Wiesenweg marschieren wir der über 100 Jahre alten Traditionshütte entgegen. Zu unserer Linken deuten sich schon die Weitblicke an, die wir noch weiter oben in vollen Zügen auskosten können. Am Rande des Feuerberges bemerken wir eine Vielzahl rostiger Lifte, denn vor noch nicht allzu langer Zeit bot der Nordhang des Feuerberges für Wintersportbegeisterte ein kleines Paradies.

*Das Besondere an dem **Geotop Gebirgsstein** ist, dass die meisten Vulkankrater bereits vollständig erodiert sind, wir hier aber die Möglichkeit haben, uns in die Mitte des Schlotes zu stellen.*

Eine große Rast haben wir uns dann an der ❸ **Kissinger Hütte** redlich verdient. Der umfangreiche Schilderwald an der Ecke der Berghütte verrät uns, dass wir es mit einer beliebten Ausgangsposition für Wanderungen zu tun haben und spätestens in der lauschig-urigen Hütte auf weitere Wanderbegeisterte treffen werden. Bei dieser Lage wundert das aber überhaupt

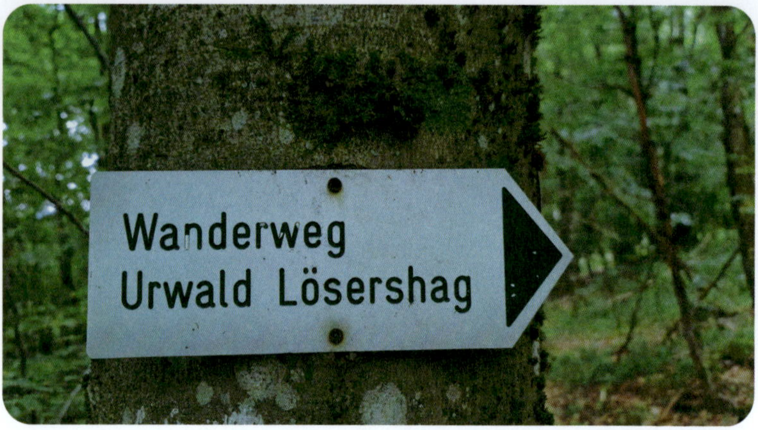

Auf der ***Kissinger Hütte*** *gibt es über das Jahr viel musikalisches Spektakel, denn bei guter Laune spielen viele, vor allem regionale Musikanten auf – eine richtige Hüttengaudi.*

nicht. Drinnen wartet die Wirtin mit kühlen Getränken, frischem Kuchen und rustikalen Schmankerln auf. Am schönsten ist es, wir holen uns etwas an der Theke und legen uns auf eine der gemütlichen Holzliegen mit dem weiten Blick über das Städtchen Bischofsheim hinweg. Wie glücklich es macht, dass die Rhöner Gipfel unbewaldet sind. Mit dieser herrlichen Rundumsicht machen sich die zurückgelegten Höhenmeter bezahlt. Und das Wissen, dass der Wanderweg von nun an überwiegend nach unten führt, entspannt uns noch zusätzlich.

Der Abstieg führt an den hölzernen Liegen vorbei, geradewegs über die offene Wiese nach unten in Richtung Wald. Der Weg hält uns nicht allzu lange im Dickicht und wir erwandern uns wieder eine offene Bergwiese unterhalb der Kissinger Hütte. Unter einem alten **Hutebaum** lädt eine idyllische Bank ein, noch einmal abseits des Hüttentrubels einen Moment der Stille auszukosten. Schließen wir doch einmal die Augen, dann vernehmen wir noch stärker das sanfte Rauschen des Windes im Kronendach über uns sowie hier und da die Glocken der nahe weidenden Kühe.

Anschließend geht es voller Ruhe und mit frischer Kraft auf einen sanften, schmalen und mit magentafarbenen Weideröschen gesäumten Wiesengang, der uns

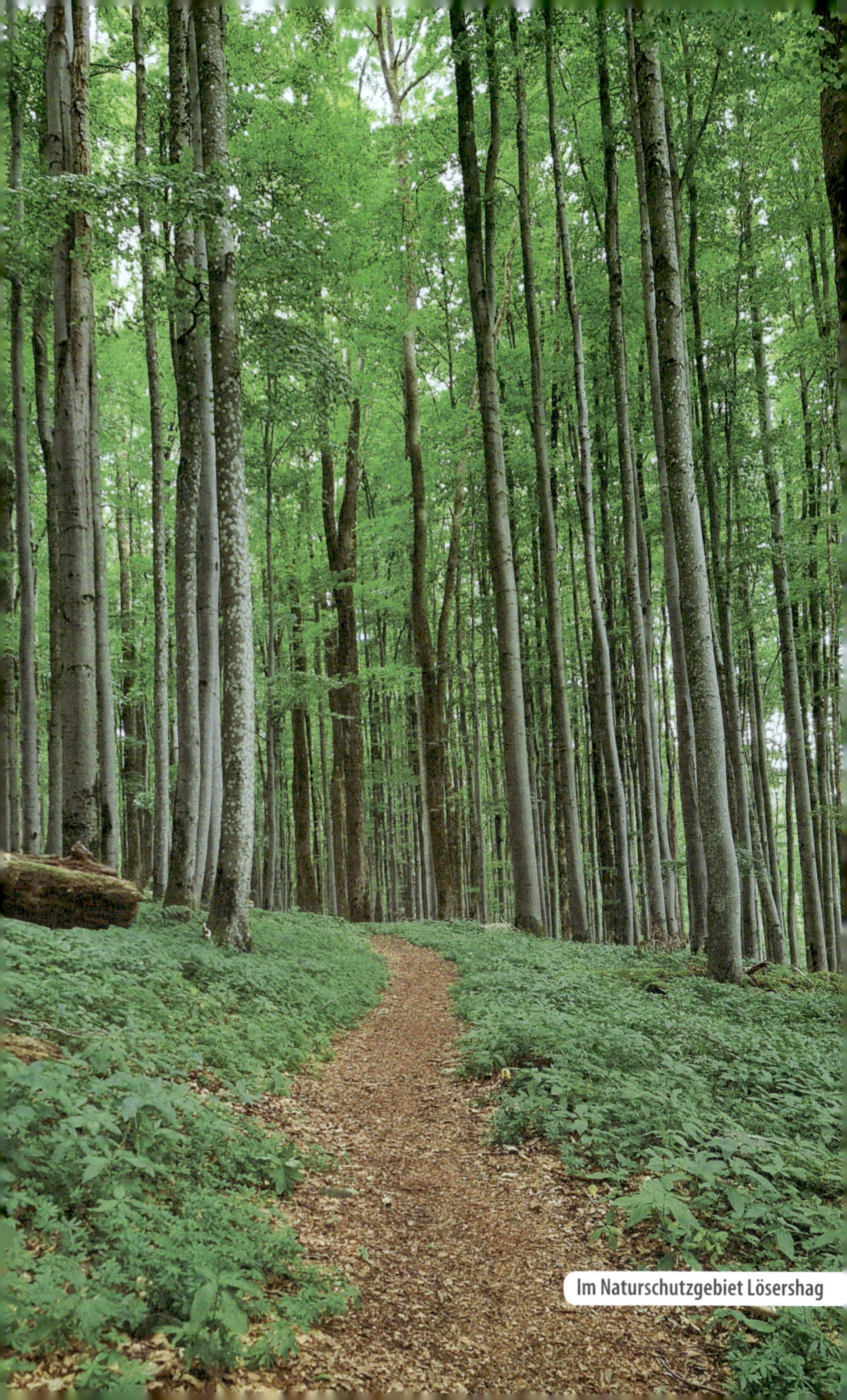

Im Naturschutzgebiet Lösershag

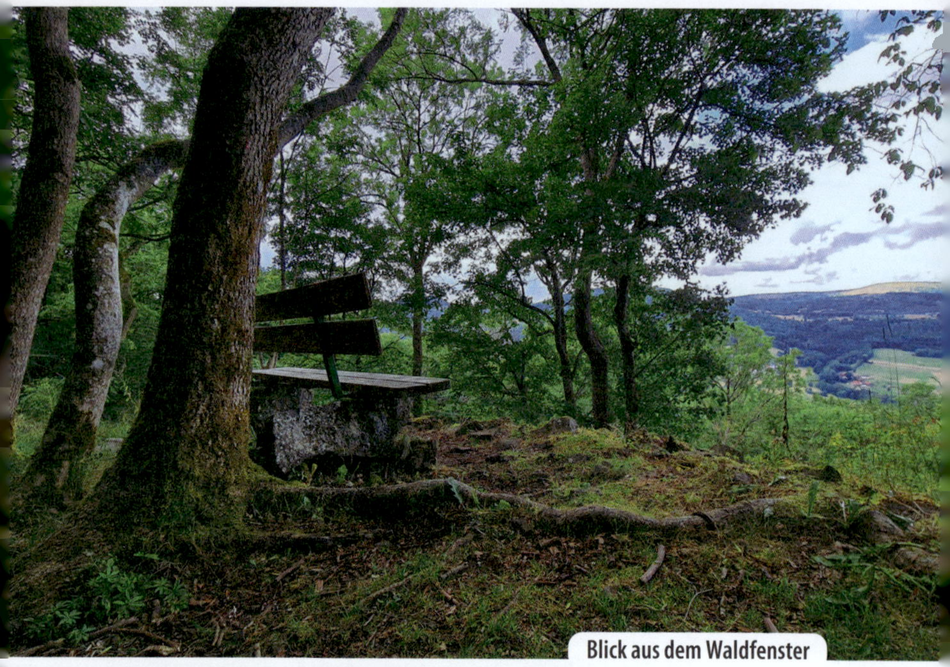

Blick aus dem Waldfenster

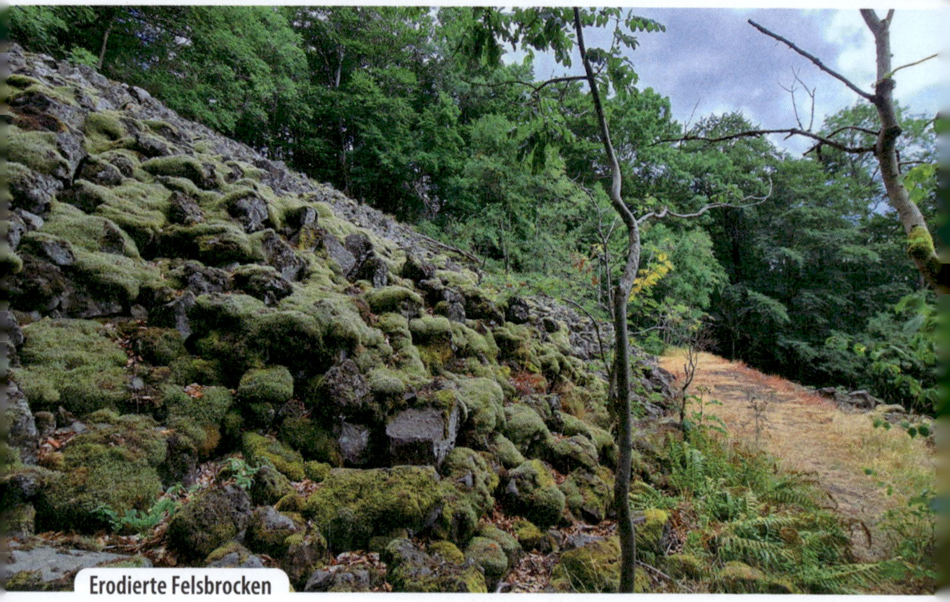

Erodierte Felsbrocken

sachte zurück in den Wald bringt. Durch das **Naturschutzgebiet Kellerstein** führt uns ein waldiger Pfad, der uns unter den schummrigen alten Buchen eine **Wetterschutzhütte** passieren lässt. Wir steigen in einen ausgesetzten Gang in steiler Hanglage ein. Unter uns blitzt der weiße Muschelkalk aus dem humosen Boden heraus. Zu unserer Linken können wir über die Baumkronen kleine Aussichten erspähen und am Ende des Ganges nehmen wir mit etwas Besonnenheit die vier steilen Naturstufen herab. Der Hang fällt nun etwas sachter auf unseren Weg und gibt sein Inneres frei, da bereits viel Boden herabgerutscht ist. Nach einer langen Geraden auf einem angenehm zu gehenden Forstweg zeigt uns ein altes blechernes Schild den Weg in das sich selbst überlassene **4 Naturschutzgebiet Lösershag.** Der Begriff „Urwald" auf dem Schild regt unsere Fantasie an: Urwüchsige alte Buchen ragen in die Höhe oder liegen teils gebrochen auf unserem Pfad.

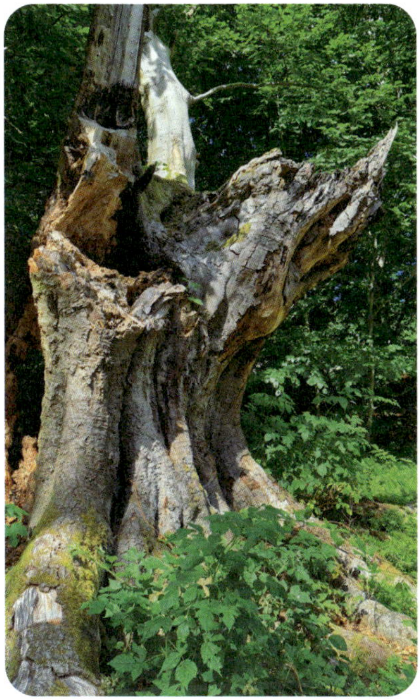

Am Lösershag teilt sich der Weg, da wir nun eine Runde um den ehemaligen Vulkan nehmen. Damit beginnt auch der schönste Abschnitt der Wanderung. Eine schmale Spur führt durch die niedrige bodendeckende Vegetation, schwere moosbewachsene Steine füllen die Hänge mit Blockschutt und grober, lockerer Schotter reicht bis an unser Schuhwerk heran. Im Schatten wuchern Pilze und Farne jeglicher Sorte, feuchte Luft drängt sich in die Nase und füllt unsere Lungen mit Frische. Auf der Rückseite des Lösershags eröffnen die Bergulmen ein Fenster aus dem Wald heraus und eine **5 Bank** bietet Rast und Ruhe in dem Idyll. Spätestens hier nehmen wir uns die Zeit, vollkommen in diesen unberührten Wald einzutauchen. Tiefenentspannt schlendern wir noch ein wenig weiter um den Kegel herum. Bevor der schmale Weg uns nach rechts unten führt, nehmen wir die 10 Meter auf ein Zwischenpodest und stehen plötzlich in der wärmenden Sonne inmitten 6 **erodierter Felsbrocken.** Wir folgen der Markierung abwärts und erkunden dort die basaltene Blockschutthalde, zwängen uns durch dicht stehende Felsbrocken hindurch und gelangen wieder an den Startpunkt der kleinen Runde.

Nun haben wir noch 900 Meter bis zu unserem Ausgangspunkt am **Zintersbach.** Der Weg fällt von nun an steil ins Tal und bietet auf halber Strecke noch einmal die Möglichkeit zu rasten, ehe auf erdigen Serpentinen der Blick auf das glucksende Flüsschen freigegeben wird.

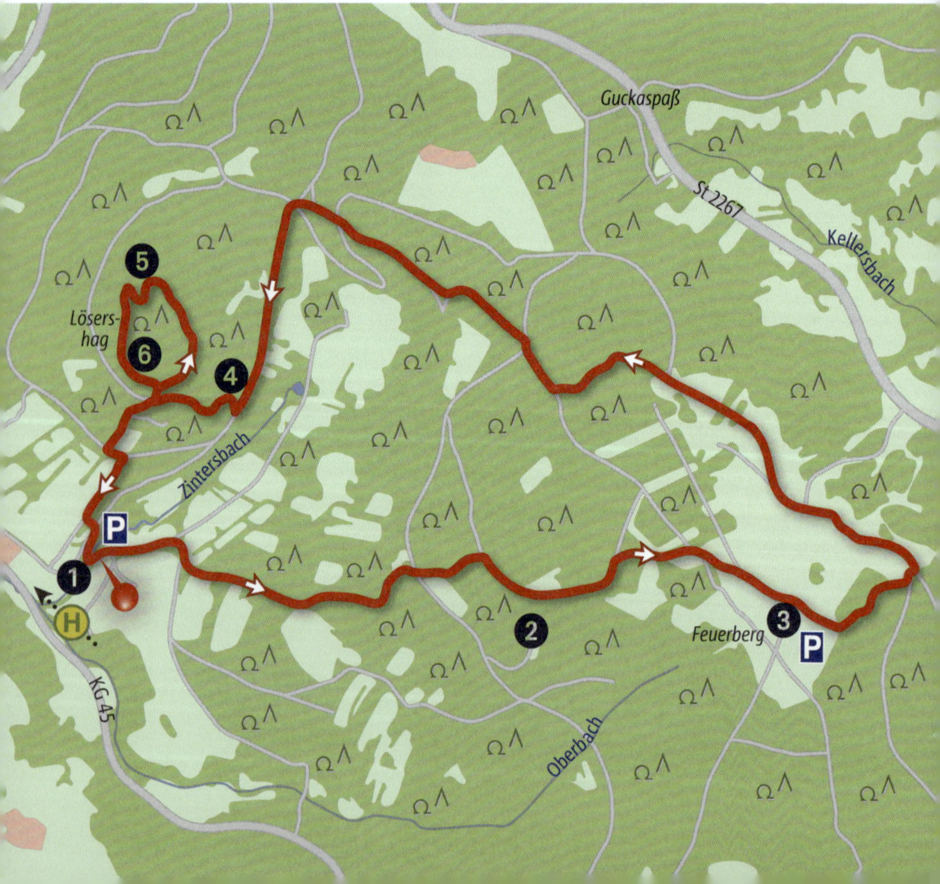

ALLES AUF EINEN BLICK

Entspannung 4/5
Abenteuer 4/5
Vielfalt 3/5

WIE & WANN

Eine vor allem im Sommer und Herbst zu empfehlende Tour, die größtenteils durch schöne Buchenwälder über erdigen Grund führt. Am Feuerberg geht es auch mal über Wiesen- oder Wirtschaftswege. Der Weg ist durchweg gut beschildert, ein Verlaufen ist daher also kaum möglich. Wer nicht am Wochenende wandert, sollte besser nach den Öffnungszeiten der Hütte schauen.

HIN & WEG

Auto: Parkplatz am Zintersbach/Treibweg, 97772 Oberbach;
Parkplatz an der Kissinger Hütte, 97657 Sandberg
ÖPNV: Haltestelle Ortsmitte Oberbach

ESSEN & ENTSPANNEN

3 **Kissinger Hütte,** Kissinger Hütte 1, 97657 Sandberg, Tel. (0 97 01) 2 86, kissinger-huette.de

ENTDECKEN & ERLEBEN

1 **Zintersbach**
2 **Gebirgsstein**
4 **Naturschutzgebiet Lösershag**
5 **Rastbank mit Ausblick**
6 **Erodierte Felshalde**

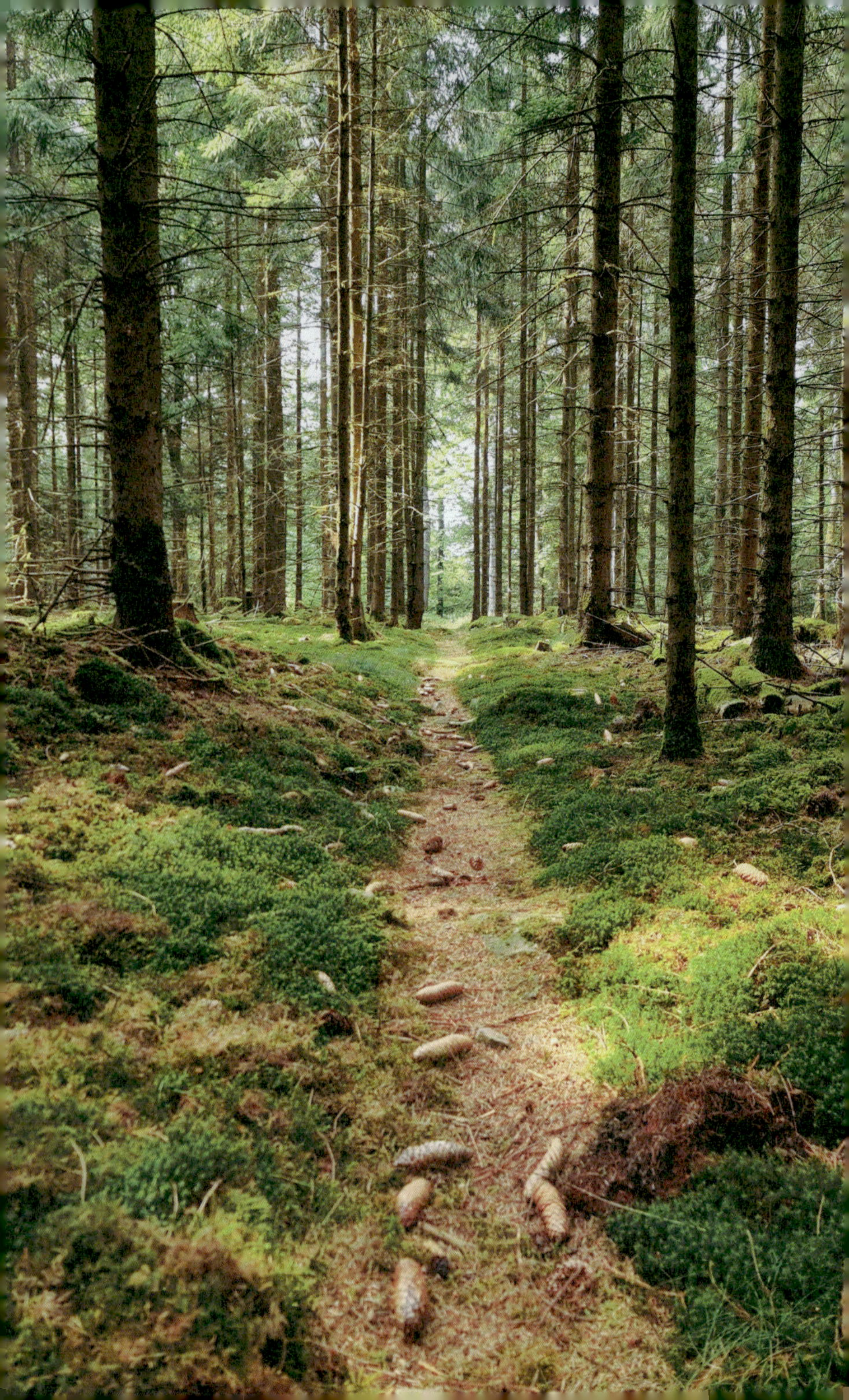

Am Rande der Welt

In die Einsamkeit nach Dalherda

Eine etwas entrückte, vielleicht schon weltferne Wanderung, die ihr volles Potenzial an einem schönen Tag im Spätherbst oder noch besser an einem frostigen, sonnengeküssten Wintertag entfaltet. Wir beginnen unsere Wanderung an der schattigen **1 Wacholderhütte.** Im Vordergrund plätschert Brunnenwasser aus einem gusseiserenen Hahn in ein derbes Becken. Im Hintergrund haben wir einen kleinen Ausblick über die im Tal des Gichenbaches liegenden Dörfer. Ganz bequem wandern wir auf dem gut ausgebauten Untergrund am Waldrand entlang und entfernen uns Stück für Stück vom Parkplatz und damit auch vom Alltag. An der Verzweigung nehmen wir den rechten, geschotterten Weg und wenig später gehen wir erst rechts und dann links hinauf. An dieser Stelle teilt sich unser Weg. Da wir noch frisch und voller Tatendrang sind, steigen wir zuerst hinauf zur Hohen Kammer und halten uns rechts auf dem kleinen Wiesenweg. Mit jedem Meter lockt uns der würzige Duft des Waldes. Die sanfte und weiche Wiese unter unseren Füßen wandelt sich zum mit Laub bedeckten Boden. An einem trockenen Hang blüht zartrosafarbene Erika auf. Vor uns liegt ein finsterer, fast mystisch anmutender **Waldgang** mit alten, nadellosen Fichten. Felsbrocken durchsetzen zunehmend den Hang und wir kraxeln über den ein oder anderen Stein. Das Licht erkämpft sich Schneisen durch die Zapfenträger, die statt eines Nadelgewands schwere Moosteppiche auf den dürren Ästen tragen. Immer wieder queren andere Wanderwege unsere Route, doch wir halten uns

*Den **Gipfel der Hohen Kammer** erreichen wir bei unserer Tour nicht, da dieser im angrenzenden Truppenübungsplatz liegt. Aus diesen Gründen bleiben wir auch besser auf den Wegen und achten darauf, nicht zu weit in den südlichen Wald auszuschweifen.*

Kilometer: 14,5
Höhenmeter: 551
Stunden: 5
RUNDWEG

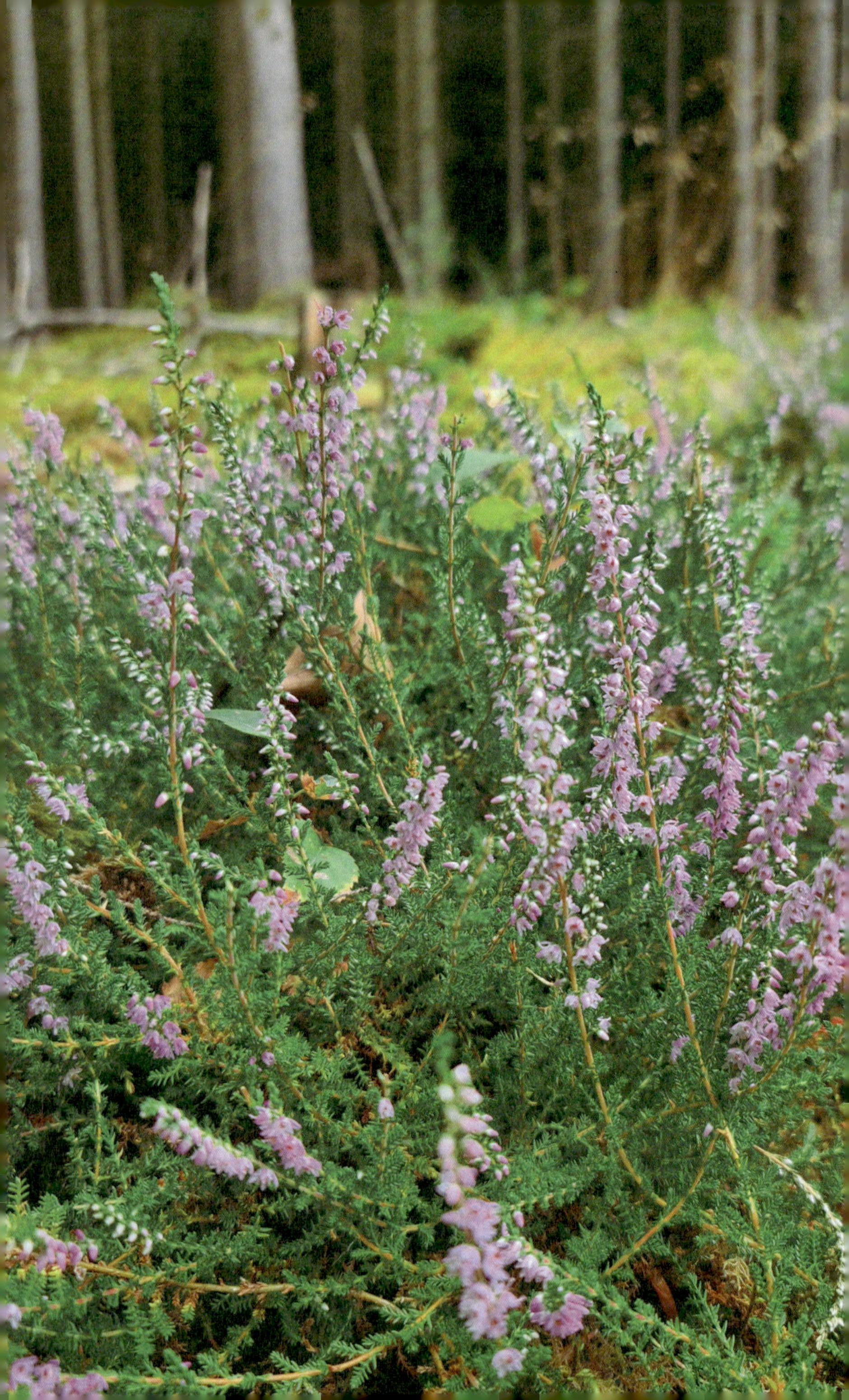

wacker und wandern unermüdlich nach oben, an einer zerfallenen Holzbank vorbei geradewegs ins Felsenfeld. Nicht mehr lange und die Brocken aus Buntsandstein werden größer. Wir berühren einen aufgerauten Felsen, halten inne und beobachten, wie die tief stehende Herbstsonne zart durch das Geäst der Bäume wellt – ein wahrer Kraftort. Vor uns gräbt sich eine große Gesteinsplatte in den gelockerten Waldboden, während sich eine alte Fichte gekrümmt auf ihr abstützt. Vor uns thront das ❷ **Jagdhaus Hohe Kammer** auf dem obersten Felsvorsprung. Die aufgetürmten Gesteinsbrocken formen kleine Höhlen, die vielleicht sogar den einstigen Jägern als Keller und Kühlraum dienten. Schließlich ging hier kein geringerer auf Jagd als der bayerische König Ludwig I.

Für die Seele

Über felsige Wege hinauf zum alten Jagdsitz Hohe Kammer und dann am Rande der Welt entlang.

Am still gelegenen Jagdhaus gönnen wir uns hier im Herzen der Natur eine Ruhepause. Aufmerksam beobachten wir einen Hirschkäfer, der sich seinen Weg über eine morsche Buche sucht. Wir fühlen uns in die Natur eingebunden und wandern hinter dem Jagdhaus zufrieden nach links weiter. Nach einem ausladenden Bogen halten wir uns rechts auf den Weg, der im spitzen Winkel auf unseren trifft.

*Fürstbischof von Bibra aus Fulda baute das **Jagdhaus Hohe Kammer** im Jahr 1775. König Ludwig I. kam oft zur Auerhahnjagd, aber auch um sich mit seiner Geliebten zu treffen. Für sie versah er das Jagdhaus eigens mit einer Badewanne.*

Allmählich taucht das kleine Örtchen ❸ **Dalherda** vor uns auf. Es ist das höchstgelegene Dorf Hessens und liegt aufgrund des Übungsplatzes in einer Sackgasse. Was im ersten Augenblick wenig idyllisch klingt, macht Dalherda zu einem verträumten Sehnsuchtsort für Ruhesuchende: kein Durchgangsverkehr und eine begrenzte Häuseranzahl! Wir halten uns südlich um das Dörfchen herum und biegen kurz vor dem Ort nach rechts ein. Am Waldrand entlang geht es zu unserem höchsten Punkt der heutigen Wanderung, der auf 704 Höhenmeter gelegenen ❹ **Rhönklubhütte Dalherda.** Die lange Mottener Straße führt uns hinab in Richtung des Ortes und wir kommen an ein

***Dalherda** hatte in seiner Geschichte wechselnde Besitzer: Lange Zeit war es bayerisch, bis es preußisch und schließlich hessisch wurde. Zwischenzeitlich wurde der Ort sogar abgesiedelt, da er Teil des Truppenübungsplatzes werden sollte.*

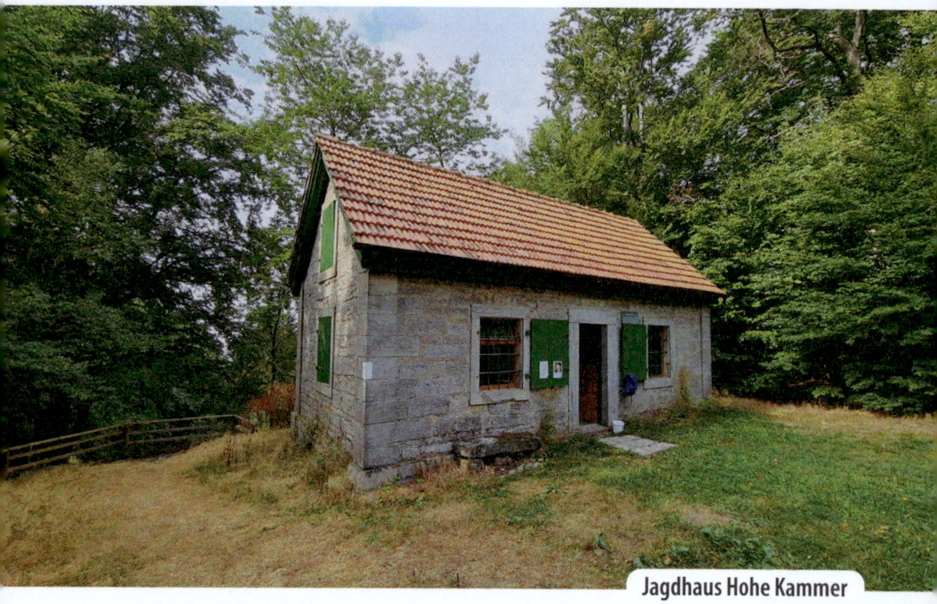
Jagdhaus Hohe Kammer

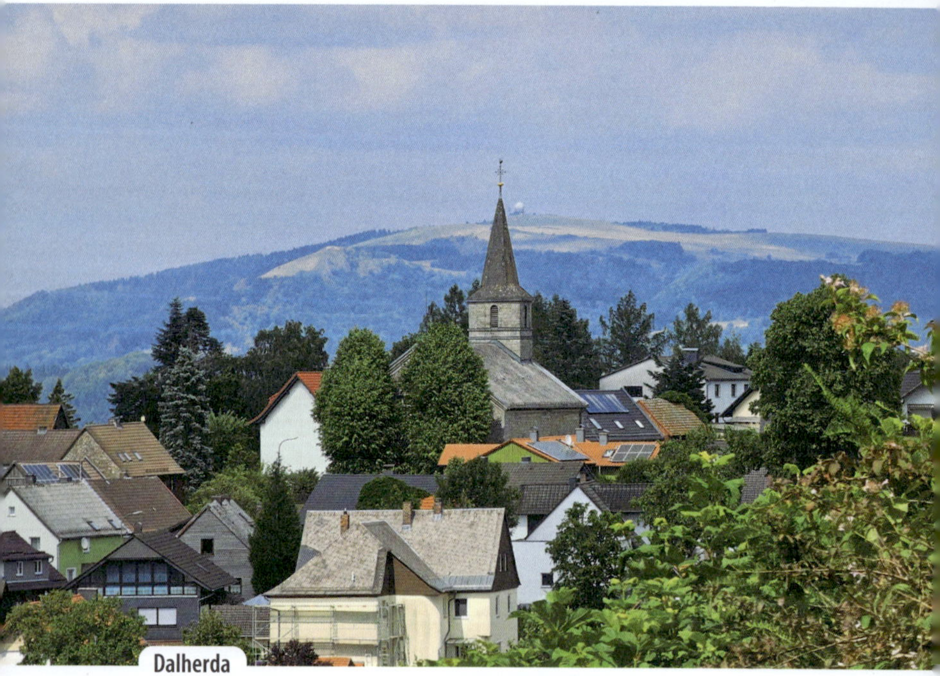
Dalherda

paar einsamen Häusern vorbei, in denen schon etwas Licht brennt. Sachter Rauch steigt aus dem Schornstein und löst sich im kühlen Abendhimmel auf. Eine Spur von verbranntem Holzduft liegt in der Luft. Auch wenn wir hier noch nie zuvor waren, kommt uns ein wohliges und heimeliges Gefühl von Nach-Hause-Kommen in die Brust. Bleiben wir einen Moment länger stehen, können wir die vielen Ausblicke genießen. Wie an zahlreichen anderen Stellen in dem idyllischen Mittelgebirge lässt sich hier eine besondere Weite erfahren, die uns die baumfreien Höhen der Rhön bieten. Da wäre der Blick ins entfernte barocke Fulda und tief in die fuldische Rhön, aber fast noch schöner ist die Sicht auf den Kirchturm Dalherdas, der sich mit der großen Wasserkuppe im Hintergrund zu schmücken weiß – eine unglaubliche Landidylle.

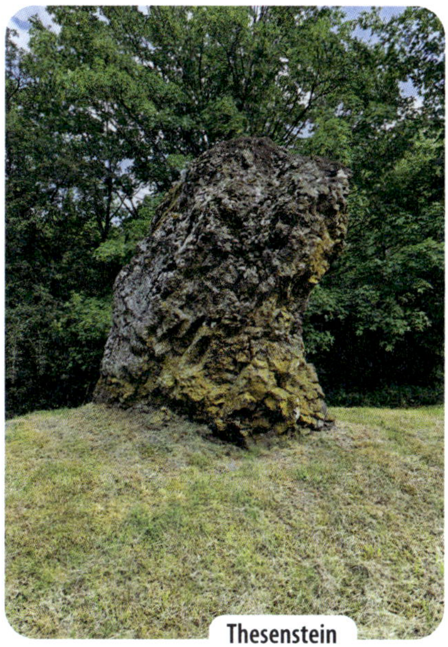

Thesenstein

Der Straße weiter folgend passieren wir den Dalherdaer **5 Thesenstein.** Der Sage nach hatte der Riese Kupprian eine schöne Tochter namens Therese, die ein Ritter von Ebersburg freien wollte. Der Riese war davon jedoch wenig begeistert. Als er schlief, entführte der Ritter schließlich die Tochter. Verzweifelt schleuderte der Riese einen Felsen hinter dem Ritter her, der nun vor uns als Thesenstein liegt. Noch tragischer ist, dass der Riese aus Verzweiflung und Trauer versteinerte und nun als Kuppenmännchen unterhalb der Dalherdaer Kuppe steht.

Wir biegen in die Dammersfelderstraße ein und umkurven den **Sportplatz.** Über die Gichenbacher Straße wandern wir geradewegs in den Wald. Dort lädt wenig später ein Weg ein, uns links zu halten. Der Wanderweg presst sich eng an den ins Tal fallenden

Hang, sodass wir zwischen dem im Wind raschelnden Laubwerk immer wieder freie Blicke bekommen. Vielleicht steht die Sonne schon etwas tiefer und flimmert abendrötlich auf die Berge.

Wir vertrauen darauf, dass uns der Weg sicher aus dem Wald herausführt, und queren die wenig befahrene Stichstraße nach Dalherda und wandern auf dem gegenüberliegenden Weg hinunter zur alten **Schäferei.** Über den Thalaubach schreitend halten wir uns rechts und biegen in den schönen Laubmischwald ein. Ein letztes Mal Achtsamkeit ist 800 Meter weiter gefragt, denn unser Weg zweigt noch einmal nach links, um uns dann ganz komfortabel bis zu unserem Stichweg zu leiten.

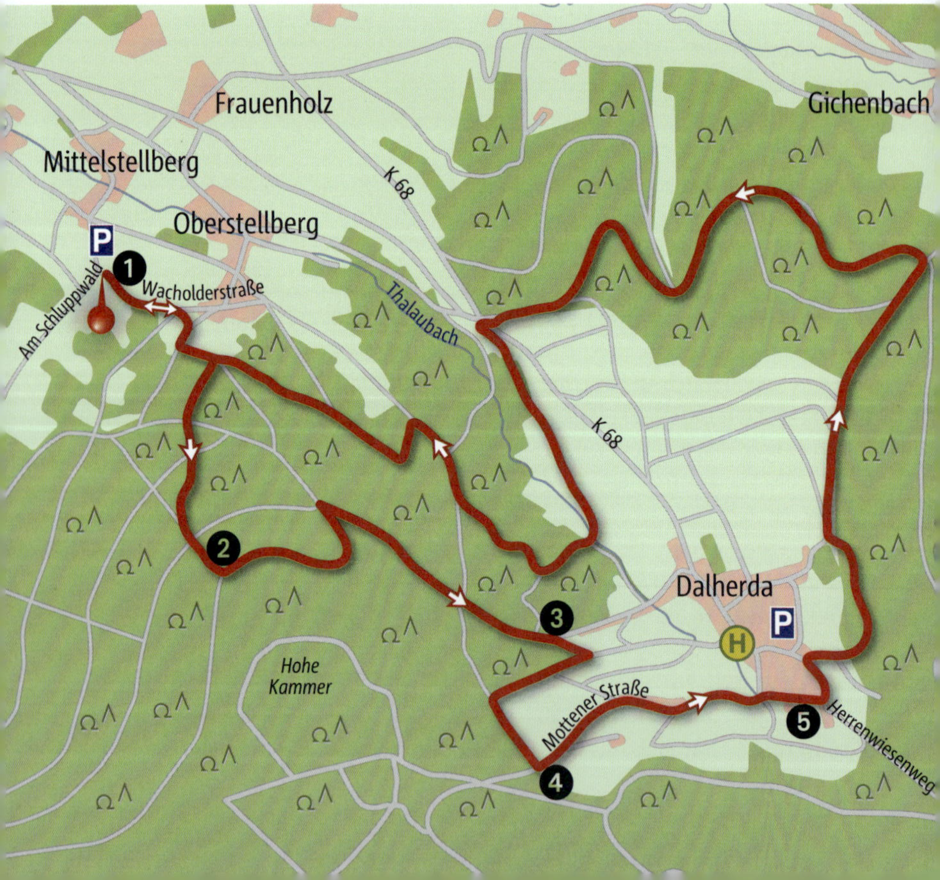

ALLES AUF EINEN BLICK

Entspannung 5/5
Abenteuer 2/5
Vielfalt 2/5

WIE & WANN

Die Wanderung bietet sich besonders in der Herbst- und Winterzeit an und kann aufgrund der vielen Forstwege auch bei starkem Schnee bewältigt werden. Lediglich zur Hohen Kammer hinauf führt ein schmalerer Pfad, der etwas unwegsam ist.

HIN & WEG

Auto: Wanderparkplatz Wacholderhütte, Wacholderstraße, 36157 Ebersburg; Parkplatz Dalherda Sportplatz, Albert-Schweitzer-Straße 2, 36129 Gersfeld
ÖPNV: Haltestelle Dalherda

ESSEN & ENTSPANNEN

Da es keine Möglichkeit zur Einkehr gibt, packen wir uns eine leckere Brotzeit und reichlich Wasser ein.

ENTDECKEN & ERLEBEN

1. **Wacholderhütte**
2. **Jagdhaus Hohe Kammer**
3. **Dalherda**
4. **Rhönklubhütte Dalherda**
5. **Dalherdaer Thesenstein**

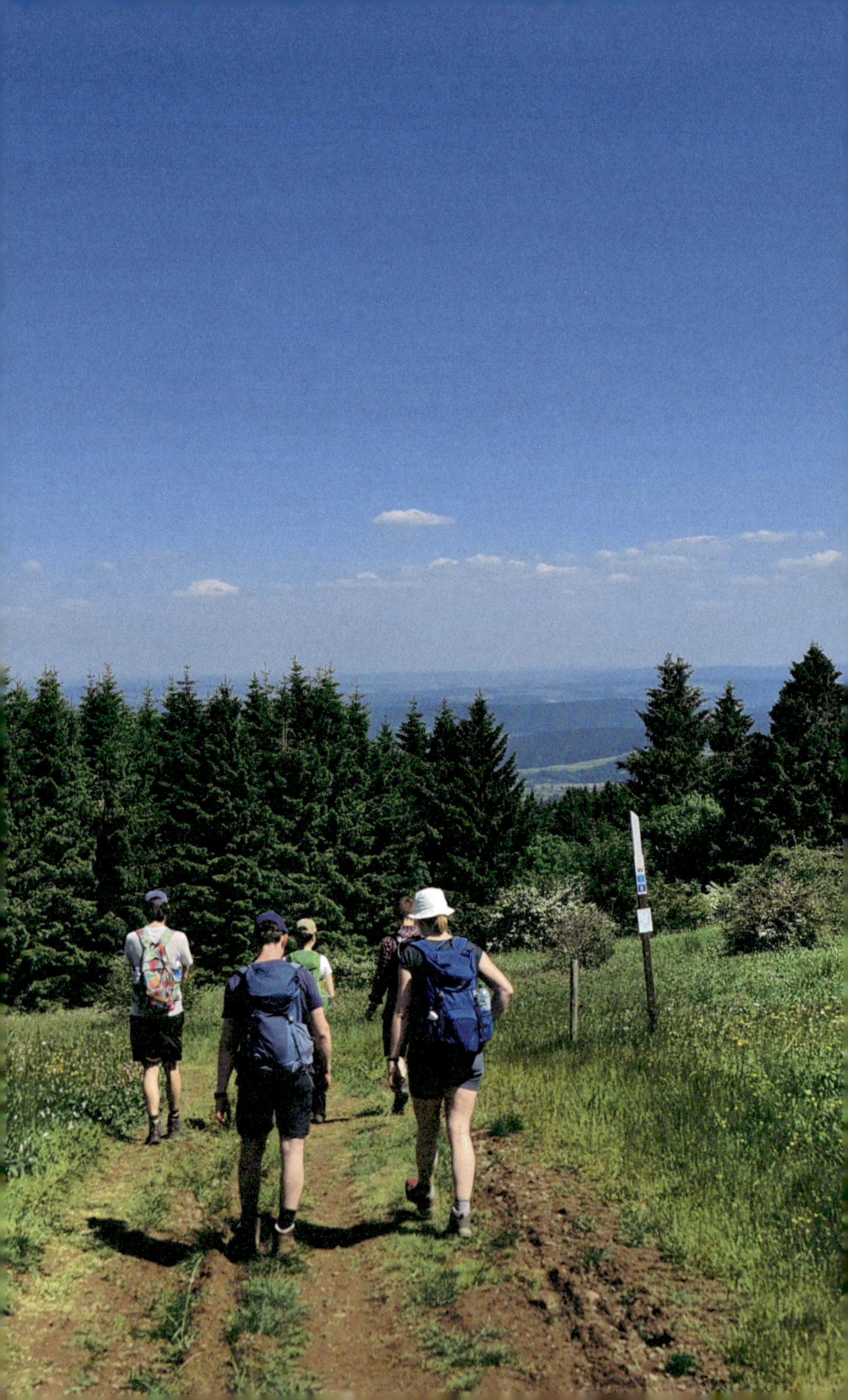

Aussichtsreiche Weite

Mit dem Teufel zur Hohen Hölle

Besonders schön ist unsere Wanderung an milden Sommertagen, denn dann können wir den schattenlosen langen Aufstieg zur Hohen Hölle so richtig genießen. Vom Parkplatz kurz nach dem Dammelhof starten wir unsere heutige Wanderung in Richtung ❶ **Simmelsberghütte.** Vor der urigen Hütte lädt uns ein breiter Wiesenweg zum ersten Aufstieg ein. Da wir uns schon auf knapp 700 Höhenmetern befinden, bekommen wir direkt die ersten Aussichten – ein Aperitif und Lustmacher auf die kommenden Kilometer. Eine Haarnadelkurve weiter oben führt uns in einen tollen **Buchenwald.** Die Baumstämme ragen kerzengerade in die Höhe, der Boden ist fast pflanzenfrei und wirkt aufgeräumt. Hallenwald nennt man dieses selten gewordene Phänomen. Um zu einem Hallenwald zu werden, müssen sich Wälder einen sehr langen Zeitraum ungestört entwickeln können. Bleiben wir also einen Moment stehen und genießen die besondere Atmosphäre des natürlichen Ortes. Durch die Hanglage bricht morgens die Sonne seitlich durch das Geäst und erhellt das Blattwerk leuchtend grün.

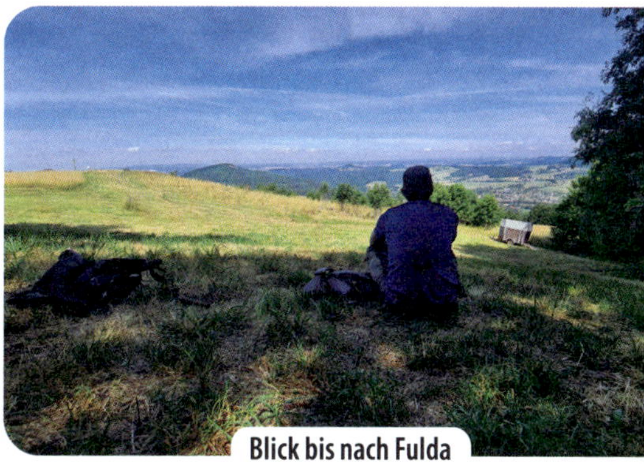
Blick bis nach Fulda

Alsbald gelangen wir auf eine freie Bergwiese und spüren die wärmende Sonne direkt auf unserer Haut. Vor uns liegt die kahle und

Kilometer: 13
Höhenmeter: 579
Stunden: 4,5
RUNDWEG

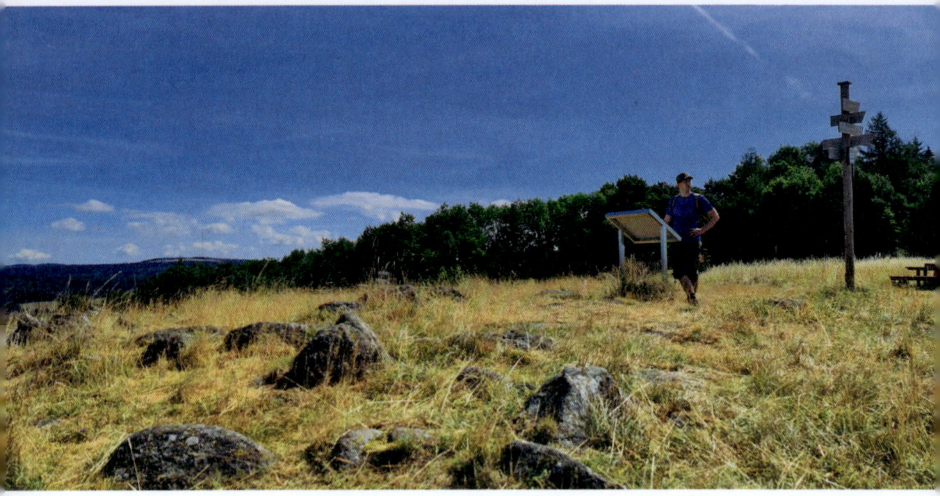

trockene Steinkuppe des ❷ **Simmelsberges.** Das dörre Gipfelplateau wirkt wie mit dem Buttermesser abgeschnitten, so flach ist der höchste Punkt des Berges. Eine eher unscheinbare Spur in der Wiese zeigt uns den Weg nach oben. Als wir uns dem felsendurchsetzten Gipfel nähern, bemerken wir ein zaghaftes Bimmeln und erblicken Ziegen, die die warmen Felsen auf- und niederkraxeln. Dass der Gipfel so kahl ist, verdanken wir unter anderem der Arbeit der emsigen Tiere, die kratziges Gestrüpp kurz halten. Dadurch kann sich mit dem Borstgrasrasen ein Lebensraum entwickeln, auf dem auch seltene Arnika und Enziane blühen. Wer erreicht das aussichtsreiche Plateau zuerst? Vielleicht haben wir Glück und bekommen eine gemütliche Bank in der ersten Reihe, direkt am Abhang: ein Lieblingsort für ein Frühstück am Morgen und für eine schöne Sicht auf den barocken Zwiebelturm der Kirche im Bergstädtchen Gersfeld und noch viel weiter hinaus in die fuldische Rhön. Wir wandern die Wiese in südöstlicher Richtung entlang. Nach nur 50 Metern steht vor uns an dem steil abfallenden Hang eine weitere schön gelegene Bank so einladend da, dass es uns schwerfällt, einer zweiten Rast zu widerstehen. Müssen wir aber auch gar nicht, denn vor uns liegen heute zahlreiche Mußestunden.

An dem **Skilift des Simmelsberges** vorbei wandern wir hinunter zum Wald und gelangen schon bald auf einen komfortablen Forstweg. Der lange Abstieg nach **Oberweißenbrunn** verläuft entlang der schattigen Südflanke des Fünfgipfelmassives Simmelsberg, Teufelsberg, Rockenstein, Himmeldunkberg und Hohe Hölle. Bis hinab zur Brendquelle geht es für uns durch einen nadelgeprägten Wald mit Lärchen, Kiefern und Fichten. Schon nach wenigen Metern zwischen den dunklen Koniferen bemerken wir einen kleinen Bach neben uns plätschern. Zu unserer Linken tut sich im Schatten des Waldes eine Klippe auf, die uns den Blick auf ihr kalkiges Inneres preisgibt. Weiter unten gelangen wir über Stufen hinunter zu einer kleinen Mulde. Dort führt uns ein hölzerner Steg über die Brend. Die glucksende ❸ **Brendquelle** erreichen wir über einen kleinen Abstecher – ein Schild hilft uns dabei. Wir

Für die Seele

Der Weg über Almen und saftige Bergwiesen mit herrlichem Gipfelblick beflügelt unsere Wanderlust.

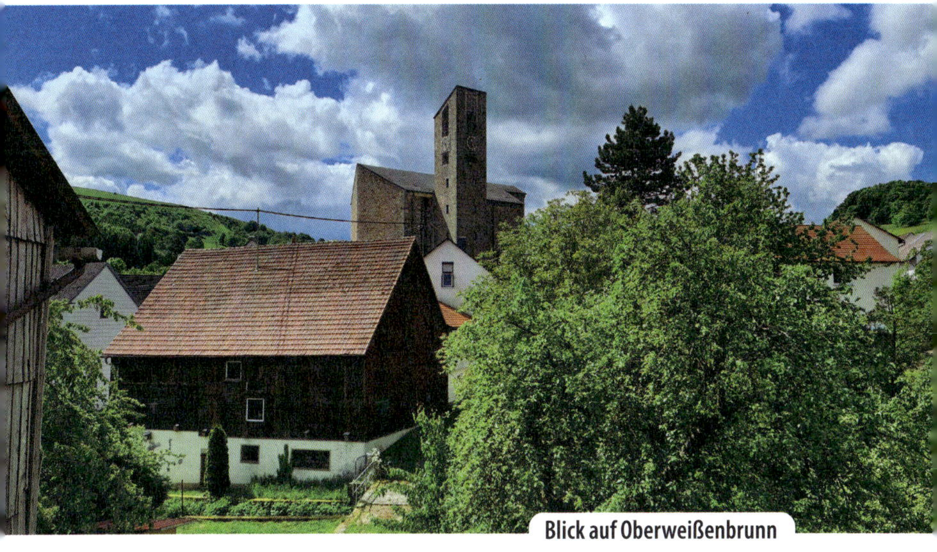

Blick auf Oberweißenbrunn

befinden uns am Südhang des Teufelsberges, den wir erst einmal umrunden. Im Schatten der Bäume sprudeln lebendig zahlreiche Quellen aus dem Berg. Ob wir hier wohl irgendwo die seltene Rhönquellschnecke zu Gesicht bekommen? Vermutlich würden wir sie kaum erkennen, da sie gerade einmal 2 Millimeter misst. Ihr Name verweist auf ihren Lebensraum, denn diese Schneckenart kommt nur in der Rhön und in den angrenzenden Mittelgebirgen vor.

Die **4 Gutzemes-Hag-Quelle** führt erfrischendes und genießbares Trinkwasser, hier können wir uns etwas abkühlen und unseren Wasservorrat auffüllen. Der Wirtschaftsweg bringt uns auch an der im Jahre 2006 von den Brunnenfreunden Oberweißenbrunn errichteten **5 Hexenruh** mit gleichnamiger Quelle vorbei. Nicht erschrecken! Unterhalb der Baumwipfel baumelt eine kleine Überraschung – ein Spaß des lokalen Faschingsvereins. Mit diesem kleinen, aber belebenden Schock wandern wir ein wenig bedächtiger durch den Wald. An der nächsten Verzweigung lädt ein sachter Erdpfad ein, den breiten Wirtschaftsweg und somit auch den Wald zu verlassen. Daraufhin gelangen wir

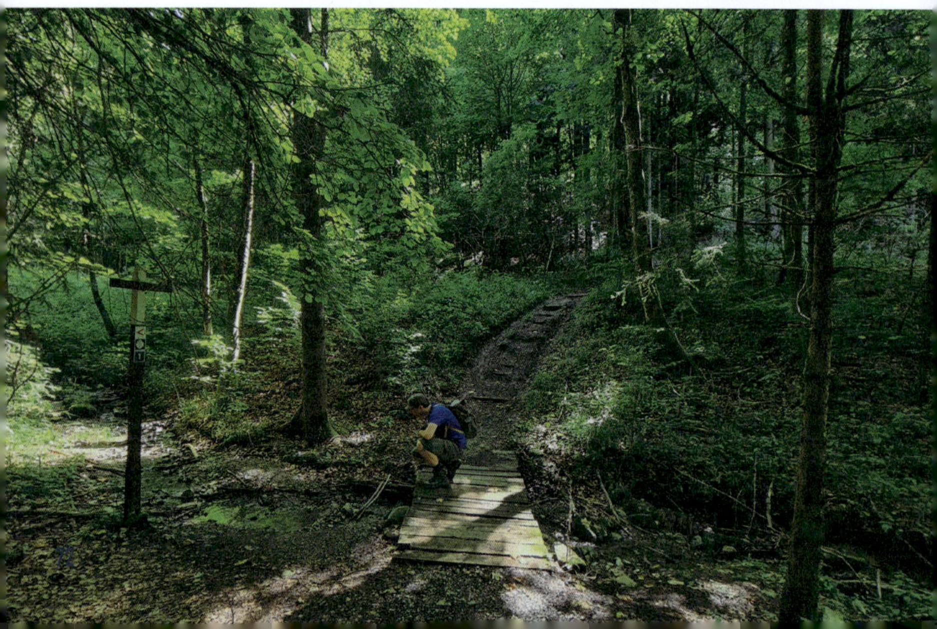

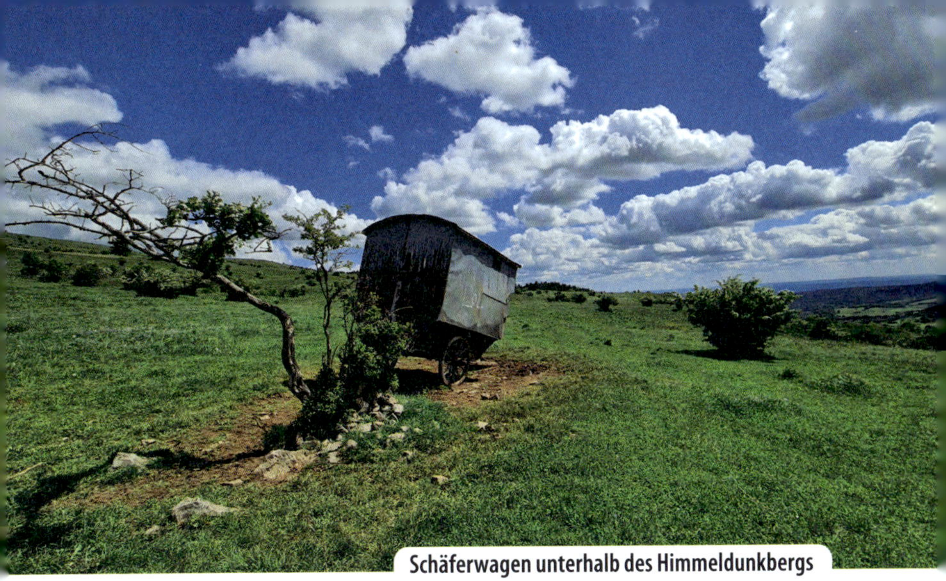

Schäferwagen unterhalb des Himmeldunkbergs

auf einen bequem zu gehenden Schotterweg und haben einen Blick über das kleine Bergörtchen Oberweißenbrunn. Mit seinen 610 Höhenmetern ist es das höchstgelegene Dorf Unterfrankens. Eingebettet zwischen dem Arnsberg und dem Fünfgipfelmassiv hat sich der Ort im Laufe der Zeit zu einem wahren Wintersportzentrum entwickelt. Gut zu sehen ist das an dem gegenüberliegenden Arnsberg, dessen Gehölze in unnatürlich geraden Linien zur Talstation verlaufen.

An der nächsten Kreuzung lockt links der Aufstieg, der uns bis zur **Hohen Hölle** hinaufführt. An einer Bank verzweigt sich der Weg mehrfach. Statt dem breiten Wirtschaftsweg zu folgen, nehmen wir den sanften Wiesenpfad links, sodass uns alsbald die ersten Kühe am Wegesrand begrüßen. Das Besondere ist nämlich, dass ein Großteil des Südhanges als almähnliche Weide genutzt wird.

Bis hoch zum Himmeldunkberg orientieren wir uns an der Markierung mit dem gelben Ö auf weißem Grund – der Beschilderung des prämierten Weitwanderweges DER HOCHRHÖNER®. Allmählich erkennen wir zu unserer linken Seite das Gipfelkreuz des **Rockensteins** am Rande der grasigen Klippe. Weiter daneben ragen schroffe Basaltfelsen empor, auf denen Ziegen leichtfüßig balancieren. Zur Klippe können wir

*Das köstliche und hochwertige Biofleisch der zufriedenen Tiere können wir in einer kleinen **biologischen Direktvermarktung** in Oberweißenbrunn kaufen und genießen.*

einen kleinen Abstecher machen und die Aussicht ins Tal genießen oder weiter aufsteigen, denn von der Ferne erscheint der Rockenstein noch spannender. Immer wieder werfen wir einen Blick zurück, denn die Perspektiven verändern sich mit jedem Schritt und jeder kleine Stopp wird mit einer fotogenen Aussicht belohnt.

An der Bank angekommen, lassen wir das Gepäck in die Wiese und uns stolz und zufrieden auf die Bank fallen. Wir befinden uns auf einem kleinen Sattel zwischen dem 6 **Himmeldunkberg** und dem **Teufelsberg.** Die Ansammlung an windgekrümmten Gehölzen vor uns sind alte Rotbuchen, als Ensemble Zeuge der jahrelangen Weidetradition. Solche Hutebäume sind heute oftmals als Naturdenkmal ausgezeichnet und geschützt. Wir folgen dem HOCHRHÖNER® noch bis zu einer nahe gelegenen Picknickbank und verlassen dann den Weitwanderweg dort nach rechts über die große offene Bergwiese. Gehören wir zu den Ersten im Jahr, die diesen Weg nutzen, ist ein wenig Achtsamkeit gefragt. Ansonsten erkennen wir die Wegeführung schnell an dem ausgetrampelten Pfad. Ein Gipfelkreuz weiter vorne hilft uns bei der Orientierung. Als wir uns dem Kreuz nähern, eröffnet sich plötzlich ein faszinierender Blick in die lichthelle, gefühlt unendliche Weite des Landes.

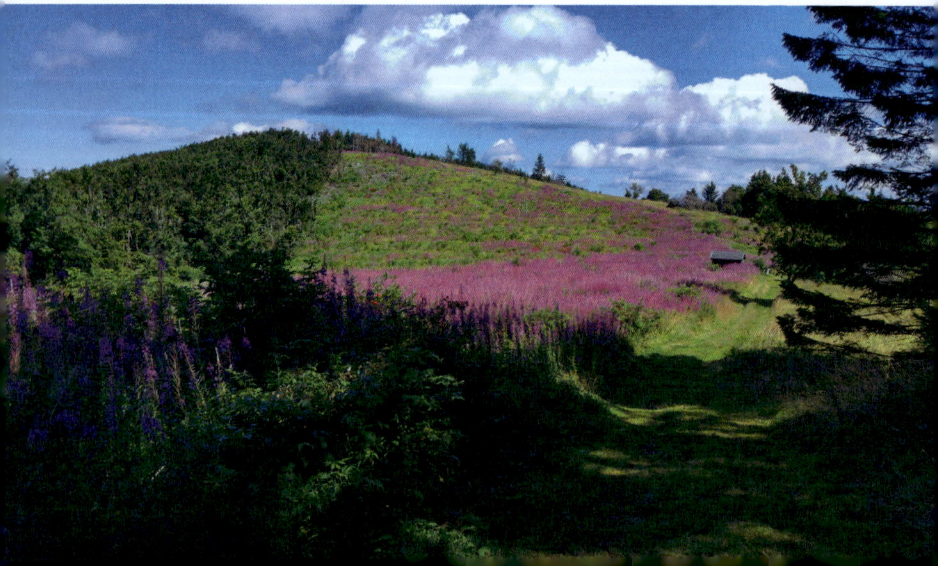

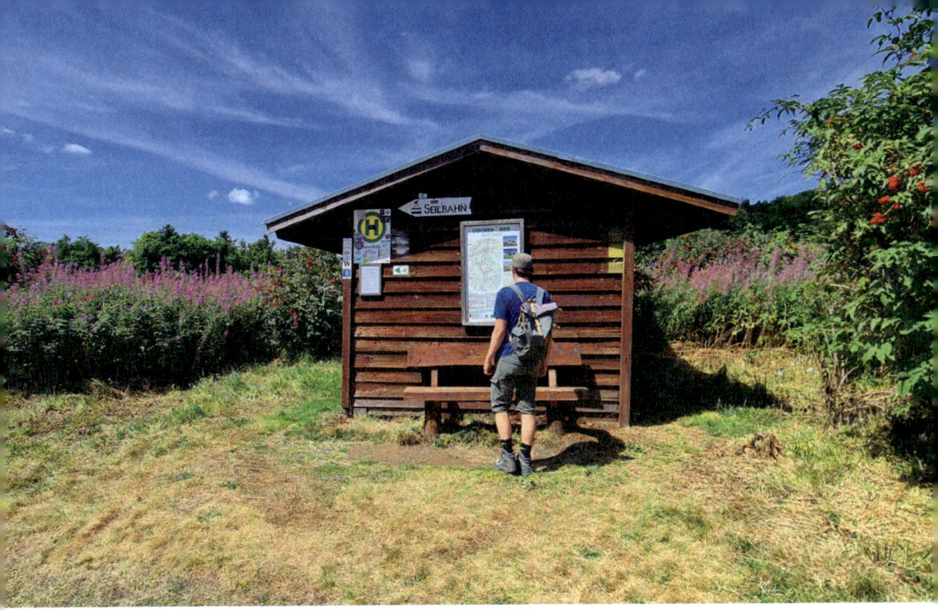

Die Landschaft liegt zu unseren Füßen. Auf dem nächsten Kilometer wird deutlich, warum diese Wanderung eine wahre Panoramatour ist und die Rhön oftmals als Land der offenen Fernen betitelt wird. Vielleicht verspüren wir ja auch gerade hier die Lust, uns einmal in die erwärmte Wiese zu legen und einen Moment das Gras unter uns zu spüren.

Vor uns tauchen allmählich düstere Tannen auf und zwischen dem Nadelgehölz erkennen wir ein rustikales Häuschen. Nur ein felsendurchsetzter Wiesenweg trennt uns noch von der **7 Würzburger Bergbund-Hütte** des Deutschen Alpenvereins. Zu den Öffnungszeiten an den Wochenenden erfrischen wir uns hier mit regionalen Getränken – wie wäre es mit einer Streuobstlimonade oder etwa einem Rhöner Apfelbier?

Ein geschotterter Weg führt uns weg von der Hütte zu einer Schranke hinunter, an der wir links aufsteigen. Weiter oben biegen wir vor der Wetterschutzhütte nach rechts ab und sind in 100 Metern auf der **8 Hohen Hölle.** Von hier aus bieten sich erneut die besten Ausblicke ins weite Land. Wir können die kleine Stadt Bischofsheim und das Kreuzbergmassiv am Sendemast erkennen, in nördlicher Richtung ist die Wasserkuppe zu sehen. Es lohnt sich aber auch, dass wir einmal den Fokus

*Die **Würzburger Bergbund-Hütte** wurde vor rund 70 Jahren unter enormen Anstrengungen erbaut und ist nur zu Fuß erreichbar. Es wurden vor allem regionale Baustoffe verwendet, unter anderem besteht die Mauerfassung aus Rhöner Basalt.*

auf das richten, was direkt vor uns ist. Auf diesen Wiesen ist besonders im Sommer eine Farbenpracht zu erkennen – Prachtnelken, Türkenbundlilien und Weideröschen wachsen hier. Ein Traum in Magenta.

Nachdem wir den steilen Abstieg von der Hohen Hölle genommen haben, müssen wir nur noch nach links in den Wald einbiegen. Der schattige Nadelforst kühlt uns wieder etwas runter. Auf dem Weg halten wir uns zunächst zweimal links und folgen dann dem rechten Weg nach unten. Dabei passieren wir eine kleine almähnliche Weide, die etwas Licht in den schattigen Wald bringt. Am Ende des Forstweges stoßen wir schon bald auf die **Simmelsberghütte,** wo wir nach einer so langen Wanderung hungrig einkehren können.

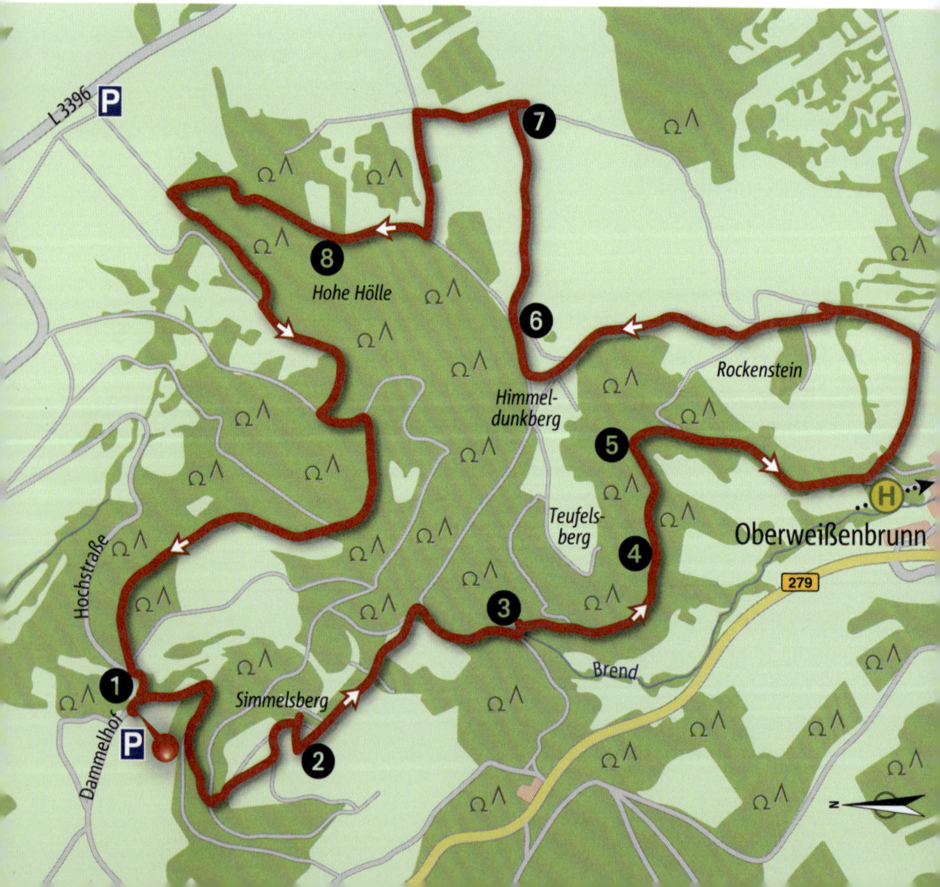

ALLES AUF EINEN BLICK

Entspannung 4/5
Abenteuer 4/5
Vielfalt 4/5

WIE & WANN

Eine Wanderung, die in genau zwei Monaten ihr volles Potenzial entfaltet: im Mai, wenn wir Frühlingsblüher bestaunen können, und im September, um die zahlreichen floralen Aspekte des Spätsommers zu genießen. Grund dafür sind die vielen Bergwiesen, über die wir wandern. Entsprechend verläuft der Weg überwiegend über grasigen Untergrund, zwischendrin auch mal längere Passagen über Forstwege und landwirtschaftliche Wege.

HIN & WEG

Auto: Parkplatz Dammelhof, 36129 Gersfeld; Parkplatz Schwedenwall, 36129 Gersfeld; Parken in Oberweißenbrunn, 97653 Bischofsheim in der Rhön
ÖPNV: Haltestelle Ortsmitte Oberweißenbrunn

ESSEN & ENTSPANNEN

1. **Simmelsberghütte,** Dammelhof 62, 36129 Gersfeld, Tel. (0 66 54) 91 87 80, simmelsberg-huette.de
7. **Würzburger Bergbund-Hütte,** 97653 Bischofsheim an der Rhön, Tel. (09 31) 32 95 40 99, bergbund-wuerzburg.de

ENTDECKEN & ERLEBEN

2. **Simmelsberg**
3. **Brendquelle**
4. **Gutzemes-Hag-Trinkwasserquelle**
5. **Hexenruh**
6. **Himmeldunkberg**
8. **Hohe Hölle**

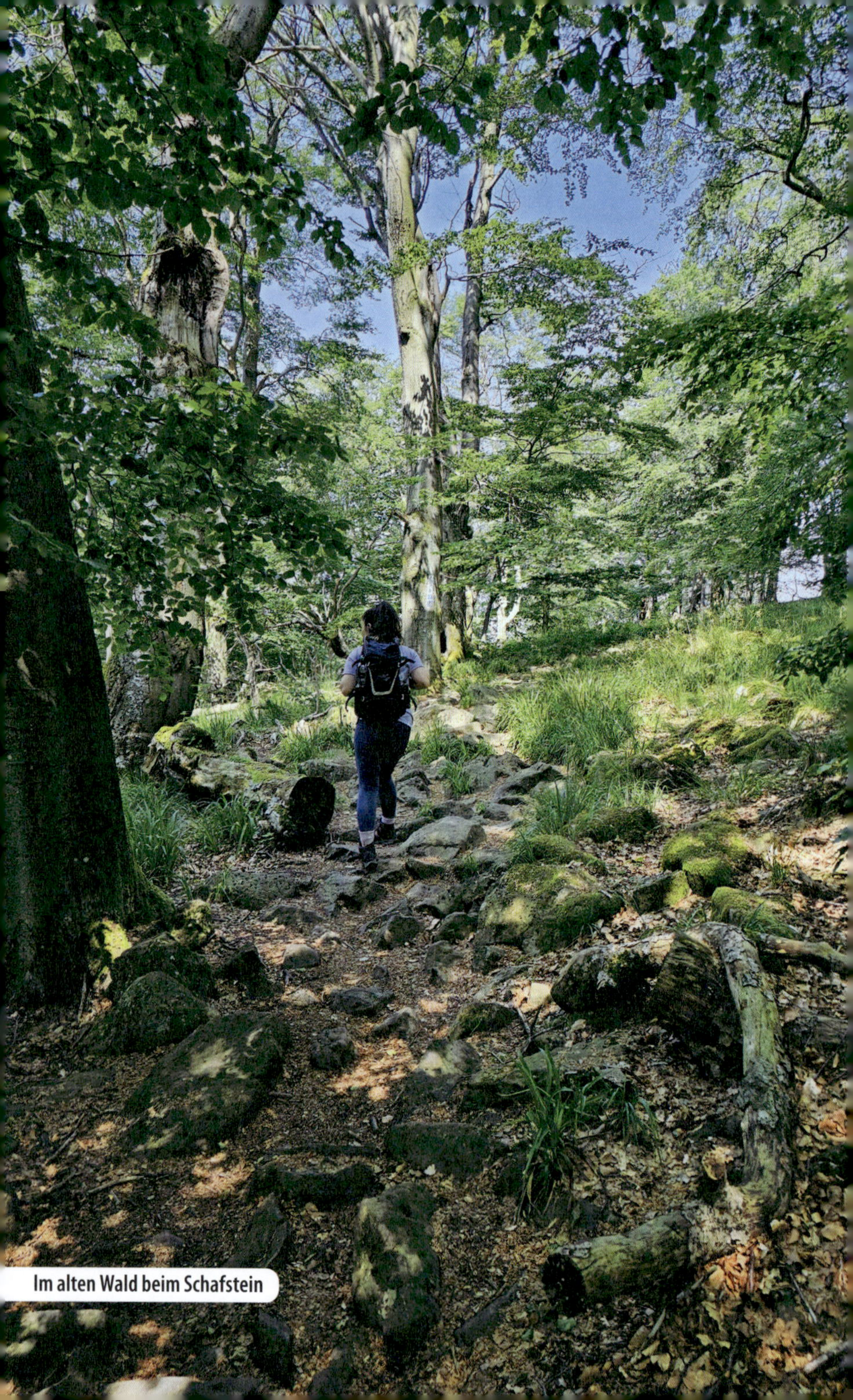

Im alten Wald beim Schafstein

Gipfelglück

Am höchsten Berg der Rhön

Ein Geheimtipp ist die Wasserkuppe definitiv nicht, ist sie doch gerade an Wochenendtagen fast schon überlaufen. Denn selbst aus den 100 Kilometer entfernten Großstädten reisen Erholungssuchende an. Zu Recht, denn rund um den belebten Gipfel strotzt die Natur nur so mit Abwechslungsreichtum und beeindruckenden Fernsichten. Unser ereignisreicher Wandertag startet am nördlichsten Parkplatz des Wasserkuppen-Plateaus. Wir wandern den Parkplatz einmal der Länge nach ab, denn östlich davon führt uns ein langer, gut ausgebauter Forstweg raus aus dem touristischen Trubel. Eine Wanderung auf den höchsten Gipfel der Rhön und den höchsten Berg Hessens verspricht neben den unzähligen Naturwundern vor allem eines: fast an jedem Punkt sagenhafte Aussichten ins Land. Nach 600 Metern halten wir uns leicht rechts, bis uns wenig später ein kleiner schöner Weg einlädt, den bequemen Forstweg zu verlassen. An diesem Abzweig werden wir etwas später wieder vorbeikommen, denn es handelt sich ab hier um einen kleinen Rundweg um das imposante **Felsenmeer des Schafsteins.** Mit jedem Meter, den wir tiefer in das Naturschutzgebiet einsteigen, bekommen wir das Gefühl, dass wir uns inmitten eines trockenen Urwaldes bewegen: modrige Bergulmen und Buchen, deren Stämme bereits pilzüberwuchert Wanderblockaden bilden, das in der Ferne sich brechende Licht des Himmels zwischen dem dunklen Holz der Bäume und der Horizont auf Augenhöhe, der einen schroffen Abhang vermuten lässt. Vorne an der Bergkante ange-

*Unterwegs machen wir halt am **Guckaisee,** einem hoch gelegenen und eiskalten Bergsee, in dem es sich gut baden lässt. Dafür nehmen wir uns am besten Badesachen mit.*

Kilometer: 14,4
Höhenmeter: 454
Stunden: 5,5
RUNDWEG

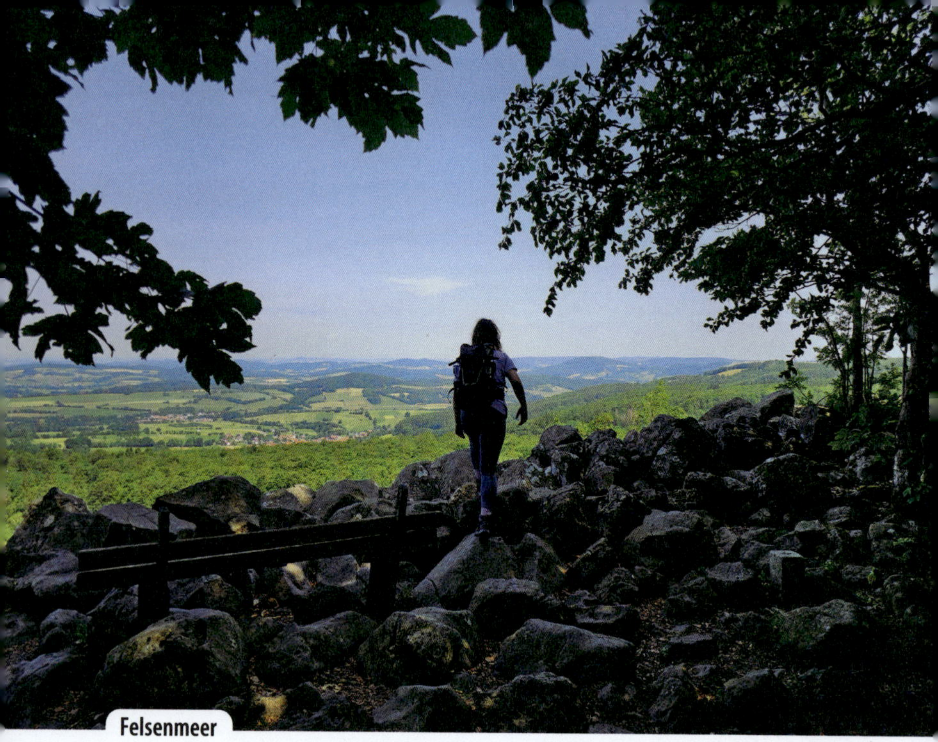

Felsenmeer

Durch die Ausprägung der mächtigen Basaltdecke gehört das ***Felsenmeer*** *zu den eindrucksvollsten seiner Art in Europa. Die Winterkälte hält sich bis in den Sommer zwischen den Felsen, sodass selbst im Juli unterhalb des Schafsteines Minusgrade herrschen.*

kommen, blicken wir auf ein raues, mit unendlichen Felsen gefülltes Tal. Der gesamte Nord- und Südhang des ❶ **Schafsteins** bricht bröckelnd wie eine steinerne Lawine in die Tiefe hinab und stößt unten angekommen an den Rand eines Buchenwaldes. Moose und farbige Flechten ranken sich in etlichen Nuancierungen über die Felsen. Den Rucksack legen wir beiseite und kraxeln umsichtig ein bisschen weiter hinaus in das basaltene Meer. Denn hier inmitten dieser urgewaltigen Natur ist der geeignete Ort, um sich einen meditativen Platz zu suchen und der Vergangenheit und der Naturkraft des wuchtigen Ortes nachzuspüren.

Mit etwas Zurückhaltung entdecken wir auf einem benachbarten Felsbrocken einen gelb-schwarzen Feuersalamander, der es sich an einem sonnigen Plätzchen gemütlich macht und die Wärme des frühen Mittags genießt. Das wiederhallende Hämmern eines entfernten Buntspechts holt uns aus unserer tiefen Entspannung heraus – wir schultern den Rucksack und wandern die Schlaufe weiter bis zu unserem Ausgangspunkt.

An der kleinen Schutzhütte gehen wir diesmal nach links am Waldrand entlang und passieren den ❷ **Grumbachborn,** eine Quelle, die frisches und trinkbares Bergwasser führt. Wir genießen das eiskalte und bergbachklare Nass und wandern hinab, bis ein Weg rechts zu einem Wanderparkplatz abknickt. An diesem lädt uns die Straße zum Passieren ein und gegenüber steigen wir die basaltenen Treppen hinab. Seitlich der Stufen sprudelt die ❸ **Fuldaquelle** so erquickend lebendig aus einer gemauerten Fassung, dass wir uns kaum zurückhalten können und einen weiteren Schluck des Bergwassers genießen wollen. Ein Schild an der Fuldaquelle lädt Wandernde ausdrücklich dazu ein, sich an dem klaren Wasser zu laben. Viele Rhöner und Rhönerinnen fahren hier extra mit Glasflaschen herauf, um sich das mineralhaltige Wasser für zu Hause abzufüllen. Erstaunlich, dass die so kleine Fulda hier ihren 220 Kilometer langen Lauf nimmt, ehe sie die Werra zur Weser küsst.

Für die Seele

Felsenmeere, Basaltklippen, Gratwanderungen und ein glitzernder Bergsee – es gibt viel zu erleben!

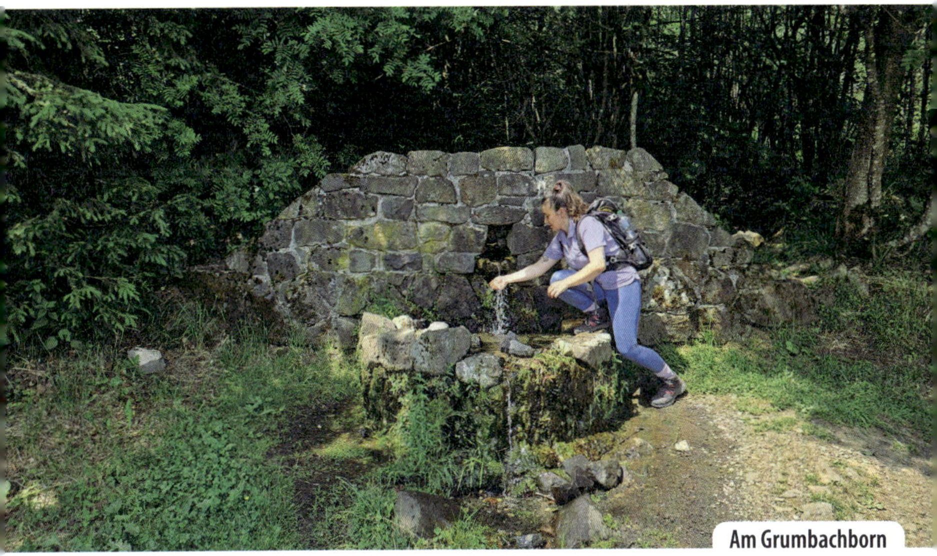

Am Grumbachborn

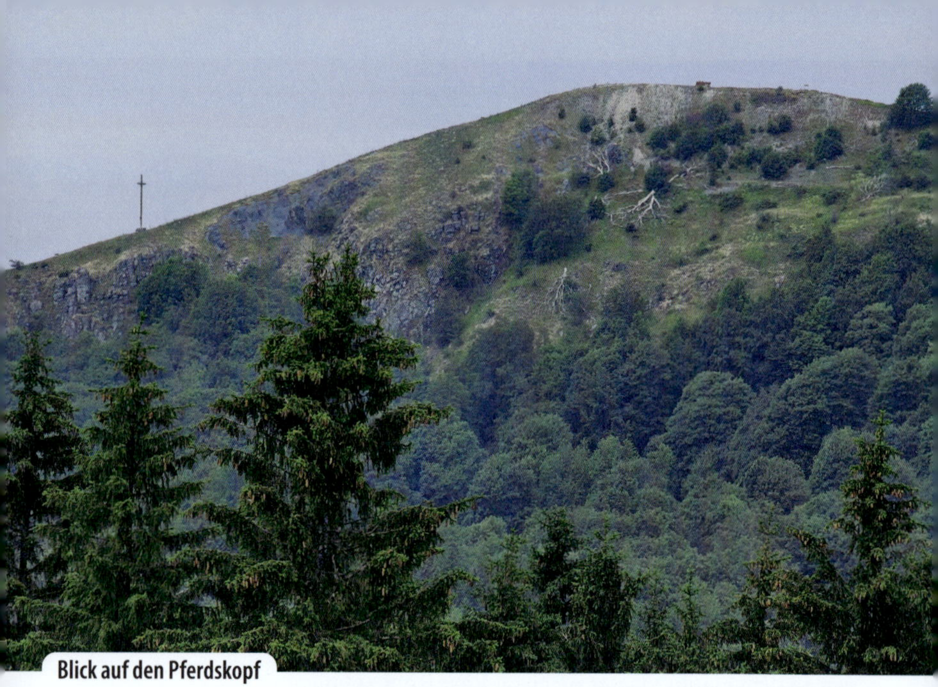

Blick auf den Pferdskopf

Das kleine Flüsschen zeigt uns den Weg und wir folgen seinem klaren Gurgeln in einen finsteren Fichtenwald, der gerade zu einer natürlichen Bergwiese umgebaut werden soll. An der unteren T-Kreuzung stoßen wir auf eine Weide und halten Kurs in Richtung des eindrücklichen Radoms. In einem Bogen wandern wir auf einem Höhenweg oberhalb des **Skigebietes Zuckerfeld** und schlendern an dem steilen Hang weiter geradeaus. An der nächsten Möglichkeit nehmen wir die Haarnadelkurve hinauf und wandern durch einen kleinen Mischwald, woraufhin wir wieder nach rechts abzweigen. Ein toller Blick bietet sich auf das Massiv der Wasserkuppe, aber vor allem auch auf den Pferdskopf, dessen brachiale Basalthänge mehr als 200 Meter in die Tiefe stürzen. Der nächste Abzweig gehört uns, denn dort bringen uns kleine Serpentinen hinab zur 250 Meter tiefer gelegenen Talsohle der Lütter. Unten angekommen lockt der ❹ **Guckaisee** mit einem eiskalten Bad und die namensgleichen ❺ **Stuben** mit einem gekühlten Radler zur längeren Rast. An schönen Tagen hören wir die vielen Kinder, die hier vergnügt Abkühlung im klaren Nass suchen.

*Der **höchste See Hessens** ist gleichzeitig der einzige natürlich entstandene Bergsee der hessischen Rhön. Vermutlich hat ein Bergrutsch vom Pferdskopf das Flüsschen Lütter aufgestaut.*

Auf dem breiten Weg unterhalb des Sees können wir uns an dem Roten G auf weißem Grund orientieren – die Wegemarkierung der Extratour Guckaisee führt uns geradewegs hinauf zum Pferdskopf. Vor uns liegen nicht nur zahlreiche holzgefasste wie auch steinerne Treppenstufen und steile Anstiege, sondern auch der anspruchsvollste Part der Wanderung. Die nächsten 900 Meter haben es nämlich in sich: Wir wandern bis zum Gipfelkreuz rund 250 Höhenmeter in einem Zug herauf. Dafür ist der Weg nach oben umso schöner, denn erneut geht es durch einen Urwald mit wuchtigen Buchen und ausgetretenen Pfaden, vorbei an der Quelle des **Goldborn.** Das Herz schlägt kräftig in der Brust, der Schweiß liegt kühl auf der Stirn und die Beine zittern mit jedem Schritt mehr. Wie schön es doch ist, seinen Körper in der frischen Natur zu spüren. Am Ende einer langen gefassten Treppe treten wir aus dem Wald heraus. Zwar ist hier noch nicht der höchste Punkt erreicht, doch das Felsensemble links lädt dazu ein, einen Moment durchzuschnaufen und den Puls bei einem tollen ersten Blick

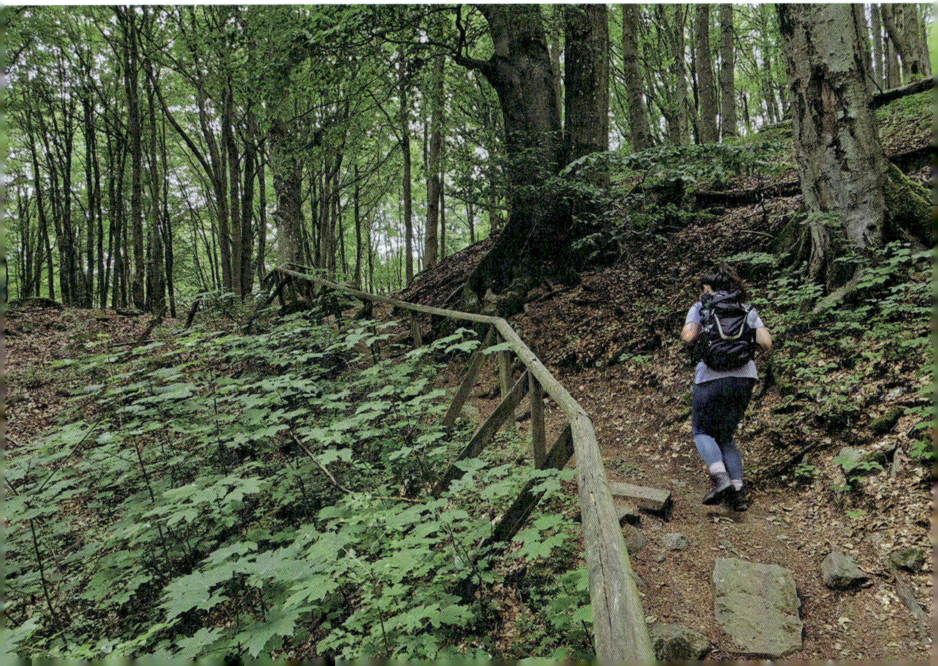

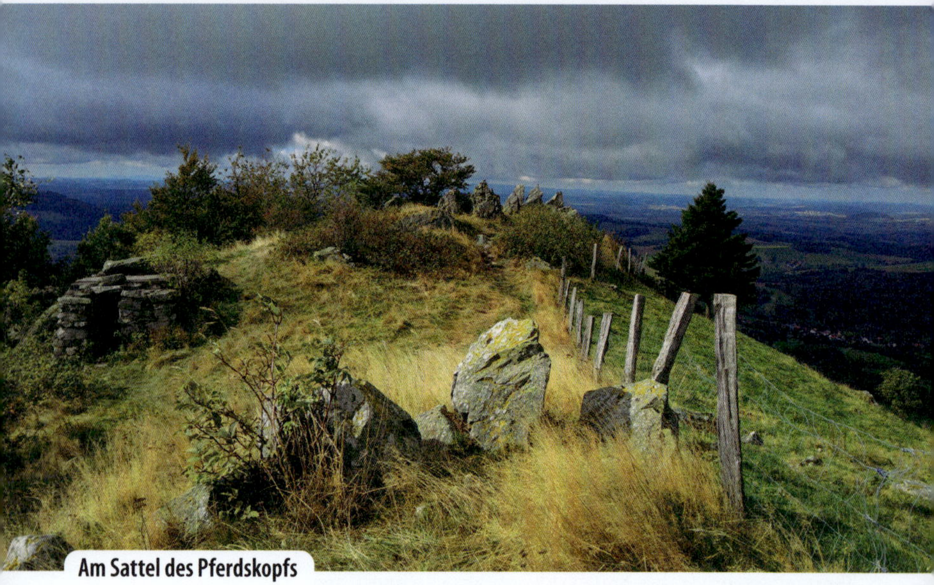

Am Sattel des Pferdskopfs

ins Land zu beruhigen. Das Kreuz ist etwas vor dem eigentlichen Gipfel des 6 **Pferdskopfes** gelagert, sodass wir danach noch einmal ein paar Stufen weiter hinauf nehmen. Ganz oben angekommen, lassen wir uns auf der kleinen felsigen Kuppe fallen, werfen den Rucksack ab und trinken etwas von dem erquickenden Fuldawasser, das wir uns vorhin in die Flaschen gefüllt haben. Ohne Frage: Der Weg hat sich gelohnt, denn wir schauen auf ein wunderbares Panorama: Am Horizont zeichnen sich schon die nächsten Mittelgebirge ab und sogar die Stadt Fulda schält sich aus dem Dunst der Täler. Auf der Rückseite des Pferdskopfes haben wir mit dem Radom unser heutiges Tagesziel fest im Blick. Dazu steigen wir wieder einige Stufen hinab und durchwandern den Zwischensattel, der mit Borstgraswiese überzogen ist. Wir passieren den 7 **Lerchenküppel –** eine

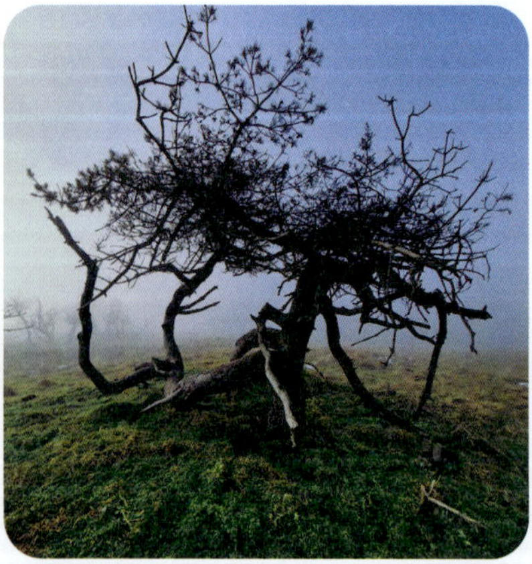

schöne Möglichkeit für eine kleine Klettereinlage auf schroffem Basalt. Der Berg scheint die Wurzel eines Vulkans zu sein und gehört mit seinen 14 Millionen Jahren zu den eher jüngeren Gesteinsbildungen der Rhön. Im Jahr 2014 wurde er zum hessischen Geotop des Jahres gewählt.

Wir halten uns am Waldrand, umkurven galant die sensiblen Naturflächen und vernehmen dabei vielleicht das Dauergezwitscher einer aufgebrachten Feldlerche. Der nächste Abzweig rechts gehört uns und wir erwandern uns anschließend links die Wasserkuppe. Auf den Bergmatten mit ihrer Weite umbraust uns ein mächtiger Wind. Nach einigen Metern eröffnet sich uns wieder eine wunderbare Aussicht in die fuldische Rhön und schon bald sind wir am 8 **Fliegerdenkmal** angelangt. Was nach einer künstlichen Anhäufung für die obenauf thronende Adlerskulptur aussieht, täuscht, denn es handelt sich erneut um einen erloschenen Vulkanschlot.

*Das **Fliegerdenkmal** gedenkt der Piloten des Ersten Weltkrieges. Dafür wurde ein Vulkanschlot ausgewählt, von dem aus der Pionier Friedrich von Lössl seinen letzten Segelflug startete.*

Von hier aus wandern wir den letzten Hang hinauf zum 9 **Radom** und umkurven es auf einem asphaltierten

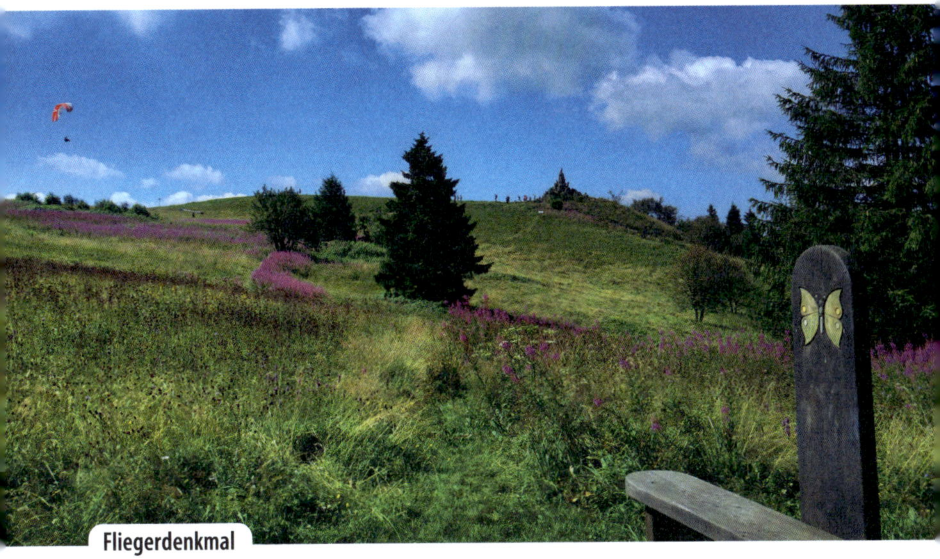

Fliegerdenkmal

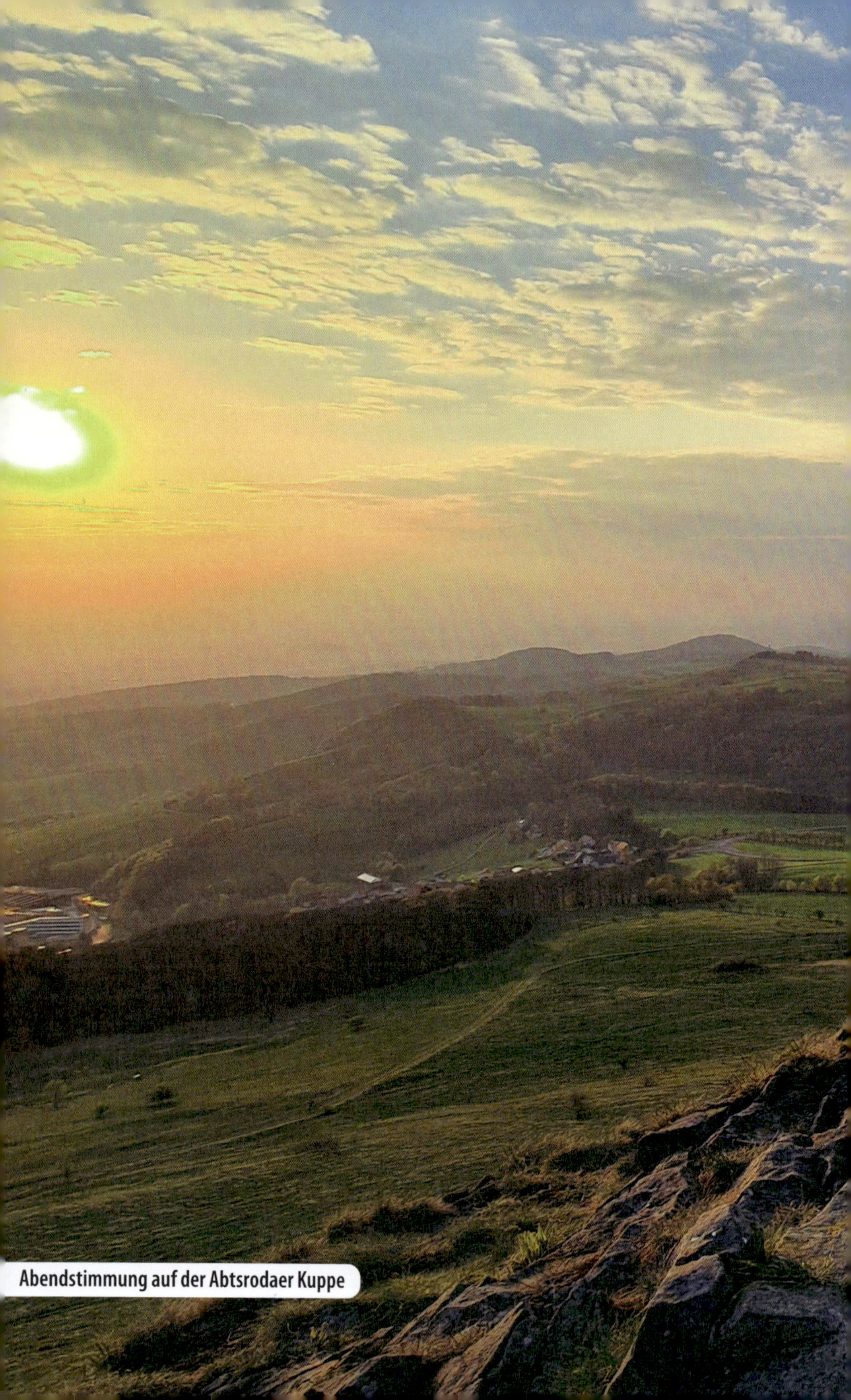

Abendstimmung auf der Abtsrodaer Kuppe

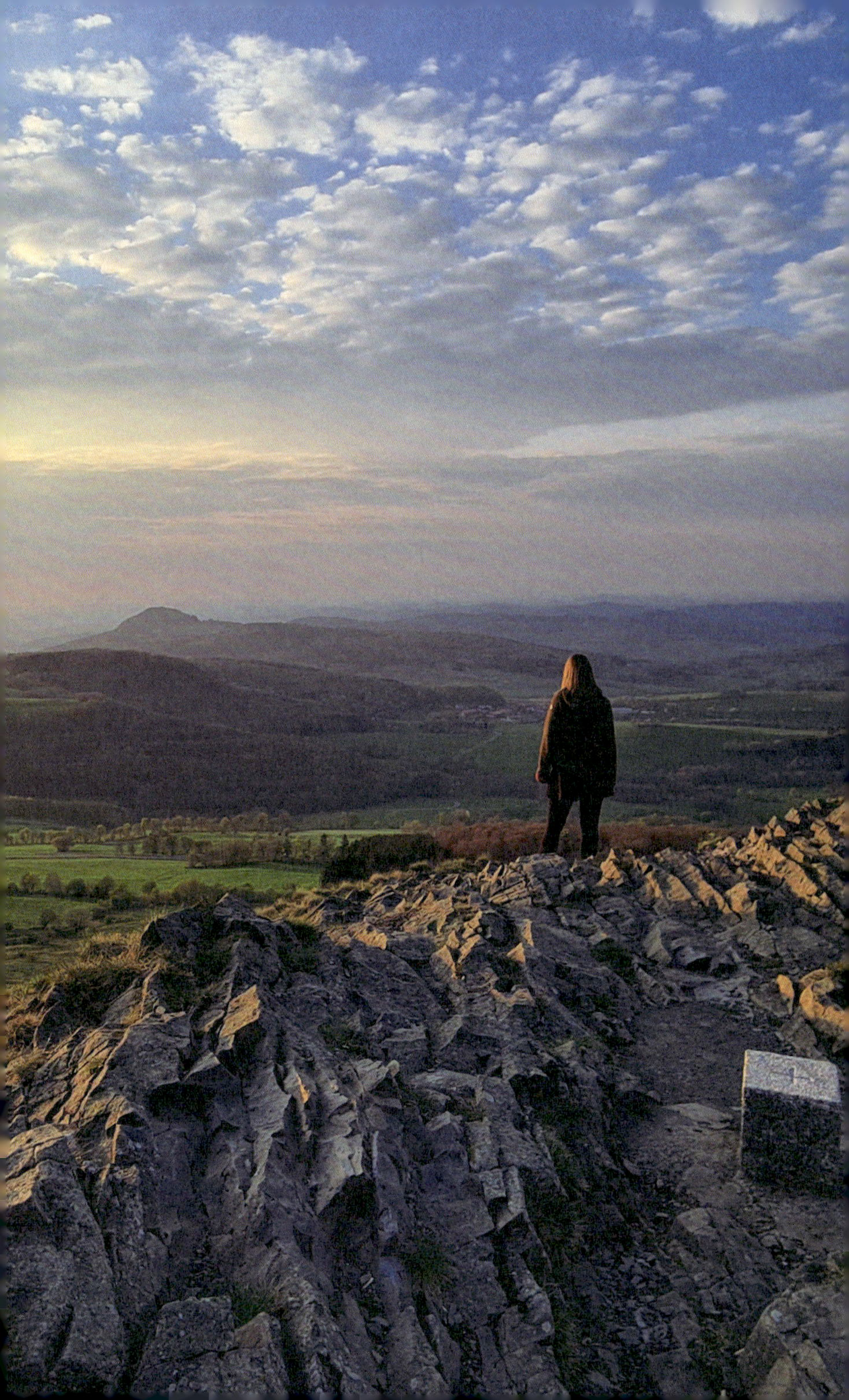

Etliche Vergnügungsangebote laden Besucherinnen und Besucher zu einem längeren Aufenthalt auf der ***Wasserkuppe*** *ein. Insbesondere die beiden Sommerrodelbahnen mit den langen Talfahrten gehören zu den Attraktionen des Berges.*

Weg auf der Nordseite, sodass wir ein letztes Mal den großartigen Blick in die Offenheit des Landes genießen können. Das anschließende dunkle Waldstück halb links durchwandern wir und kommen an der ⑩ **Märchenwiesenhütte** heraus, die uns zur Einkehr einlädt. Rechts abgebogen, gelangen wir aber auch zu einem kleinen Lokal mit dem Namen ⑪ **Waffelhaus,** aus dem der süß duftende Waffelgeruch kräftig in die Nase strömt. Der kleine ⑫ **Bauernladen** nebenan lockt mit einem schönen Stück süßem und traditionellem Ploatz. Direkt im Anschluss an die beiden Verführungen halten wir uns links und passieren die neu errichteten Ferienhäuser. Von hier aus gelangen wir schnurstracks zurück zu unserem Ausgangspunkt.

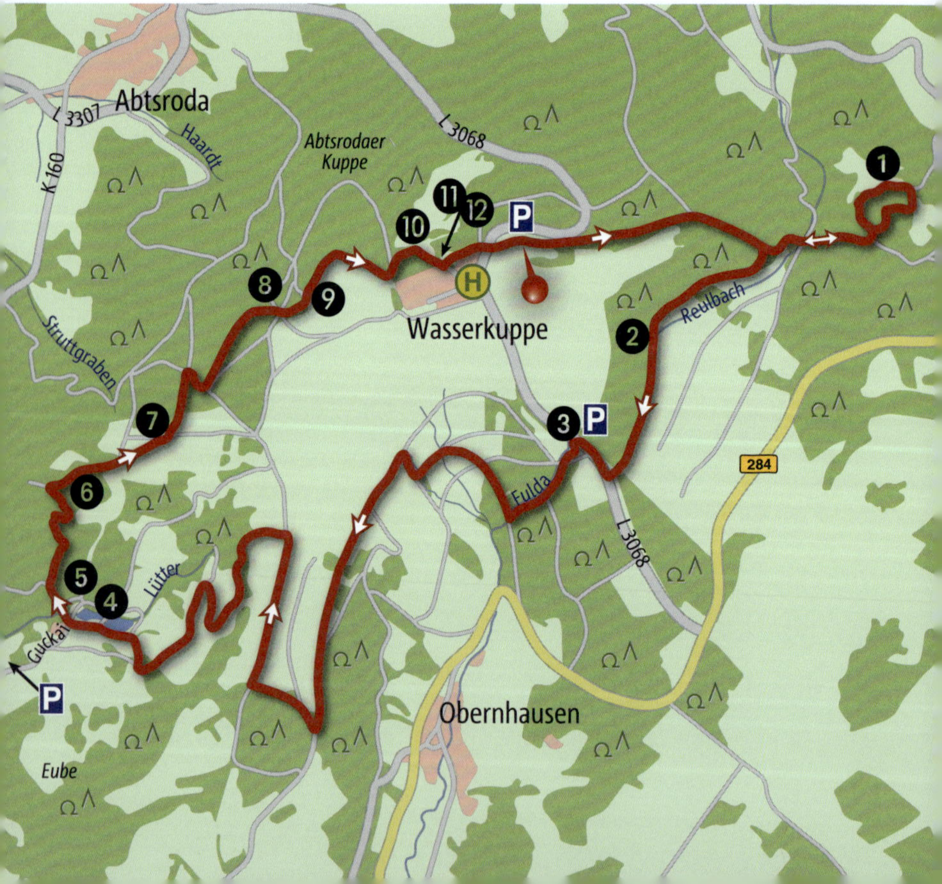

ALLES AUF EINEN BLICK

Entspannung 3/5
Abenteuer 4/5
Vielfalt 5/5

WIE & WANN

Die Tour bietet einen Wechsel aus kleinen Wald- und breiten Wiesenwegen, zwischendrin auch mal längere Wirtschaftswege und auf der Wasserkuppe asphaltierten Untergrund. Sie sollte am besten an schönen und nicht zu heißen Sonnentagen erwandert werden. Da es am Wochenende voll wird, lohnt sich ein Besuch unter der Woche. Gegen Ende der Wanderung gibt es einen anstrengenden, aber durchaus machbaren Anstieg.

HIN & WEG

Auto: Parkplatz nordwestlich der Wasserkuppe, 36129 Gersfeld (gebührenpflichtig); Parkplatz an der Fuldaquelle, 36129 Gersfeld (gebührenpflichtig); Parkplatz am Guckaisee, 36163 Poppenhausen
ÖPNV: Haltestelle Wasserkuppe

ESSEN & ENTSPANNEN

5 **Guckai-Stuben,** Guckai 5, 36163 Poppenhausen, Tel. (0 66 58) 9 18 00 48, guckai-stuben.de
10 **Märchenwiesenhütte,** Wasserkuppe 60, 36129 Gersfeld, Tel. (0 66 54) 86 40, ski-und-rodelarena-wasserkuppe.de
11 **Unser kleines Waffelhaus,** Wasserkuppe 52, 36129 Gersfeld, Tel. (0 66 54) 9 18 98 38
12 **Rhöner Bauernladen,** Wasserkuppe 52, 36129 Gersfeld, Tel. (0 66 54) 91 83 50, rhoener-bauernladen.de

ENTDECKEN & ERLEBEN

1 **Felsenmeer am Schafstein**
2 **Grumbachborn mit Trinkwasser**
3 **Fuldaquelle mit Trinkwasser**
4 **Guckaisee** 6 **Pferdskopf**
7 **Lerchenküppel** 8 **Fliegerdenkmal**
9 **Radom**

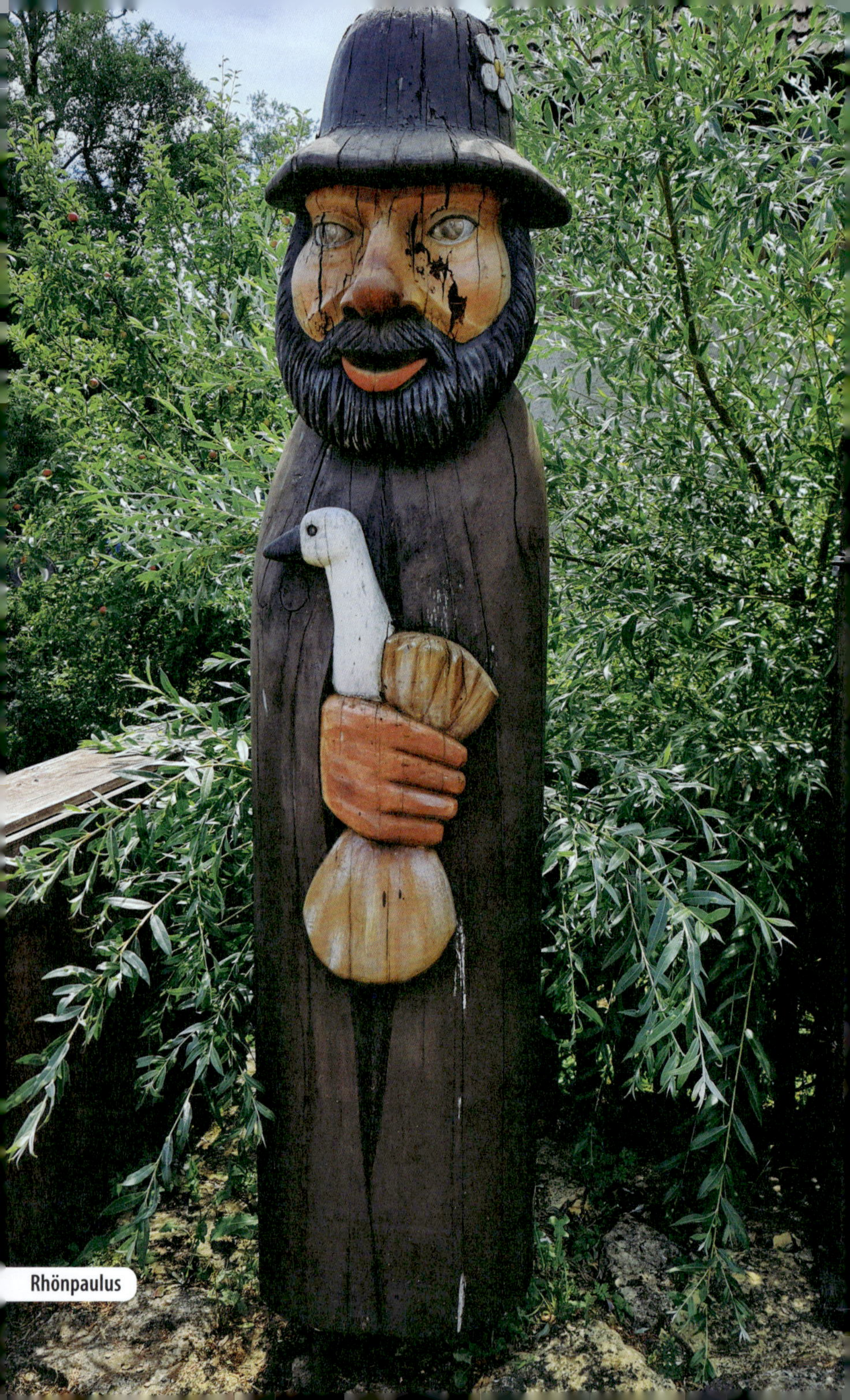

Rhönpaulus

Auf zum Rhönräuber

Im verwunschenen Ibengarten

Den Einstieg zur Wanderung nehmen wir im beschaulichen 50-Seelen-Ort ❶ **Glattbach** nahe dem Genussörtchen Dermbach. Schon bei der Ankunft begrüßt uns eine kleine Gruppe frei laufender Hühner, die am Wegesrand in der feuchten Erde nach frischen Würmern scharren. Ein schön angelegter Bauerngarten und ein liebevoll gestalteter Anger runden das Dorfidyll ab. Da, wo der Brunnen sanft in das Becken plätschert, der hölzerne Rhönpaulus eine Gans fest in den Händen hält und die Menschen des Ortes den Wandernden zur Erholung eine überdachte Bank gebaut haben, schlendern wir über die Felda mittels einer flachen Steinbrücke in Richtung des bewaldeten Neuberges. Linker Hand führt uns ein geschotterter Weg am ruhigen Waldrand entlang.

Genüsslich wandern wir unterhalb des 528 Meter hohen **Neuberges** nach Wiesenthal. Vor uns taucht ein kleiner, schattiger Platz zum Rasten auf. Inzwischen haben wir uns warmgelaufen und erfreuen uns am ersten Aufstieg. Verschlungene und ausgesetzte Pfade winden sich rasch hinauf in das dunkle Dickicht des Mischwaldes. Der Aufstieg währt aber nicht allzu lange und das helle Licht flutet plötzlich die vor uns liegende Wiesenfläche, als wir aus dem Wald herauskommen. Wir wandern ein Stück den Hang entlang und befinden uns am westlichen Beckenrand der ❷ **Wiesenthaler Schweiz –** Naturgut und kulturhistorische Kostbarkeit. Denn das Haufendorf Wiesenthal mit dem Kirchturm im Westen repräsentiert zusammen mit der

Wer den Weg abkürzen möchte, geht weiter bis zum ***Picknickplatz*** *und hält sich dort rechts. Dann verpasst man allerdings zahlreiche Highlights.*

Kilometer: 16,8
Höhenmeter: 630
Stunden: 6
RUNDWEG

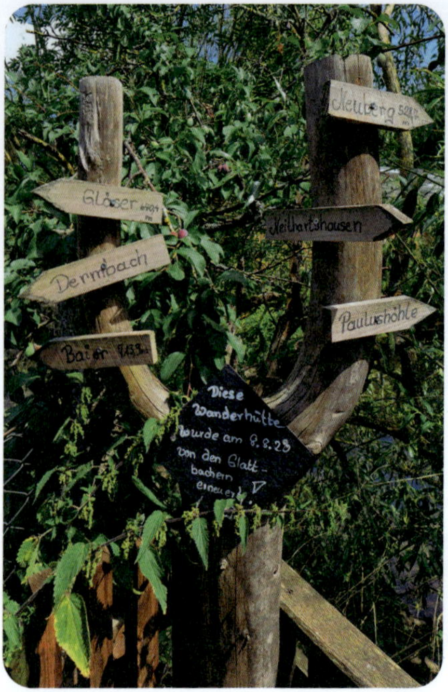

bewaldeten Randlage und der „Schweiz" im Talkessel ein wunderbares Ensemble vergangener Lebensweisen.

Durch den jahrelangen Verbiss der Tiere auf den Hutewiesen der „Schweiz" wurden die Flächen gepflegt, weshalb Bäume hier nur sehr vereinzelt wachsen. In Verbindung mit dem kalkigen Boden sind heute florale Raritäten wie die Honigorchis oder das Knabenkraut zu bestaunen. Zwar befindet sich ein paar Meter weiter eine Bank, doch wir wollen uns lieber in das warme Gras setzen. Wir halten einen Moment inne, schließen die Augen und lassen uns von der Sonne das Gesicht bescheinen. Vor nicht allzu langer Zeit stand hier sicherlich an unserer Stelle ein Schäfer, das Kinn auf den Stock gestützt, der mit seinem weichen Blick die gesamte Weide im Auge behielt. Ein Rascheln, gefolgt von einem immer lauter werdenden Mähen, holt uns aus unserem Tagtraum. Zwischen den Wacholderbüschen hindurch erblicken wir am Ende des Talkessels tatsächlich eine Handvoll weidender Rhönschafe mit ihrem typisch schwarzen Kopf, die sich dicht unter den lückigen Schattenplatz einer hohen Kiefer drängen. Gut erholt verlassen wir die Wiesenthaler Schweiz und freuen uns, dass der Weg nun endlich in den dunklen Wald des Neuberges führt. Über eine verwachsene Spur gelangen wir auch schon zum nächsten Naturschutzgebiet, dem Iben- oder zu Hochdeutsch Eibengarten.

Bevor wir die zahlreichen Methusalems bestaunen können, müssen wir jedoch erst an der **3 Höhle des berüchtigten Rhönpaulus** vorbei – eines Räubers, der vor rund 200 Jahren in der Umgebung sein Unwesen trieb.

__Hutungen__ sind Wiesen und Wälder, die aufgrund ihrer Ertragsarmut nicht zum Anbau von Gemüse und Getreide genutzt werden konnten und daher unregelmäßig mit allerlei Tieren beweidet wurden.

Johann Heinrich Valentin Paul, der als Rhönpaulus in die Geschichte eingegangen ist, wohnte in dieser Waldhöhle und bereicherte sich vor allem an wohlhabenden Bauern, um sein Überleben zu sichern. Die Legende um den Robin Hood der Rhön wurde abgerundet durch seine wiederholte Flucht aus dem Gefängnis. Der kleine Stichweg führt uns zu seinem ehemaligen Schlafplatz. Um die Höhle zu finden, müssen wir jedoch ein kleines Rätsel lösen.

Für die Seele

Uns erwarten landschaftliche Highlights an jeder Ecke und die Spuren eines geheimnisvollen Räubers.

Zurück auf dem breiten Waldweg wandern wir weiter hinab. Immer mehr knorrige Bäume ragen aus der kalkhaltigen Waldformation heraus, über uns hinweg. Tausendfach verzweigte, gebrochene und doch so zart wirkende hölzerne Gestalten wanken samten im Rhythmus des Windes. Die alten Eiben im ❹ **Ibengarten** laden zu einem Moment der Besinnlichkeit ein. Was die zähen Baumgreise an zermarternden Ereignissen überstanden haben, entpuppt sich in Form von Nischen und Spalten als perfekte Lebensorte für die jetzigen Bewohner des Waldes. Achtbeinige Architekten haben ihre

*Der **Ibengarten** ist das älteste Naturschutzgebiet der Rhön und mit seinen mehr als 50 über 500-jährigen Eiben eine deutschlandweit bedeutsame Rarität.*

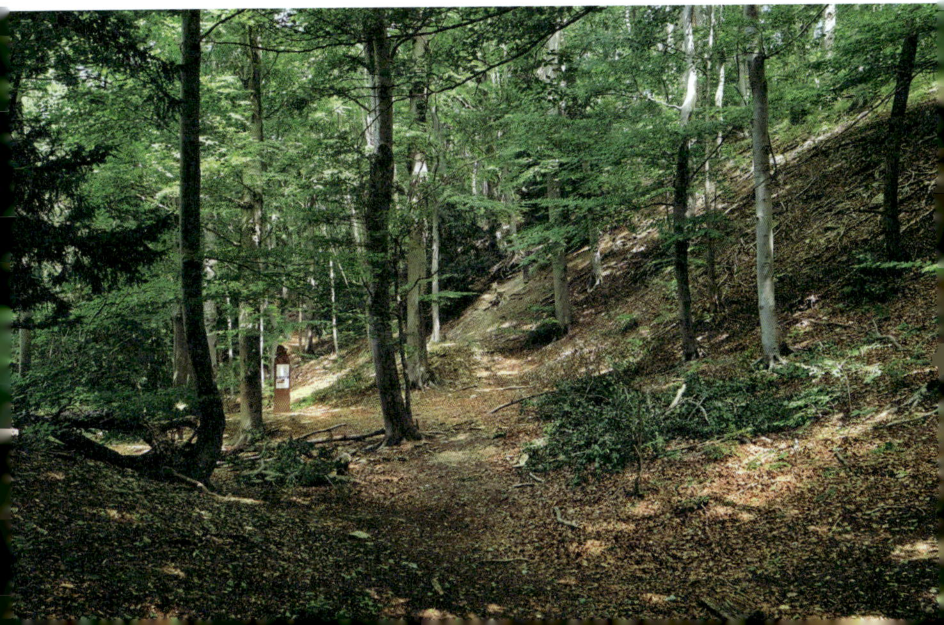

schönsten Netze ausgebreitet, kreisrund, raffiniert und mit Morgentau befeuchtet, aber auch tiefe, grabenartige Höhlen umhüllen die knorzigen Bäume – ein schaurig-schöner Anblick.

An einer kunstvoll in einen Baumstumpf geschnitzten Figur geht es vorbei zurück in die helle Weite der Offenlandschaft. Doch am Rastplatz vor uns trauen wir unseren Augen kaum: Der Räuber, den die Menschen in den Ortschaften jahrelang fürchteten, der schon längst in dem Wald hinter uns am Galgen aufgeknüpft wurde und zu Tode kam, sitzt plötzlich vor uns auf der Bank, mit dem Blick auf uns, auf jene gerichtet, die aus seinem Walde kommen. Zaghaft nähern wir uns ihm und erkennen, wie in sich gekehrt der Rhönpaulus mit den Jahren geworden ist. Selbst wenn wir uns an seiner hölzernen Schatulle an den wenigen Münzen bereichern, rührt es ihn nicht. Doch die Gesellschaft hält

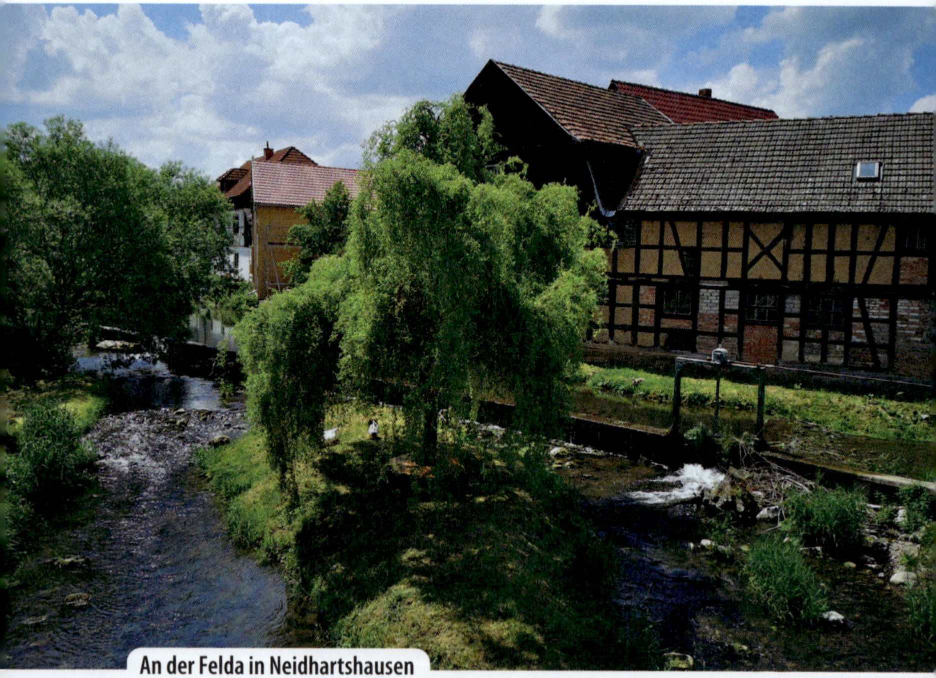

An der Felda in Neidhartshausen

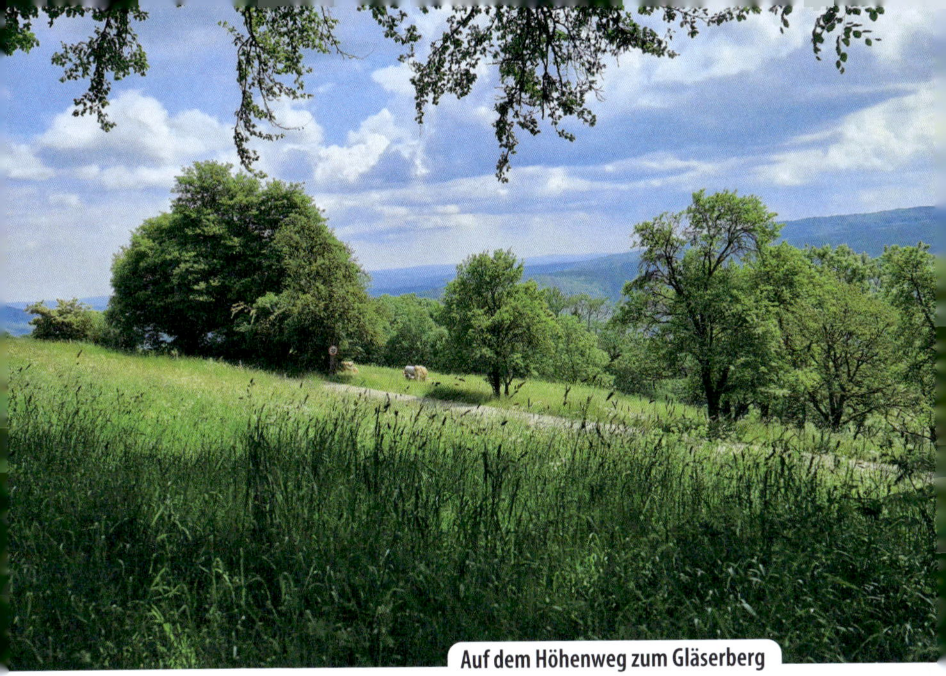

Auf dem Höhenweg zum Gläserberg

nicht lange an – wir umkurven das Flächennaturdenkmal mit weiteren kalkmögenden Orchideenarten wie der Händelwurz und dem einprägsamen Fliegen-Ragwurz.

Unten an der Bank halten wir uns links und begleiten den Fluss der Felda auf einem gemütlichen Weg ins **5 Fledermausdorf Neidhartshausen.** Über den Moorweg und Lutherberg gelangen wir zu einer wunderschönen Szenerie dörflicher Romantik. Denn kurz bevor die Felda ein letztes Mal unter unseren Füßen erquickend dahinsprudelt, bricht das Wasser an einer kleinen Insel im Schatten alter Fachwerkhäuser entzwei. Neidhartshausen engagiert sich besonders für den Erhalt von Lebensräumen für Fledermäuse. Die Kirche bietet so vielen Tieren ein Quartier, dass sie sogar als Landschaftsschutzgebiet gilt.

Über die Wilhelm-Löber-Straße verlassen wir den Ort. Erst lädt uns die Straße, dann der Feldatalradweg zum Queren ein, auf dass wir uns nun über einen langen Aufstieg über offene Wiesen freuen können. Wir nehmen uns dafür besonders viel Zeit und freuen uns umso mehr auf unsere Belohnung oberhalb von

Flächennaturdenkmäler *sind eng verzahnte Biotope, die einer Vielzahl an seltenen Pflanzen- und Insektenarten einen wichtigen Lebensraum bieten.*

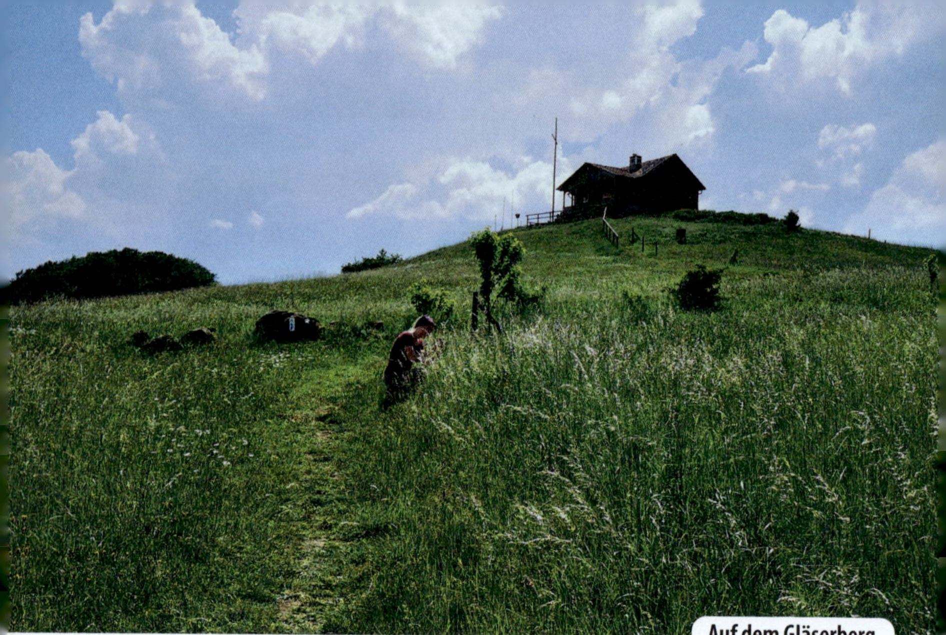

Auf dem Gläserberg

6 Föhlritz, denn egal wie lange wir brauchen, wartet dort ein wunderschöner Ausblick auf uns. Den Weiler durchwandern wir diagonal, denn in nördlicher Richtung wartet der Höhepunkt unserer Wanderung: der 670 Meter hohen Gläserberg.

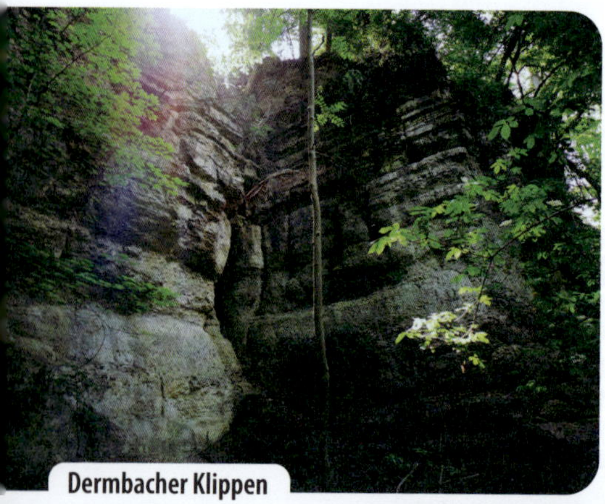

Dermbacher Klippen

Sobald wir Föhlritz hinter uns gelassen haben, fängt es tief in unserer Wanderseele zu kribbeln an. Der **7 Gläserberg** bringt nämlich alles mit, was das Wanderherz begehrt: einen tollen Bergwiesenaufstieg, eine unbewaldete Kuppe und eine Berghütte wie aus einem Rhönmärchen. Mit jedem Schritt in Richtung des Gipfelkreuzes ergibt sich ein noch besserer Blick auf die freie Landschaft, die uns hinter der Berghütte erwartet. Oben angekommen, lassen wir uns auf die hölzernen Liegen fallen, genießen einen Schluck Wasser und atmen tief durch, während uns eine sachte Brise abkühlt. Nicht nur in der Weite erkennen wir das Glück, rund um uns summt und zwitschert es, denn die Wiesen stehen gerade in der Sommerzeit in voller Pracht.

Mit vielen kleinen Zwischenstopps schlendern wir von der **8 Dermbacher Hütte,** auch Gläserberghütte genannt, wo an Sonn- und Feiertagen die Hüttenbetreiber die Wandernden verköstigen, die Wiese hinab zum Wald. Dort steigen wir die unwegsamen Serpentinen achtsam hinunter. Der Weg führt uns steil und dicht an einigen Buchengiganten zurück ins Tal. Kniezitternd erreichen wir ein Zwischenpodest, das uns komfortabel nach links an eine kleine Lichtung mit Trinkwasser führt. An der **9 Hirtentränke** füllen wir für die letzte Etappe des heutigen Tages unsere Flaschen mit frischem Bergquellwasser auf, ehe wir runter zu den **10 Dermbacher Klippen** wandern. Von dem breiteren Weg zweigt bald ein kleiner Pfad ab und die buchenbestückte Wand offenbart die ersten Felsformationen, durch die das Licht der Sonne blitzt und den Wald sanft aufleuchten lässt. Am Ende der Klippen gelangen wir rechts hoch zum erhaben gelegenen Rastplatz auf dem **11 Karl-Friedrich-Stein.** Dort werden wir ein letztes Mal

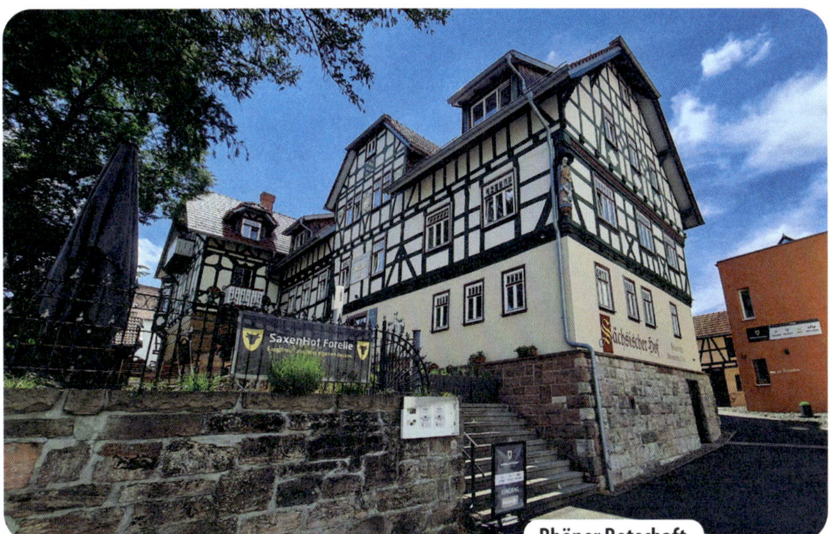

Rhöner Botschaft

für heute eingeladen, einen tollen Blick auf den Neuberg und auf Dermbach zu genießen, ehe wir durch eine Pergola aus dicht stehenden Sträuchern erst hinunter zur Fatima-Kapelle und dann weiter zur Straße wandern. Diese lädt uns zum Passieren ein und wir gelangen auf komfortablen Wegen wieder zurück ins kleine Glattbach. Da das angrenzende Dermbach mit einem großen Angebot an kulinarischen Raffinessen aufwarten kann, runden wir den Wandertag mit einem Besuch in der Stube des ⓬ **Rhönpaulus,** in der Sternenküche der ⓭ **Rhöner Botschaft** oder bei dem Wirt ⓮ **Zur Klause** ab. Wer früh genug in Dermbach ankommt, kann sich auch auf ein leckeres Eis aus regionalen Zutaten in der großen ⓯ **Rhöner Eismanufaktur** freuen.

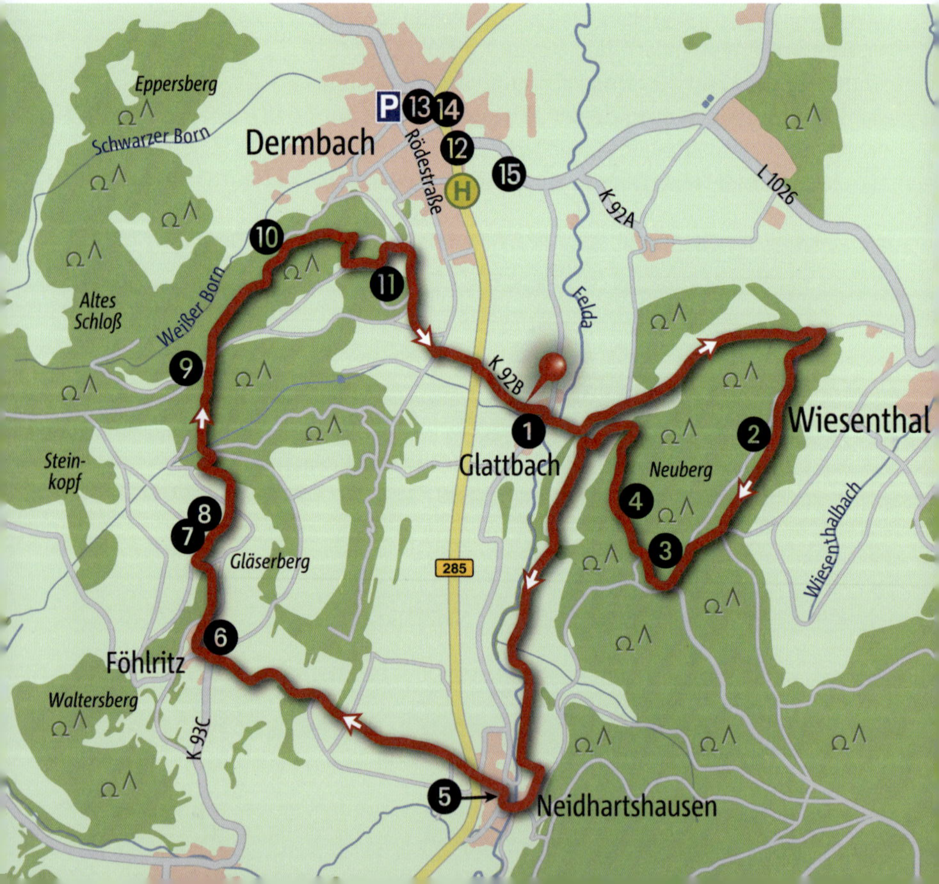

ALLES AUF EINEN BLICK

Entspannung
Abenteuer
Vielfalt

WIE & WANN

Komfortable Wege über Bergwiesen und durch die Wälder. Zwischendrin einige schöne verschlungene und etwas unwegsame Pfade durch den Wald. Die wenigen befestigten Wegstrecken fallen bei den vielen Sehenswürdigkeiten gar nicht auf. Besonders schön ist die Wanderung im Spätsommer, wenn die mageren Wiesen in voller Blütenpracht stehen.

HIN & WEG

Auto: Parkplatz Am Marktplatz oder in der Steinstraße, 36466 Dermbach
ÖPNV: Haltestelle Busbahnhof Dermbach

ESSEN & ENTSPANNEN

8 **Dermbacher Hütte,** 36466 Dermbach (nur an Sonn- und Feiertagen)
12 **Zum Rhönpaulus,** Bahnhofstraße 21, 36466 Dermbach, Tel. (03 69 64) 8 22 34, hotel-rhoenpaulus.de
13 **Rhöner Botschaft,** Bahnhofstraße 2, 36466 Dermbach, Tel. (03 69 64) 86 92 30, rhoener-botschaft.de
14 **Zur Klause,** Bahnhofstraße 5, 36466 Dermbach, Tel. (03 69 64) 8 23 79
15 **Rhöner Eismanufaktur,** Rödestraße 3, 36466 Dermbach, Tel. (03 69 64) 8 31 90

ENTDECKEN & ERLEBEN

1 **Glattbach**
2 **Wiesenthaler Schweiz**
3 **Höhle des Rhönpaulus**
4 **Ibengarten**
5 **Fledermausdorf Neidhartshausen**
6 **Föhlritz**
7 **Gläserberg**
9 **Hirtentränke**
10 **Dermbacher Klippen**
11 **Karl-Friedrich-Stein**

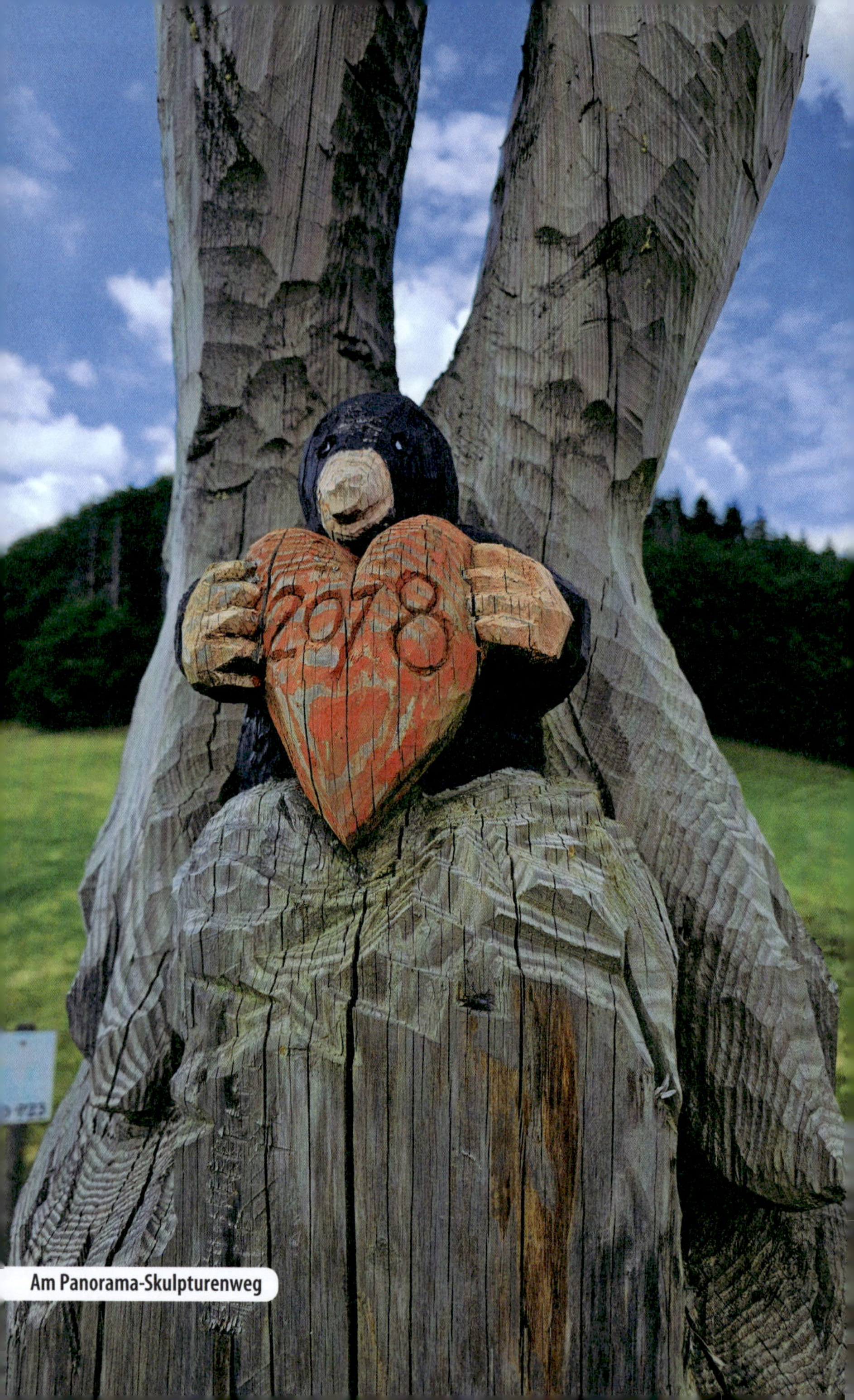

Am Panorama-Skulpturenweg

Perle der Rhön

In den Wäldern um die Milseburg

Mit großer Neugierde auf das anstehende Vergnügen beginnen wir unsere Tour an dem Wanderparkpatz unterhalb des schönsten Berges der Rhön – der Milseburg. Um die Vorfreude hochzuhalten, heben wir uns den Berg bis zum Schluss auf, bekommen aber kurze Blicke auf das Massiv, bevor wir in den knapp 700 Meter hoch gelegenen Bergwald abtauchen. Auf den ersten Kilometern können wir uns ganz auf das Wesentliche konzentrieren, denn wir folgen zunächst der Beschilderung der Extratour Milseburgweg: einem roten M auf weißem Grund. Der Weg führt uns schon bald heraus aus den alten Wäldern auf eine offene Landschaft mit weitem Blick. Vorbei an einem einsamen Haus wandern wir genüsslich hinab ins Tal der Bieber und gelangen schon bald an einen Wanderparkplatz in der Nähe des Ortes **Kleinsassen,** der im 19. Jahrhundert aufgrund seiner wildromantischen Lage unterhalb der Milseburg von zahlreichen Kunstschaffenden aufgesucht wurde.

*Kunstschaffende prägten **Kleinsassen** früh durch eine Künstlerkolonie. Die heutige Kunststation im Norden des Dorfes ist ein bedeutsames Museum mit internationaler Reichweite und immer einen Besuch wert.*

Am Wanderparkplatz halten wir uns links und schlendern genüsslich das **Biebertal** hinauf. Immer wieder huschen Bachstelzen über den gekalkten Weg, in den hohen Bäumen rauscht der Wind – zwei Zilpzalps zwitschern unisono ohne Unterlass ihren Namen. Die Abgeschiedenheit dieser Gegend löst Geborgenheit in uns aus. Der Kessel, den wir durchwandern, besticht durch seine behagliche Ruhe. Zu unserer Rechten lädt eine Brücke ein, die sprudelnde Bieber zu passieren. Auf der anderen Uferseite steigen wir in das **Naturschutzgebiet**

Kilometer: 13

Höhenmeter: 486

Stunden: 6

RUNDWEG

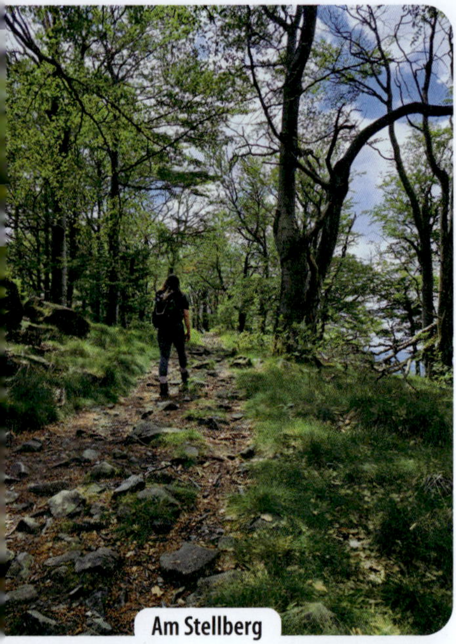
Am Stellberg

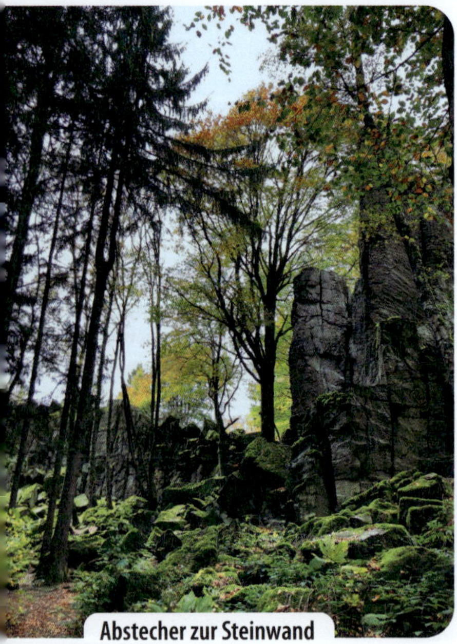
Abstecher zur Steinwand

Hauenstein und somit in einen kleinen Wald ein. Nach und nach wird der Baumbestand lichter und die Sonne bricht durch das Geäst. Wir passieren einen kleinen Platz zum Zelten. Schräg gegenüber dürfen wir auf einem urigen Pfad den 728 Meter hohen **1 Stellberg** hinaufwandern. Ein großartiges Erlebnis, sich zwischen all den Wurzeln und Steinen den richtigen Weg auf dem schmalen Grat zu suchen. Oben angelangt, nehmen wir uns alle Zeit der Welt, denn am Rande einer Basaltblockhalde unter einer dörren Eiche finden wir einen wahren Lieblingsort.

Ein ausgetretener Pfad führt uns sicheren Fußes wieder hinab. Bis zur bewaldeten Maulkuppe dürfen sich unsere Beine auf gut ausgebautem Untergrund erholen. Hier oben sehen wir nah und fern kleine Einöden – landwirtschaftliche Weiler, die sich unter den kargen Bedingungen der Hochrhön ihr Überleben zu sichern versuchten. Hinter der Maulkuppe erkennen wir zu unserer Rechten das **2 Fuldaer Haus –** eine massive zylindrische Schutzhütte des Rhönklubs. Vom Fuldaer Haus aus haben wir einen sagenhaften Blick in die fuldische Rhön und besonders auf die imposante Wasserkuppe mit dem Radom und dem exponiert liegenden Pferdskopf. Ein idealer Ort also, um ein kühles Bier auf der Restaurantterrasse zu genießen oder sich mit regionalen Köstlichkeiten in der heimeligen Atmosphäre des massiven Gemäuers zu verwöhnen.

Am Fuldaer Haus haben wir die Möglichkeit, den Tag mit zwei wunderbaren Highlights um knapp 6 Kilometer zu verlängern. Dazu wandern wir zunächst hinunter zur ❸ **Steinwand** und anschließend über den ❹ **Teufelstein** zum Hotel Grabenhöfchen.

Wer diesen Abstecher nicht machen möchte, geht gemütlich über den ❺ **Panorama-Skulpturenweg,** vorbei am ❻ **Jausenhof Eselsbrunn** direkt zum ❼ **Rhön-Hotel Grabenhöfchen,** einer weiteren Einkehrmöglichkeit. Nun können wir uns links auf den nächsten Kilometern vollkommen erholen. Ein langer, schöner Weg führt erst durch einen Laubmischwald, der sich langsam zu einem tiefdunklen Nadelwald wandelt. Am ❽ **Bubenbad** machen wir dann noch einmal halt. Denn hier ereignete sich der Sage nach ein Familiendrama: Eine Mutter gebar sechs Mädchen und als sie mit dem

Für die Seele

Wir wandern über den wohl schönsten Berg der Rhön und entdecken kolossale Felsformationen.

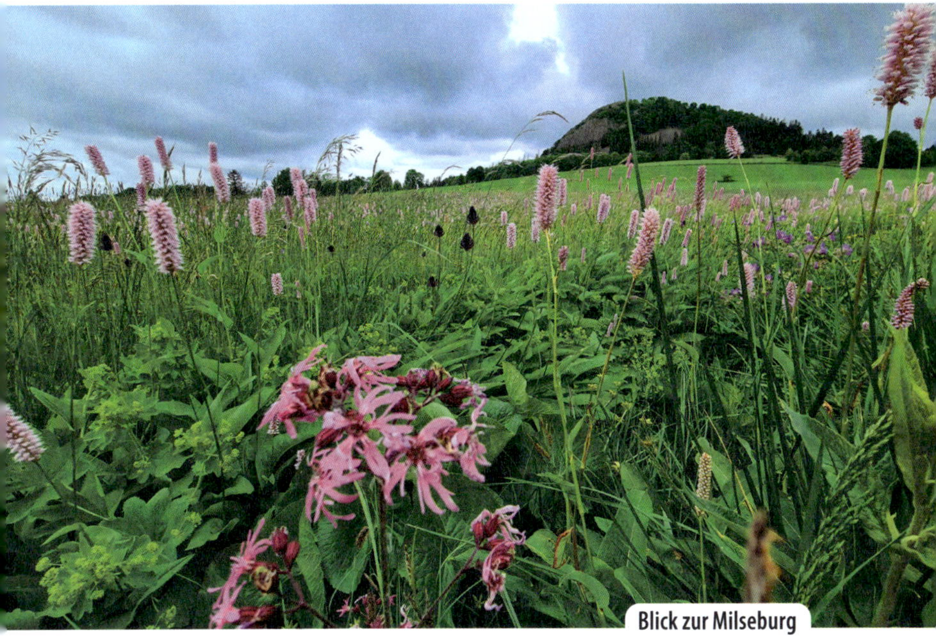

Blick zur Milseburg

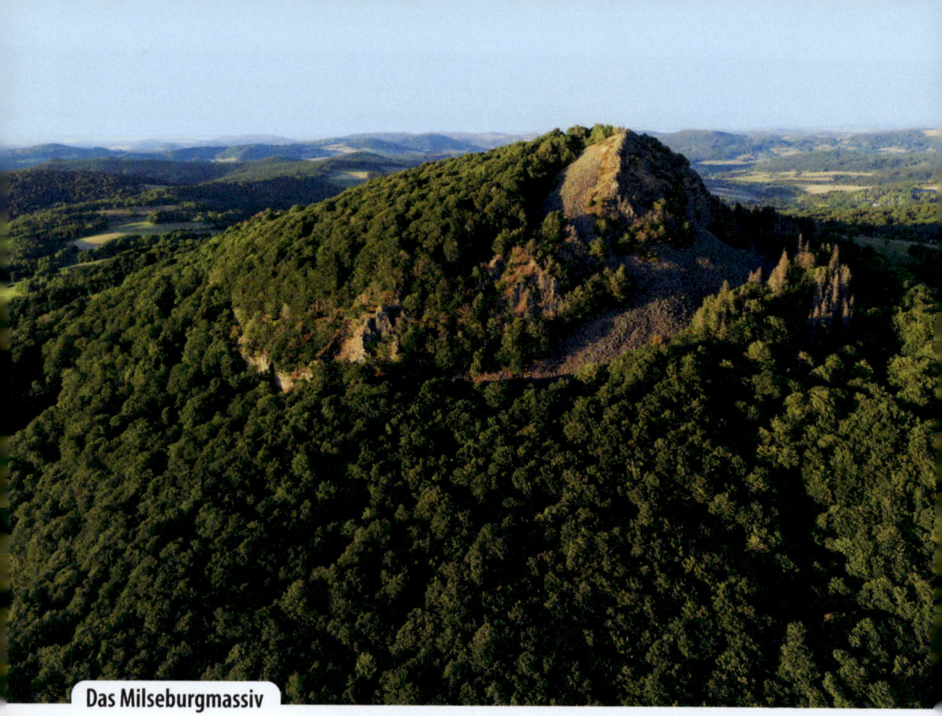
Das Milseburgmassiv

siebten Kind schwanger war, drohte ihr ihr Mann, sollte es wieder ein Mädchen werden. Aus Furcht gebar sie es in der Natur und als sie erkannte, dass es wieder ein Mädchen war, trug sie es zu diesem Teich, um es in der Einsamkeit zu taufen. Als sie es aber wieder aus dem Wasser hob, ward es ein Junge.

Schön sind die angrenzenden **9 Bubenbader Steine** – ein Naturdenkmal, dessen basaltene Felsen den Westhang des Gipfels bedecken. Kurz darauf verlassen wir den dunklen Wald zugunsten einer lichtgefluteten Wiese. Vor uns liegt das Massiv der **10 Milseburg** in voller Pracht und bei dem Gedanken, dort nun raufkraxeln zu dürfen, springt uns unser Wanderherz fast aus der Brust. An dem Himmelsschauplatz vorbei bahnen wir uns unseren Weg durch die Außenwälle der ehemaligen keltischen Siedlung. Bis zum Gipfel können wir uns ohne Mühe an dem gelben Ö auf weißem Grund orientieren. Der Aufstieg dann macht dem Wandersport alle Ehre. Über basaltene Felsblöcke, dichtes Wurzelwerk und ausgesetzte Wege gestaltet sich unser letzter Abschnitt abenteuerlich und urwüchsig. An einer in den Berg eingelassenen Grotte nehmen wir die steile Haarnadelkurve nach oben. Ein paar letzte Treppenstufen führen uns zur Kapelle. Höher kommt hier nur, wer schwindelfrei ist, denn zum Gipfelkreuz wird geklettert. Der Genuss, der sich dort als Ausblick über unseren gesamten heutigen Wandertag ergibt, ist einzigartig und lädt zum längeren Verweilen ein. Der Wind pfeift kräftig um die Ohren – in einer schönen, glatten und windgeschützten Felskuhle machen wir es uns gemütlich. Zeit für einen großen Schluck Wasser oder für einen schönen knackigen Apfel. Spüren wir einmal in den erwärmten Felsen unter uns. Der Sage nach sitzen wir nämlich auf dem Bauch des Riesen Mils, den der heilige

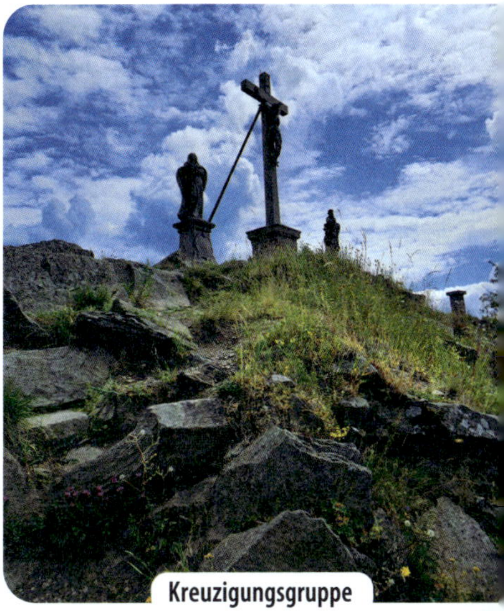

Kreuzigungsgruppe

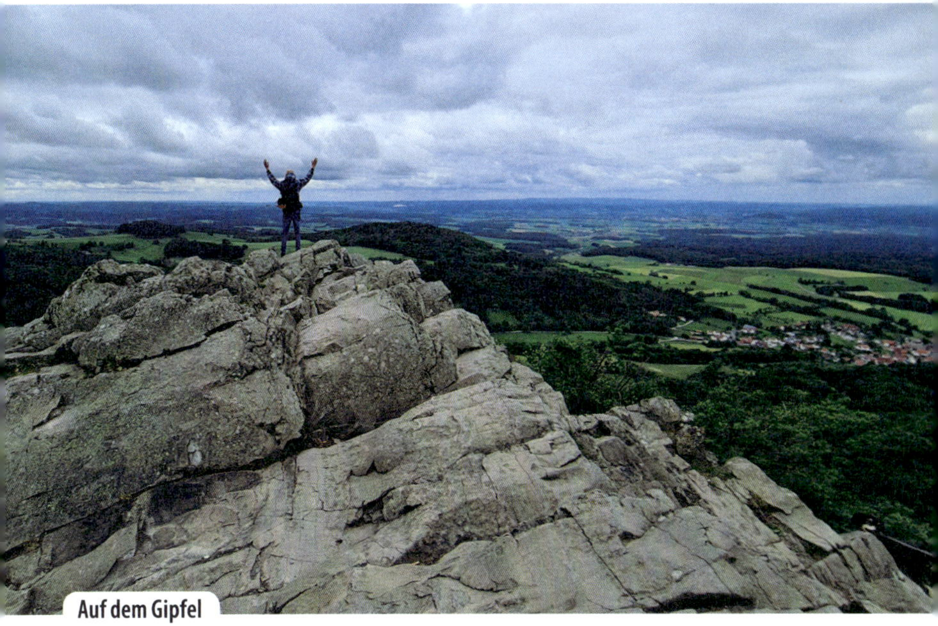

Auf dem Gipfel

*Die **Milseburg** ist geschichtsträchtig. Keltensiedlungen, Ringwälle und auch Burgreste aus dem Mittelalter sind zu erkennen. Wer noch genug Neugierde besitzt, kann den Berg in etwa 40 Minuten umrunden und die Zeugen der Vergangenheit bestaunen.*

Gangolf bezwungen und hier mit Steinen bedeckt begraben hat. Nicht wenige beschreiben die Milseburg daher als großen, finsteren Sargdeckel, aber auch als Perle der Rhön.

Ein Bier oder ein Stück Kuchen in der inzwischen zwar neu gebauten, aber dennoch traditionsreichen ⑪ **Milseburghütte** gehört fast schon zum Pflichtprogramm. Somit können wir unseren Aufenthalt auf dem schönen Berg noch etwas verlängern. Fast schon wehmütig nehmen wir dann den Abstieg auf der westlichen Bergseite und gelangen zielsicher zurück zum Startpunkt unserer Wanderung. Dort können wir die Tour in den ⑫ **Milseburgstuben** zünftig ausklingen lassen.

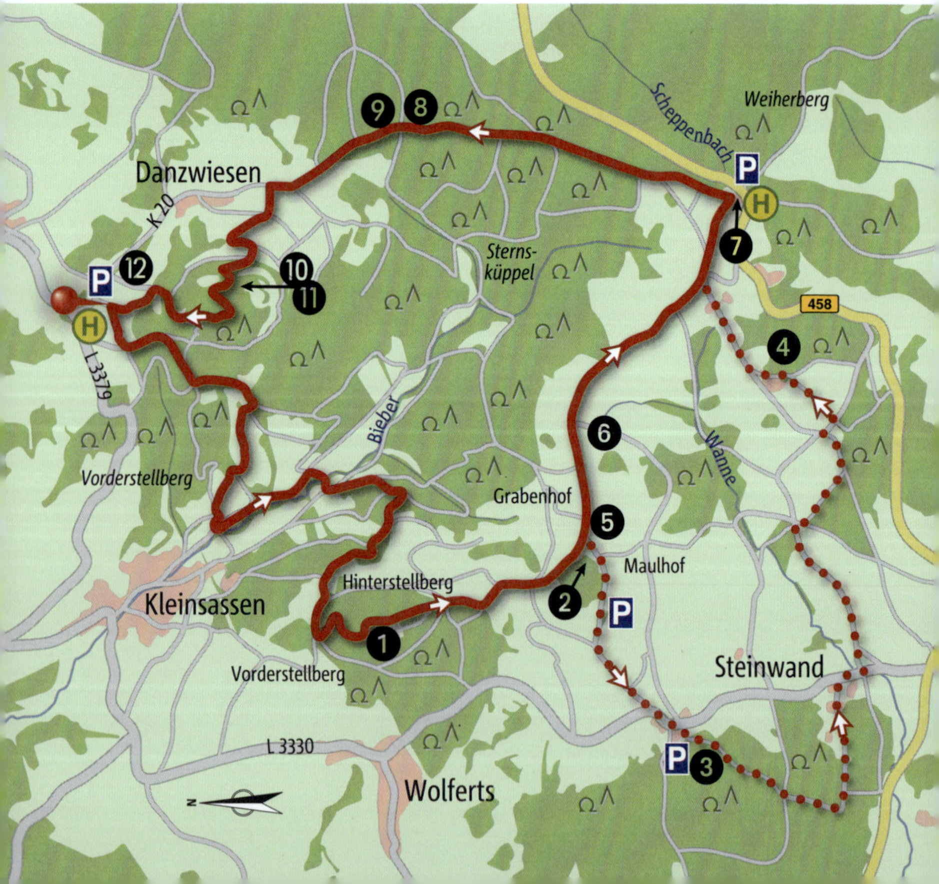

ALLES AUF EINEN BLICK

Entspannung 5/5
Abenteuer 5/5
Vielfalt 4/5

WIE & WANN

Zwischen den Wanderhighlights bewegen wir uns überwiegend auf gut ausgebauten Wegen. Da die Besichtigung dieser Höhepunkte aber nur mit etwas Kraxelei oder über schmale Pfade möglich ist, sollte für die Wanderung trockenes, schneefreies Wetter gewählt werden.

HIN & WEG

Auto: Parkplatz Milseburg, 36145 Hofbieber; Wanderparkplatz Maulkuppe, Steinwand 10, 36163 Poppenhausen; Wanderparkplatz Steinwand, hinter dem Gasthof Zur Steinwand, 36163 Poppenhausen; Wanderparkplatz Grabenhöfchen, gegenüber vom Gasthof Grabenhöfchen, 36163 Hilders
ÖPNV: Haltestelle Milseburg-Danzwiesen oder Grabenhöfchen

ESSEN & ENTSPANNEN

2 **Fuldaer Haus,** Maulkuppe 1, 36163 Poppenhausen, Tel. (0 66 58) 2 42, fuldaer-haus.de
6 **Jausenhof Eselsbrunn,** Eselsbrunn 4, 36163 Poppenhausen, Tel. (01 70) 2 32 37 76, jausenhof-eselsbrunn.de
7 **Rhön-Hotel Grabenhöfchen,** An der B458, 36163 Poppenhausen, Tel. (0 66 58) 3 16, grabenhoefchen.de
11 **Milseburghütte,** Zum Ringwall, 36145 Hofbieber
12 **Milseburgstuben,** Gangolfweg 1, 36145 Hofbieber, Tel. (0 66 57) 60 85 65, milseburgstube.de

ENTDECKEN & ERLEBEN

1 **Stellberg** 3 **Steinwand**
4 **Teufelstein** 5 **Panorama-Skulpturenweg**
8 **Bubenbad** 9 **Bubenbader Steine** 10 **Milseburg**

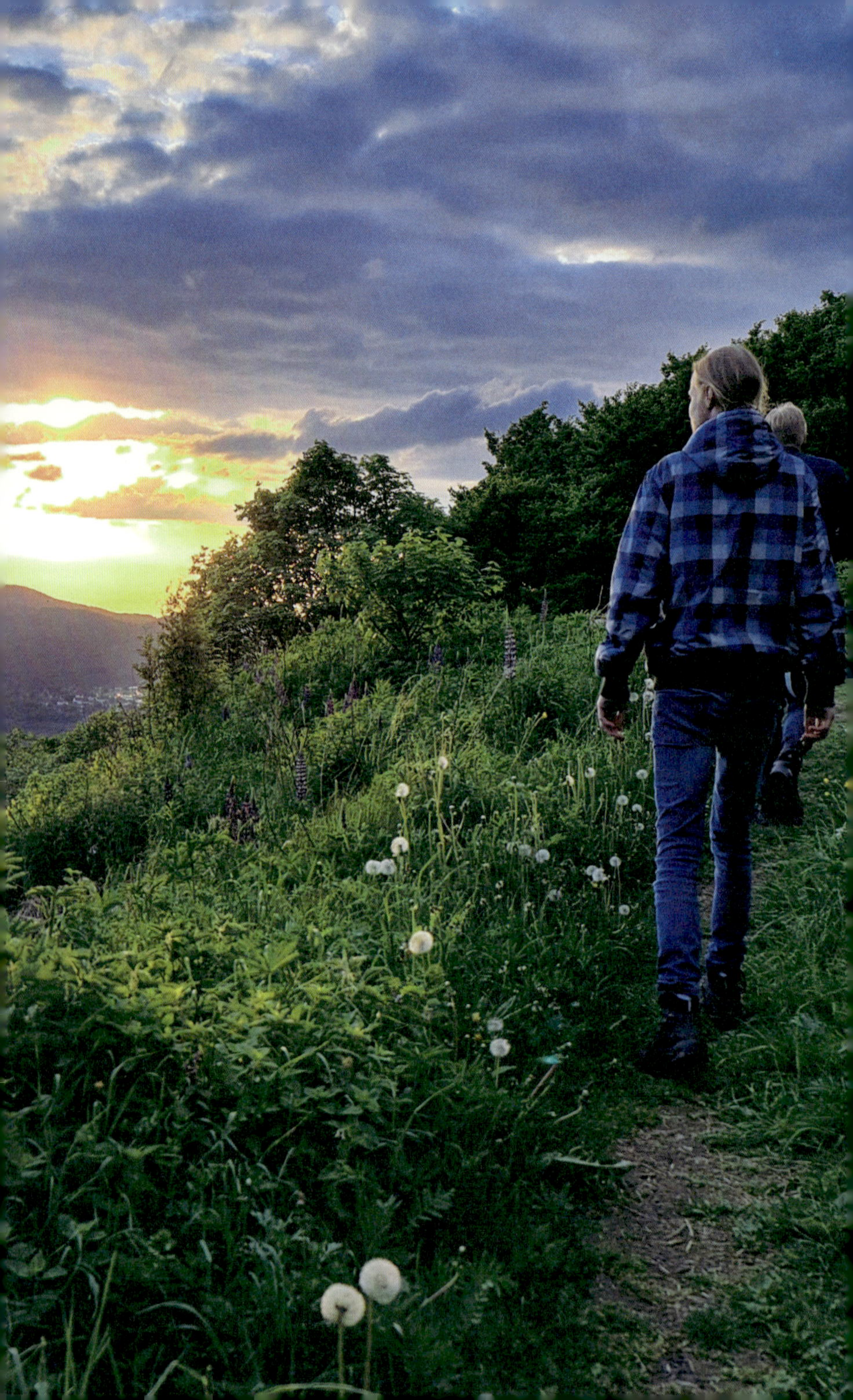

Himmelwärts

Am heiligen Berg der Franken

Unsere Wanderung beginnt bereits in den Untiefen des Kreuzberger Waldes auf knapp 800 Meter Höhe. Dieser Berg hat die Menschen der Region schon immer als Kraftort angelockt. Den Ursprung als spirituelles Zentrum hat die Erhebung nämlich im Naturglauben, denn einst stand in Gipfelnähe eine heilige Esche, die dem Berg lange Zeit den Namen Aschberg gab. Der ❶ **Berggasthof Neustädter Haus** ist inzwischen zwar unbewirtschaftet, dennoch bietet er einen idealen Ausgangspunkt für unsere Wanderung.

Vom Berggasthof aus lädt zunächst ein schöner, gut ausgebauter Weg ein, in dem ruhigen Wald anzukommen. Spätestens nach einer Linksbiegung haben wir den Alltag vollständig hinter uns gelassen, sind im Grün verschwunden, atmen tief durch und freuen uns auf die kommenden Draußenstunden. Genüsslich biegen wir links auf einen schmalen Pfad ab und erkennen, dass zwischen all den jungen Buchen einzelne groß gewachsene Fichten stehen. Das Sonnenlicht bricht sich zart durch die noch jungen Blätter, findet seinen Weg durch das leichte Geäst und erhellt mosaikartig den erdigen Waldboden. Wie am Ende eines Tunnels scheint der Waldweg im gleißenden Licht aufzugehen. Unsere Wanderung führt uns an eine kreisrunde Wiese, die sich wie ein Balkon an den Hang schmiegt und einen wunderbaren Blick über das Örtchen Sandberg bietet. Nehmen wir uns die Zeit, einen Moment zu ruhen, denn für unseren Weg ist keine Eile geboten.

*Nicht nur Wallfahrende erfreuen sich an der **Vielfältigkeit des Berges.** Besonders beliebt ist die knapp 1000 Höhenmeter hohe Erhebung aufgrund der vielen, teils sehr steilen Aufstiege, darunter auch die legendäre „Kniebreche".*

Kilometer: 9,1
Höhenmeter: 323
Stunden: 3
RUNDWEG

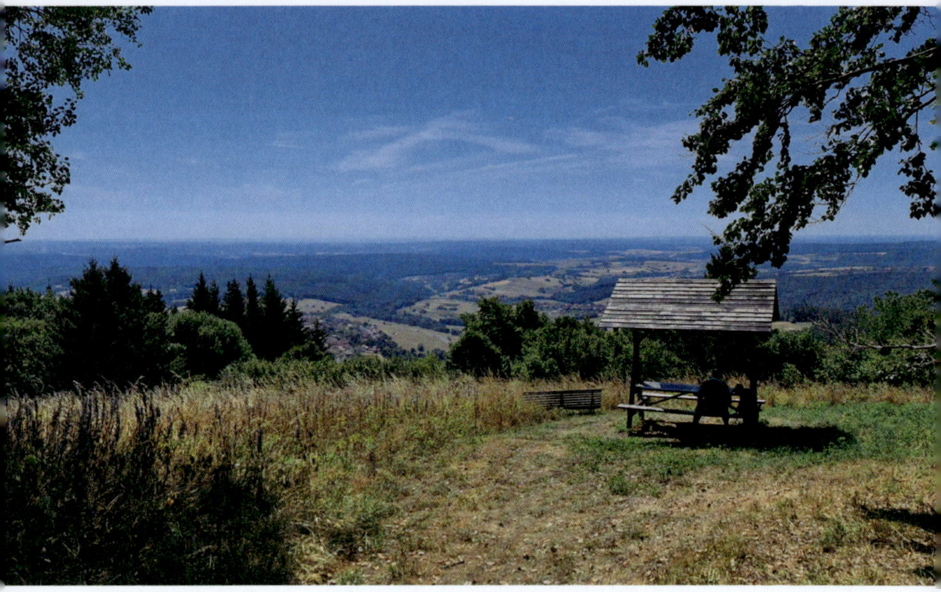

An dem hölzernen Häuschen halten wir uns rechts und verlassen den Weg zugunsten eines kleinen Pfades. Am neu gestalteten ❷ **Jostenbrunnen** steigen wir für eine Erfrischung ab. Das Nass, das hier so erquickend in einen hölzernen Trog plätschert, ist eiskalt. Wir nehmen einen großen Schluck des klaren Trinkwassers und kühlen uns die Arme, bis wir Gänsehaut bekommen – herrlich erfrischt steigen wir auf den Pfad zurück. Alle paar Meter säuselt reines Bergwasser aus den vielen Quellen des Kreuzberges den Hang entlang und rinnt in feinen Zügen Richtung Tal hinab. Das **Marienbrünnle** auf 820 Höhenmeter lädt zur kurzen Andacht ein und erinnert uns, dass wir anschließend rechts hochwandern und nach 800 Metern links einbiegen.

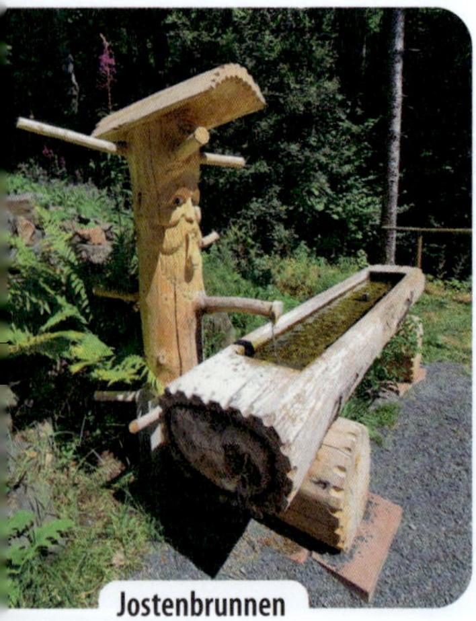

Jostenbrunnen

An dem kesselartigen ❸ **Johannisfeuer** halten wir inne. Denn vor uns befindet sich mit der verwachsenen Blockhalde eine Lebensader der Natur für viele rare Pflanzenarten und zahlreiche

Tiere. Wie in einem Dschungel muten die zerfallenen basaltenen Felsbrocken an und zeugen von der massiven Kraft der Natur. Die flechtenüberwucherten Steinkolosse ragen bis an den feucht-frischen und mit hohem schattigem Farn besetzten Waldrand heran, einzelne Baumgiganten liegen wie wüste Holzskelette auf dem steinernen Wechselspiel aus Licht und Dunkelheit, zerborsten an den scharfen Kanten der Felsen – die Natur zeigt uns die Vergänglichkeit als Prozess. Wir gehen ein Stück und neben uns bricht der Wald auf, sodass uns ein grandioser Blick in das helle, weite Land ermöglicht wird. Was ein Kontrast zu der vorherigen Dunkelheit! Denn am Aussichtspunkt ④ **Rhönflieger** kommen die Menschen zusammen. Der Blick von hier überrascht Jung und Alt – und vielleicht startet sogar gerade ein Gleitschirm in das Glück windiger Lüfte.

Für die Seele
Die alten Wälder um den heiligen Berg sind ein wahrer Kraftort für die Seele.

Ein schattiger Gang hinter der Bank lädt uns ein und wir folgen dem Ruf, noch tiefer in den Wald zu wandern. Die kleinen Wiesenflächen umrunden wir und danach ist Achtsamkeit gefragt, denn hinter den

Blick vom Rhönflieger

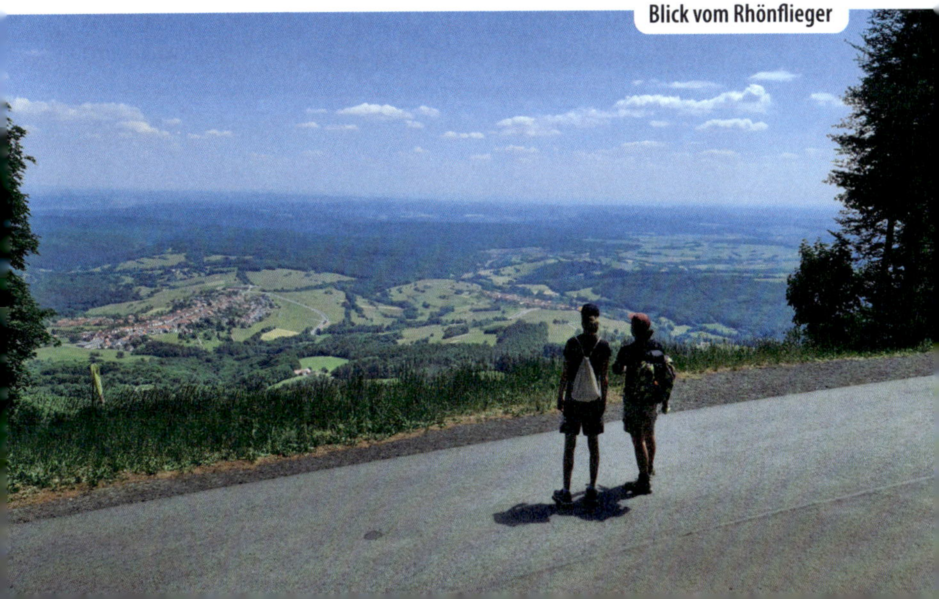

Wiesen führt kein klar ersichtlicher Weg durch die knorrigen, niedrigen Fichten. Unsere Gelassenheit bringt uns dennoch besonnen an das andere Ende des spärlich zerfurchten Waldstückes und auf einen Pfad, der uns wieder an eine Geröllhalde führt. Wir widerstehen der Verlockung, direkt auf den Gipfel zu steigen, halten uns stattdessen geradeaus und wandern an einer Mariengrotte vorbei auf einem steil abfallenden Trampelpfad. Urplötzlich haben wir den finsteren Wald hinter uns gelassen und stehen auf dem lichtgefluteten Sandsteinplateau des 5 **Berggasthofs Elisäus.** Geschirrklimpern, das rege Säuseln der vielen Biergartenbesucherinnen und -besucher und das hohle Klopfen anstoßender Tonkrüge begrüßt uns mit einer Wohlfühlgemächlichkeit – hungrig sind wir am 6 **Kloster Kreuzberg** angelangt. Ob wir uns ein fränkisches Schmankerl genehmigen? Das Mindeste ist aber sicherlich ein halbes Maß des süffigen Klosterbiers.

Die tiefdunkle Farbe und der würzige Geschmack des ***Klosterbiers*** *sind so beliebt, dass selbst der Münchner Kardinal Faulhaber im Jahr 1901 augenzwinkernd bemerkte: „Den Kreuzberg herauf kam ein endloser Zug, die einen zur Kirche, die anderen zum Krug."*

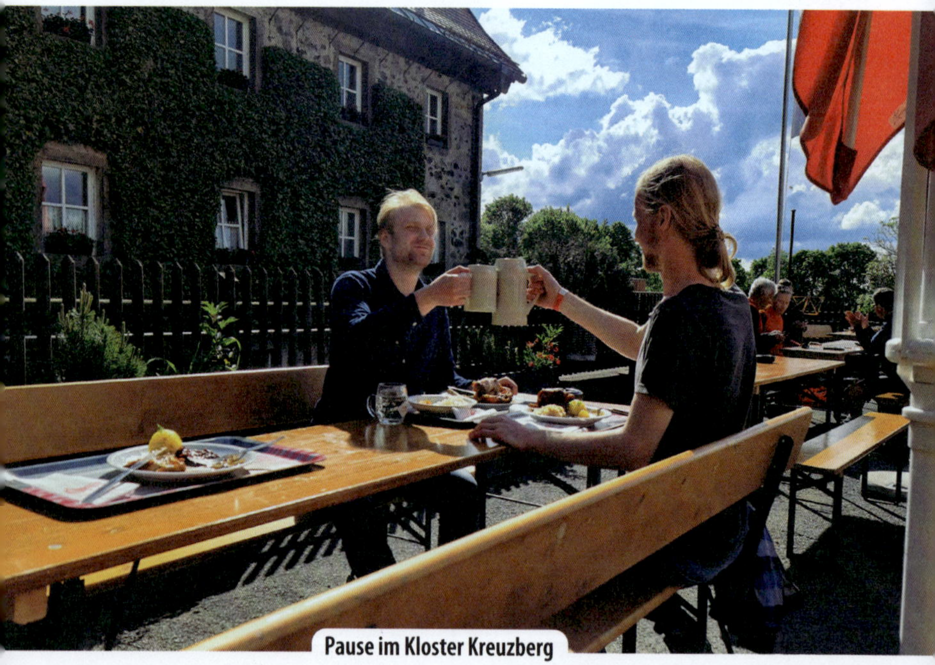

Pause im Kloster Kreuzberg

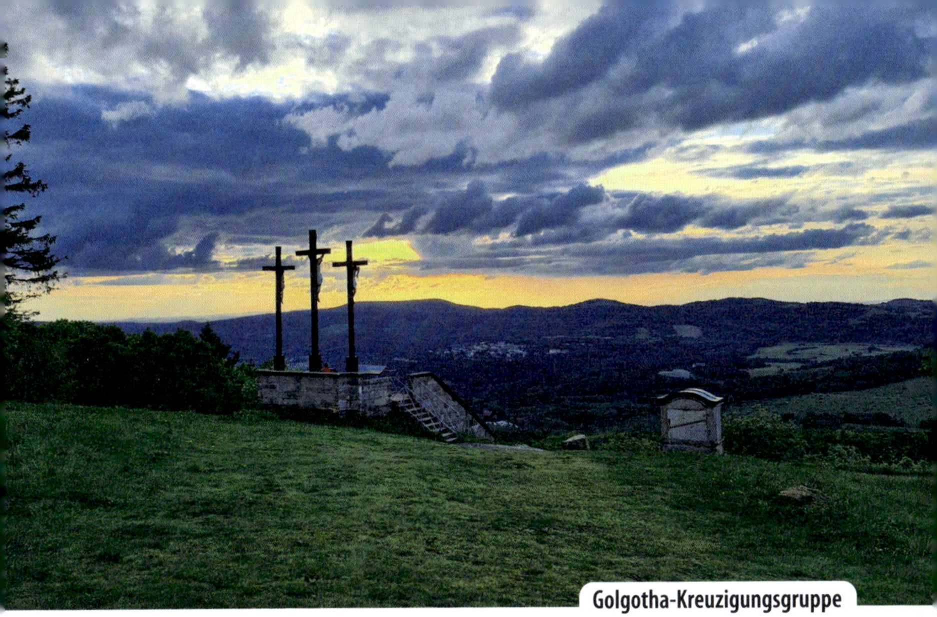

Golgotha-Kreuzigungsgruppe

Nach der Einkehr nehmen wir uns den Gipfel des Berges zur Brust. 294 teils historische, teils auch schon erneuerte Stufen führen uns vom Kloster aufwärts hoch in den blauen Mittagshimmel. Die vielen sandsteingeschlagenen Skulpturen des Kreuzweges rufen zur Entschleunigung auf, denn der Körper kommt hier schnell in Wallung. Oben angekommen, ermöglicht das Podest der 7 **Golgotha-Kreuzigungsgruppe** einen sagenhaften Ausblick über die friedfertige Schwere der ruhenden Rhöner Kuppen. Trotz der eben erst passierten Klosterschänke lassen wir uns gemütlichkeitserschöpft auf die nahe stehenden Holzliegen fallen und gönnen uns eine kurze Verschnaufpause. An dem Sendemast vorbei, wo auch das eigentliche Gipfelkreuz steht, schlendern wir ein wenig über die hohen Matten der Rhön. Hier oben stehen die Bergwiesen in voller Blüte: Borstgrasrasen mit dem purpurnen Waldläusekraut, dem rubinfarbenen Katzenpfötchen und weiter vorne auch sanfte Goldhaferwiesen mit allerlei farbigen Tupfern. Bis zum Ende der Wanderung können wir entspannt der Markierung der Extratour Kreuzberg folgen: einem roten K auf weißem Grund.

Seitlich der **Skistation Dreitannen** erwandern wir uns zum Abstieg eine schöne Passage, die immer wieder

*Der Name **„heiliger Berg der Franken"** entstammt dem irischen Missionar Killian aus dem 7. Jahrhundert. Kurz vor der Klostergründung im 17. Jahrhundert bekam der Berg das Golgotha-Kreuz. Etwa 80 Wallfahrten jährlich haben die Klosteranlage zum Ziel.*

landschaftliche Wechsel aus urigen Laubmischwäldern und offenen Bergwiesen für uns bereithält. Auf der ersten Lichtung bietet sich uns die Möglichkeit, zur 100 Meter entfernten **8 Gemündener Hütte** abzusteigen und ihre mondäne Berghüttenatmosphäre zu genießen. Ein idyllisches Genussplätzchen hält das **9 Bischofsheimer Panorama** noch kurz vor Ende unseres Wandertages bereit. Ein bezaubernder Ausblick, der vom Weg beschildert abzweigt und eine gute Sicht auf das mittelalterlich anmutende Bischofsheim bietet. Da wir wenige Meter weiter schon am **Berggasthof Neustädter Haus** ankommen, halten wir uns hier gerne noch ein wenig länger auf und lassen die Wanderung gemütlich im Grünen ausklingen.

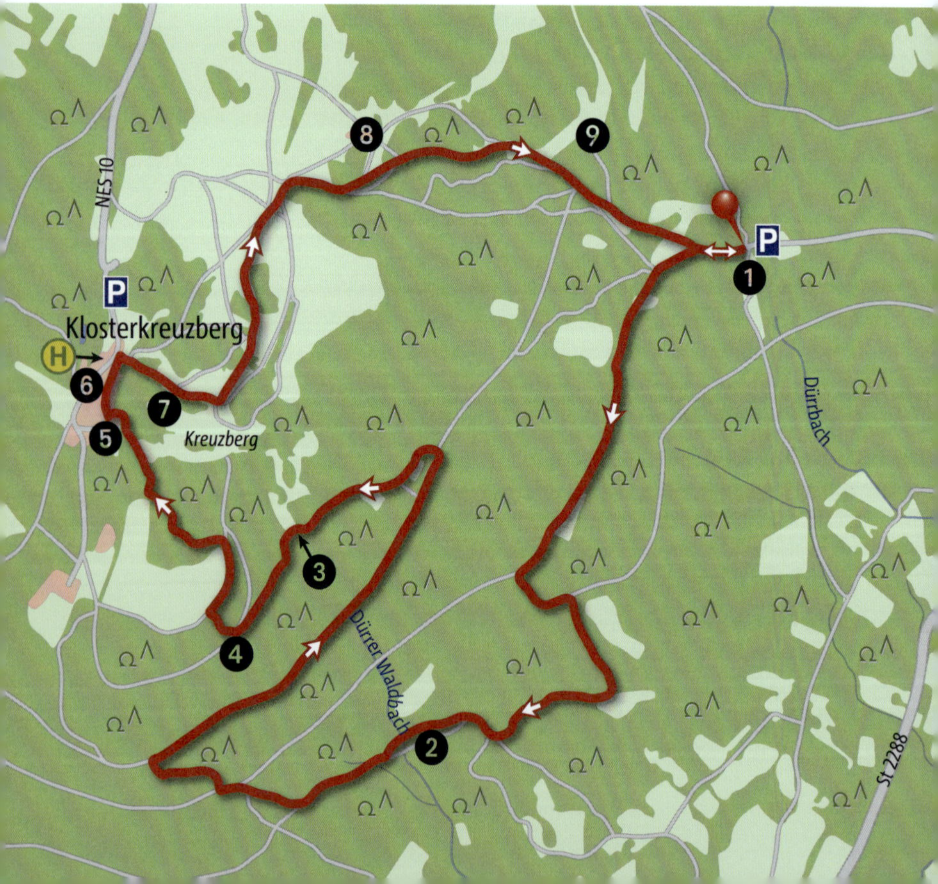

ALLES AUF EINEN BLICK

Entspannung 4/5
Abenteuer 3/5
Vielfalt 3/5

WIE & WANN

Die ganzjährig reizvolle Tour bietet ausschließlich Wald- und Wiesenwege, zwischendrin mal vereinzelt etwas steilere und unwegsame Passagen. Befestigten Grund finden wir nur rund um die Klosteranlage. Wer den Trubel meiden möchte, sollte sich die Wanderung außerhalb von Wochenend- und religiösen Feiertagen vornehmen.

HIN & WEG

Auto: Berggasthof Neustädter Haus, Neustädter Haus 3, 97653 Bischofsheim in der Rhön; Parkplatz Kreuzberg, Kreuzbergstraße, 97653 Bischofsheim in der Rhön
ÖPNV: Haltestelle Kreuzberg

ESSEN & ENTSPANNEN

5 **Berggasthof Elisäus,** Kreuzberg 2, 97653 Bischofsheim in der Rhön, Tel. (0 97 72) 9 12 40, kloster-kreuzberg.de
6 **Kloster Kreuzberg,** Kreuzberg 2, 97653 Bischofsheim in der Rhön, Tel. (0 97 72) 9 12 40, kloster-kreuzberg.de
8 **Gemünder Hütte,** Kreuzberg 22, 97653 Bischofsheim in der Rhön, Tel. (0 97 72) 9 30 28 90, gemuendener-huette.de

ENTDECKEN & ERLEBEN

1 **Berggasthof Neustädter Haus**
2 **Jostenbrunnen**
3 **Johannisfeuer**
4 **Aussichtspunkt Rhönflieger**
7 **Golgotha-Kreuzigungsgruppe**
9 **Bischofsheimer Panorama**

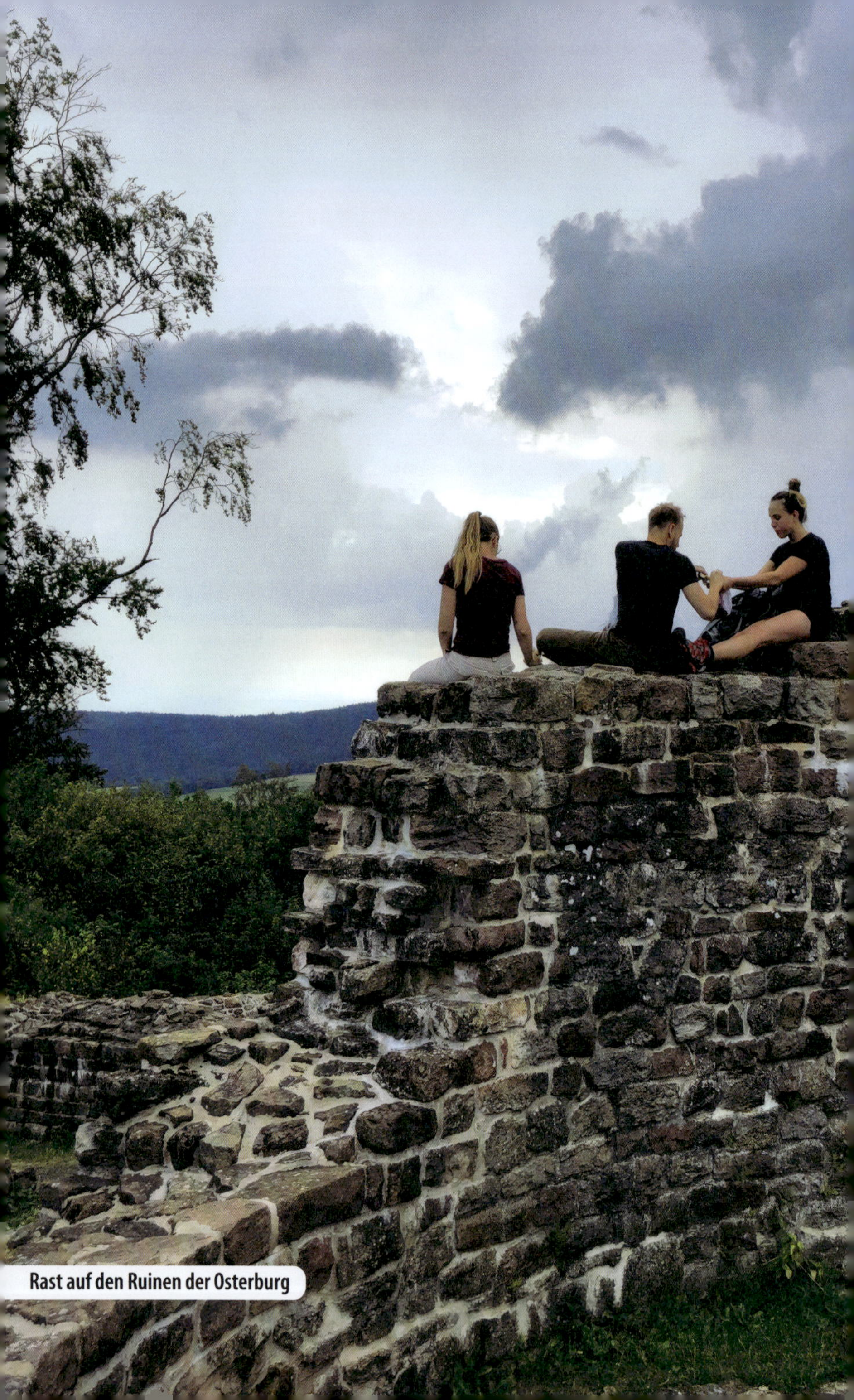

Rast auf den Ruinen der Osterburg

Burgen & Kümmel

Ins Genussstädtchen Bischofsheim

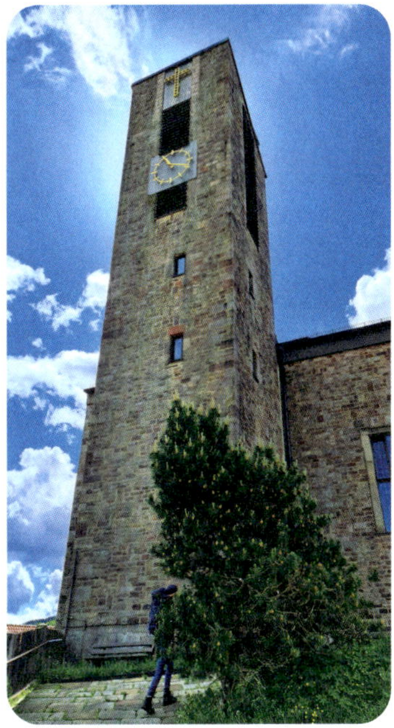

Unsere Wanderung führt uns an ehrwürdige Orte, die sich teilweise bis ins 7. Jahrhundert zurückdatieren lassen. Viele der Sehenswürdigkeiten haben einen religiösen Hintergrund. Unsere Wanderung beginnt zunächst an einem eher untypisch jungen Ort, der modernen ❶ **Kirche St. Antonius Eremit und St. Vitus** in Oberweißenbrunn. Trotz ihrer Jugendlichkeit steht die in den 1960er-Jahren erbaute Kirche bereits unter Denkmalschutz. Ihre Grundfeste besteht aus fränkischem Bruchsandstein. Um die Ecke im Mühlengrund gibt es einen kleinen ❷ **Bio-Bauernladen** mit frischen Waren von der Alm am Himmeldunkberg. Wer möchte, kann sich hier ein wenig köstliche Wegzehrung einpacken.

Wir steigen den Kirchhofsweg hinauf und lassen das Oberweißenbrunner Dorfidyll hinter uns, indem wir die Einladung zur Unterquerung der Staatsstraße annehmen. Unsere Wanderung führt uns zunächst am **Westhang des Arnsberges** entlang. Es lohnt sich, in den blau strahlenden Morgenhimmel zu schauen, denn neben den stetig aufkreischenden Rotmilanen, die tollkühn in den windigen Lüften ihre Kreise ziehen, erfreuen sich auch Modellflieger an der guten Thermik des Berges. An einem schattigen Wanderparkplatz halten wir uns von nun an nach oben, nehmen die nächsten drei Haarnadelkurven und verlassen das kleine Waldstück zugunsten einer offenen

Kilometer: 14,3

Höhenmeter: 530

Stunden: 4,5

RUNDWEG

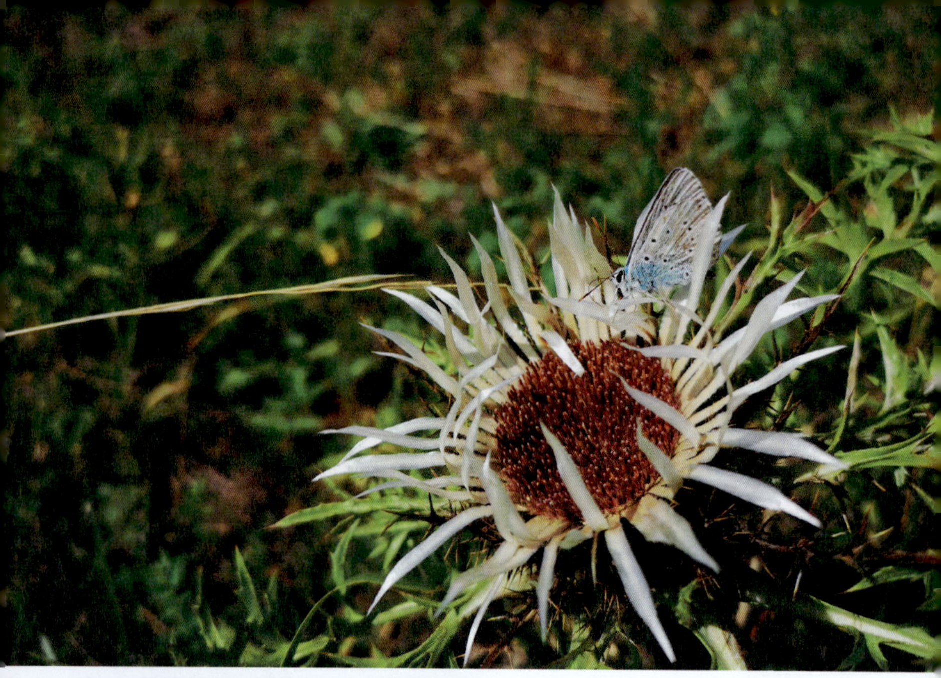

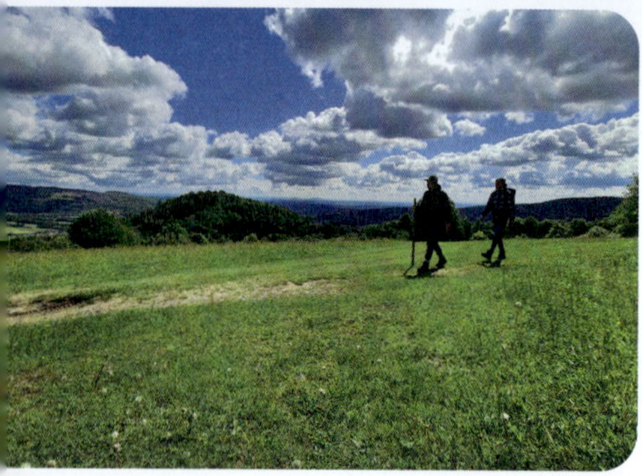

Bergwiese. Wie ausgetrocknet der Hang plötzlich vor uns liegt. Die Sonne erwärmt den Boden und der würzige Duft von Wiesensalbei weht uns um die Nase. Mit einer befreiten Lebenslust erwandern wir uns die hohe Offenfläche über einen schmalen, staubigen Pfad. Vom Gipfel aus können wir über den Himmeldunkberg und die Hohe Hölle bis zum zweithöchsten Berg der Rhön, der Dammersfeldkuppe, blicken. Den Nordhang des Arnsberges zieren spärliche und linienförmige Hecken, zwischen denen Skifahrende im Winter ihr Glück zur Talstation Oberweißenbrunn suchen. Am **Gipfelkreuz des Arnsberges** angekommen, bieten sich uns ein schöner Blick und eine herrliche Rastmöglichkeit. Gut, dass wir uns ein wenig Wegeproviant eingepackt haben. Hinter dem Gipfel erwartet uns ein kleiner Nebengipfel, von dem aus wir einen weiteren großartigen Blick in Richtung des Kreuzberges samt der im Hang versetzten Klosteranlage bekommen. Bis nach Bischofsheim in der Rhön steht nun ein schöner, wenn auch langer Abstieg an, der seinen Anfang schroff abschüssig zum **3 Honich-Brönn** nimmt. Am Brunnen befinden wir uns in einem Sattel zwischen Arnsberg und Kreuzberg und gehen über die offene Wiese Richtung Westen. Auch hier erkennen wir den kalkigen Grund des Bodens und werden schon bald von Silberdisteln, der Charakterpflanze der Rhön, begrüßt. Eine kleine Biegung weiter wandern wir frohen Mutes einem kräftigen Blöken entgegen. Mit etwas Glück haben wir eine spannende Begegnung mit einem Schäfer, seinem treuen Hund und den vielen schwarzköpfigen Rhönschafen, die sich mit viel Lust um die Pflege der Wiesen kümmern.

Für die Seele
Eine Genusstour für die Seele wie auch für den Magen!

Kurz nachdem wir einen kleinen Laubhain verlassen haben, heißt es achtsam sein, denn ein schmaler Trampelpfad führt uns an der niedrigen Böschung entlang. Statt geradeaus zu gehen, kommen wir bald an einem Schäferwagen vorbei, laufen in eine grüne Kuhle,

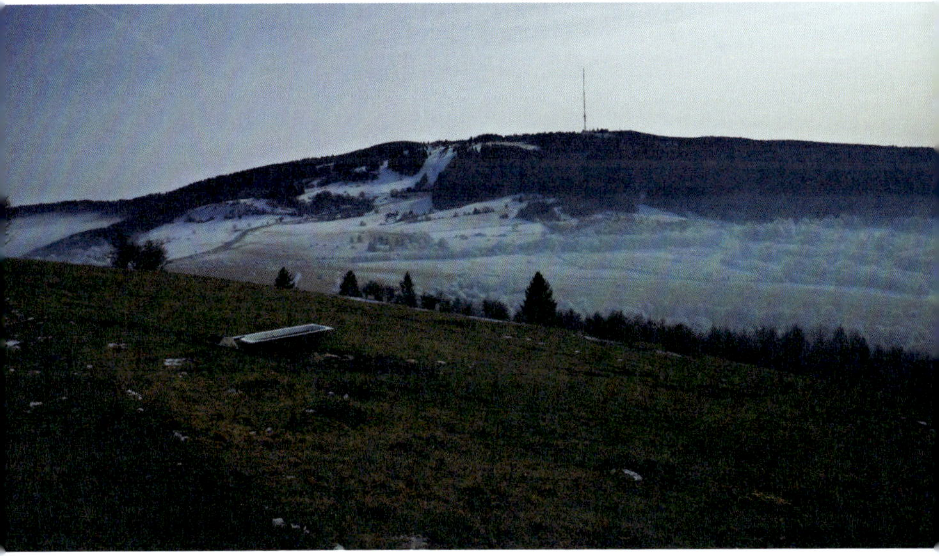

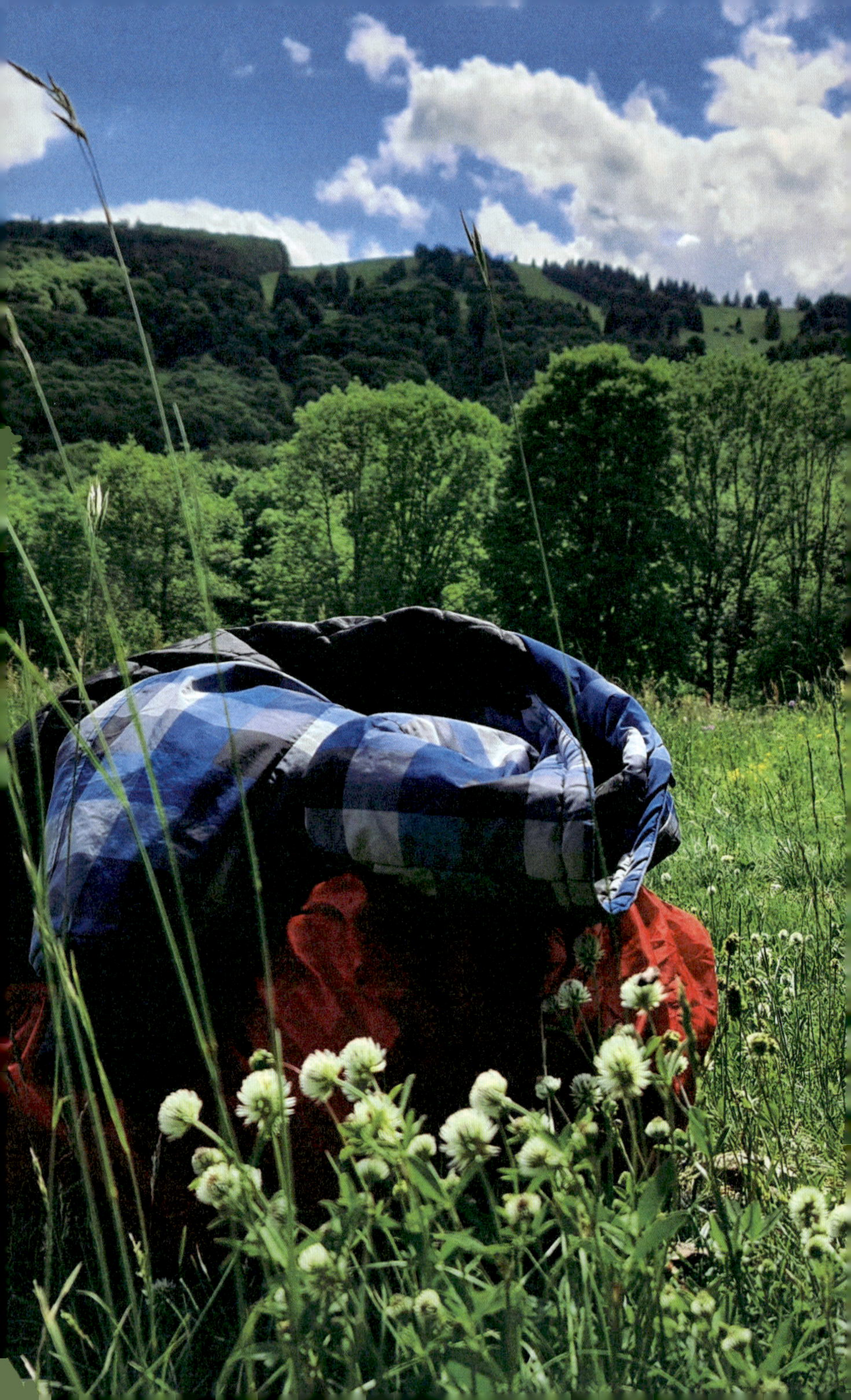

in der sich kühle Luft staut, und erkennen gegenüber einen Wanderparkplatz. Über eine ausgetretene Spur in der nebelfeuchten Wiese werden wir an einen Waldrand geführt und sehen hinter der Bank einen steil ansteigenden Pfad, auf dem wir hoch zu einer Ruine wandeln. Wer sieht zuerst die verstreuten Felsbrocken der alten ④ **Osterburg?** Nach einer letzten steil ansteigenden Kurve bricht sich das Licht auf den romanischen Balkonmauern des sagenumwobenen Gemäuers. Die vielen zerschlissenen Grundmauern und die zerborstenen Türme sind noch gut zu erkennen. An einer Fahnenstange schlägt ein lose flatterndes Stahlseil blechern im Wind, sonst ist es still auf dem einsamen Gipfel. An manchen Tagen hält sich der Hochnebel hier noch bis in die Mittagsstunden, ehe das Sonnenlicht diffus durch das milchige Transparent bricht. Der Sage nach spukt es in den alten Grundfesten – eine weibliche Erscheinung soll im Untergrund der Burg etwas von besonderem Wert bewachen. Gerüchten zufolge führen nämlich verschüttgegangene Tunnel durch den Basaltkegel in angrenzende Orte. Ein Schäfer, so die Sage, hatte einen dieser geheimen Gänge entdeckt, woraufhin ihm seine Schafe durchgingen. Ob sich jetzt gerade jemand hinter den vielen Mauern versteckt und uns beobachtet, während wir hier gemütlich nahe dem zerfallenen Turm rasten? Vor allem an Tagen, an denen sich feste Nebelschwaden an den Burgberg heften, hören die Menschen in den umliegenden Dörfern das Wimmern einer weiblichen Gestalt.

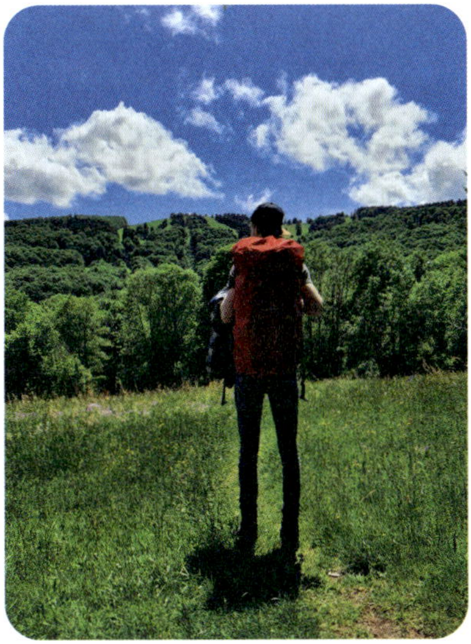

Wir trauen uns kaum, der Ruine den Rücken zu kehren, folgen aber dennoch dem kleinen Pfad direkt an der Böschung: ein wildromantischer, weil verwachsener Weg, der uns einen Blick auf die Kreuzberg-

Auf der Website burgruine-osterburg.de hat der Förderverein liebevoll die Geschichte der ***Osterburg*** *zusammengetragen. Auch eine anschauliche Rekonstruktion des einst mächtigen und eindrucksvollen Gemäuers ist dort zu finden.*

Bischofsheim in der Rhön hat mit der etablierten staatlichen ***Schule für Holzbildhauerei*** *die älteste Schule dieser Art in ganz Deutschland. Gegründet wurde sie im Jahr 1852. Holzbildhauerei spielt in der Rhön nach wie vor eine große Rolle.*

schanze, eine Skisprungschanze weit unten, freigibt und nach einer Biegung auf einen wegsameren Pfad mündet. Wie halten uns scharf rechts und wandern den Wald hinunter, bis uns die **Kreuzbergstraße** nun endlich zum Passieren einlädt. Gegenüber erfrischt uns die Wanderung mit einer hellen Weide, an der wir den Spuk der Burg vollends hinter uns lassen können und die erste Möglichkeit, nach links zu gehen, beanspruchen, bis wir erneut die Kreuzbergstraße queren dürfen. Schon begrüßt uns die kleine Stadt **Bischofsheim in der Rhön** mit ihren ersten Gebäuden. Wir verlassen den Zentweg über den Schulhof der Kreuzberg-Mittelschule und gehen direkt rechts den Fußgängerweg unterhalb der Schule für Holzbildhauerei hinab.

Wir wählen den Fußweg links, kreuzen das Gelände der Hauswirtschaftsschule und queren die Kreuzbergstraße erneut, denn gegenüber lockt eine Brücke über die Brend, endlich in den historischen Kern einzukehren. Über die Spitalgasse gelangen wir zum **5 Marktplatz** des Städtchens. Alte Fachwerkhäuser, der

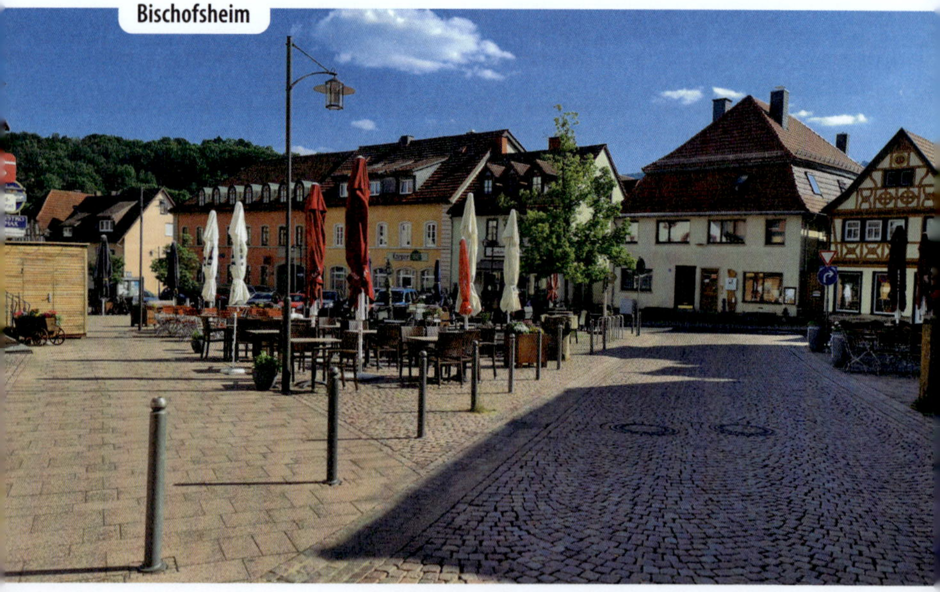

Bischofsheim

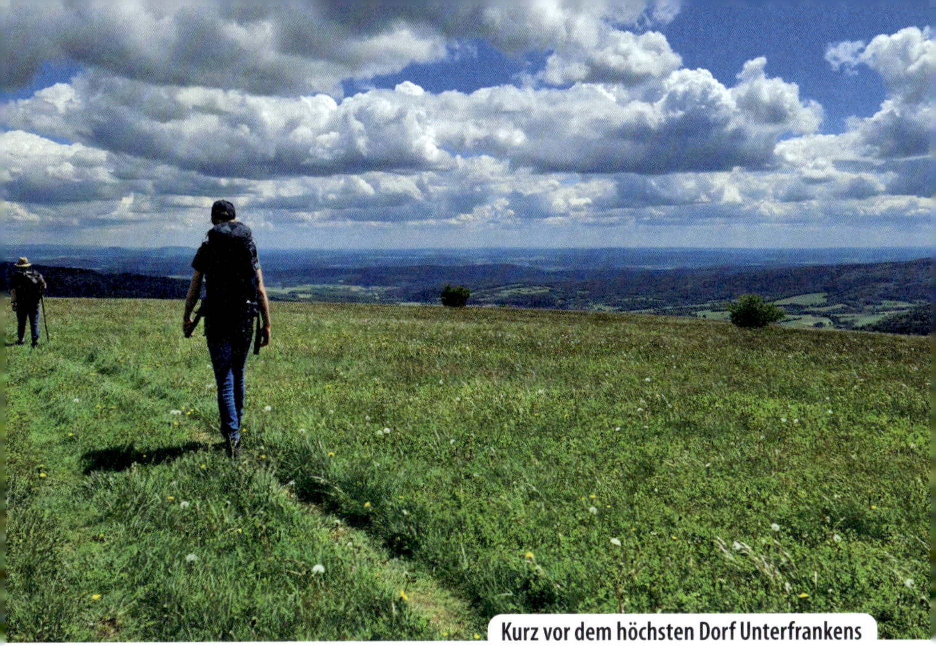

Kurz vor dem höchsten Dorf Unterfrankens

Stadtturm und etwas versteckter die St.-Georg-Kirche säumen den idyllischen Ort, in dessen Hintergrund sich das bewaldete Bergpanorama fügt. Cafés, Gaststuben und kleine Lädchen beleben den Platz und sorgen für eine behagliche Verweilatmosphäre, in die wir gerne ein wenig eintauchen möchten. Hoffentlich ist der Hunger groß, denn im Städtchen werden wir an jeder Ecke gut bewirtet. Bischofsheim in der Rhön gehört nämlich zu den 100 Genussorten Bayerns. Kein Wunder: regionale Kulinarik in Wohlfühlstuben, wohin das Auge blickt! Wie wäre es mit einer Einkehr in einer der vielen zünftigen Wirthausstuben, wie der **6 Brennerei Dickas,** der **7 Braunsmühle,** der **8 Brotzeitstube** oder der **9 Rhönblume?** Kulinarische Besonderheiten sind sicherlich die traditionellen Kümmelschnäpse, das gute Kümmelbrot oder andere Leckereien, die durch den würzigen Geschmack der Bergwiesenpflanze bereichert werden.

Über die Josefstraße verlassen wir den historischen Kern. An der Rhönstraße reizt es uns, unsere Füße im bergbachgespeisten **10 Kneipptretbecken** zu erfrischen. Erst dann laufen wir am Friedhof vorbei, den Pfarrgrund hinauf, der in den Frankenheimer Weg mündet,

Aufgrund seiner Lage an der Hochrhön trug ***Bischofsheim*** *lange den Beinamen „an der Rhön". Verwirrend gerade für Reisende! Da die Stadt tief im Mittelgebirge liegt, wurde sie folgerichtig zu Bischofsheim „in der Rhön" umbenannt.*

und verlassen das Städtchen vollends. Zwischen Weideflächen wandern wir wieder hinauf nach Oberweißenbrunn, Unterfrankens höchstem Ort. Nach einem kleinen Schlenker ergibt sich an einer kleinen Quelle ein letzter schöner Ausblick auf Frankenheim und die dahinterliegenden Berge. Ein wenig weiter taucht der Wanderweg noch einmal in einen schönen Mischwald ab und wir kommen oberhalb der Talstation Oberweißenbrunn wieder aus dem Wald heraus. Hinter der Station unterqueren wir ein letztes Mal die Staatsstraße, wandern einen engen Wiesenweg nahe der Brend entlang und marschieren durch den Innenhof der 11 **Gasthof-Pension Mühlengrund.** Das Flüsschen führt uns sicher zurück zu unserem Ausgangspunkt an der Kirche.

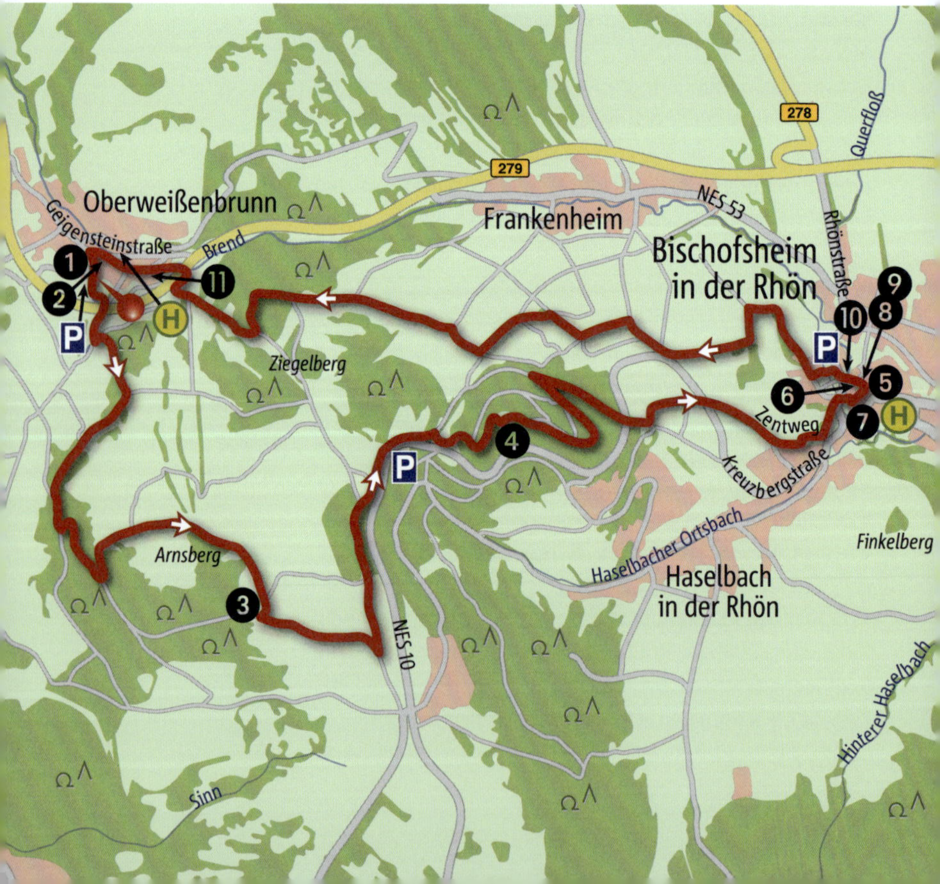

ALLES AUF EINEN BLICK

Entspannung
Abenteuer
Vielfalt

WIE & WANN

Abgesehen von dem Areal rund um die Osterburg sind die Wege gut ausgebaut und komfortabel zu erwandern. Überwiegend geht es über Feld- und Wiesenwege. Besonders schön ist die Tour im Spätsommer und frühen Herbst.

HIN & WEG

Auto: Parkplatz Kirchhofsweg, 97653 Oberweißenbrunn; Wanderparkplatz Osterburg, Kreuzbergstraße, 97653 Bischofsheim in der Rhön; Parkplatz Rhönstraße, 97653 Bischofsheim in der Rhön
ÖPNV: Haltestelle Oberweißenbrunn oder Bischofsheim in der Rhön

ESSEN & ENTSPANNEN

2 **Bio-Rhönbauer,** Mühlengrund 45, 97653 Oberweißenbrunn, Tel. (0 97 72) 4 11, bio-rhoenbauer.de
6 **Brennerei Gasthaus Dickas,** Josefstraße 9, 97653 Bischofsheim in der Rhön, Tel. (0 97 72) 4 56, rhoener-schaubrennerei.de
7 **Restaurant Braunsmühle,** Färberzwinger 4, 97653 Bischofsheim in der Rhön, Tel. (0 97 72) 9 32 66 48, braunsmuehle-mirring.de
8 **Brotzeitstube,** Marktplatz 24, 97653 Bischofsheim in der Rhön, Tel. (0 97 72) 93 24 63, brotzeitstube.net
9 **Landgasthaus Rhönblume,** Marktplatz 18, 97653 Bischofsheim in der Rhön, Tel. (0 97 72) 9 32 29 30, rhoenblume-bischofsheim.de
11 **Gasthof-Pension Mühlengrund,** Mühlengrund 3, 97653 Oberweißenbrunn, Tel. (0 97 72) 4 45, zum-muehlengrund.de

ENTDECKEN & ERLEBEN

1 **Kirche St. Antonius Eremit und St. Vitus** 3 **Honich-Brönn**
4 **Ruine Osterburg** 5 **Marktplatz Bischofsheim** 10 **Kneipptretbecken**

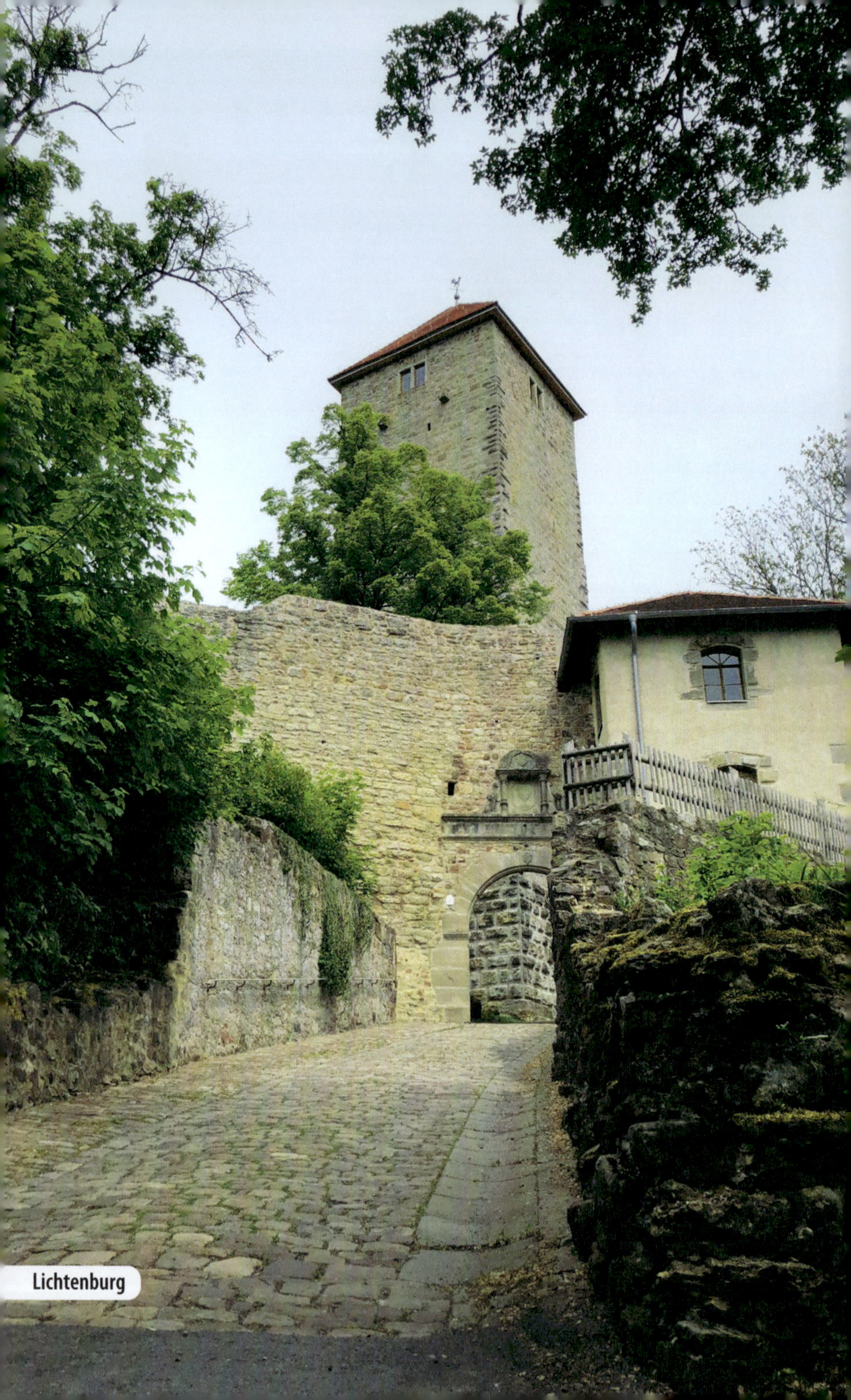
Lichtenburg

Hinterlandverstecke

Extratour Ostheimer

Eine kurze Wanderung, die vielerlei Sinne anregt. So starten wir in der Marktstraße des aus der Zeit gefallenen Ostheims und laufen den Weg Im Schlösschen aufwärts. An dem Fachwerkhaus der Feuerwehr biegen wir auf die alte Kirchstraße. Und schon taucht vor uns ein eindrucksvolles Portal auf, das uns zurück ins Mittelalter führt, denn im geschützten Innenhof liegt eine der größten ❶ **Kirchenburgen** Deutschlands.

__Kirchenburgen__ sind befestigte Kirchen, die früher den Bewohnerinnen und Bewohnern der Orte in unsicheren Zeiten Schutz boten. Die Kirchenburg in Ostheim hat sage und schreibe 62 Gewölbekeller und 72 Wohnnischen.

Bevor wir den Hof betreten, lohnt sich zunächst aber ein Blick um die Ecke, denn an den prächtigen Wehrtürmen und der doppelten Bastion erhalten wir ein schönes Fotomotiv der historischen Anlage. Haben wir das Portal in die Vergangenheit unterlaufen, finden wir uns auf einem baumbeschatteten Platz wieder. Durchkämmen wir doch erst einmal die zahllosen Gänge und verwinkelten Gassen des Hofes. Immer wieder entdecken wir neue Kämmerchen, Kellerluken, immer neue Winkelgassen und Verirrungen, die unsere Fantasie anregen, wie es wäre, als Kind Fangen oder gar Verstecken zu spielen. Den Gang in die Kirche heben wir uns auf, bis wir das Gelände ausgiebig erkundet haben, denn der rosarote Renaissance-Innenraum ist schon ein außergewöhnliches Schmankerl.

Kilometer: 8,3
Höhenmeter: 270
Stunden: 3
RUNDWEG

Im Anschluss flanieren wir durch den nördlichen Ausgang an einer gepflegten Grünanlage vorbei, die Straße Kleiner Burgweg hinauf, zweigen an der Wartburgstraße links und direkt wieder rechts in die Burgstraße ab. Das ❷ **historische Wasserwerk** ist von Weitem aufgrund seiner Türme und Zinnen

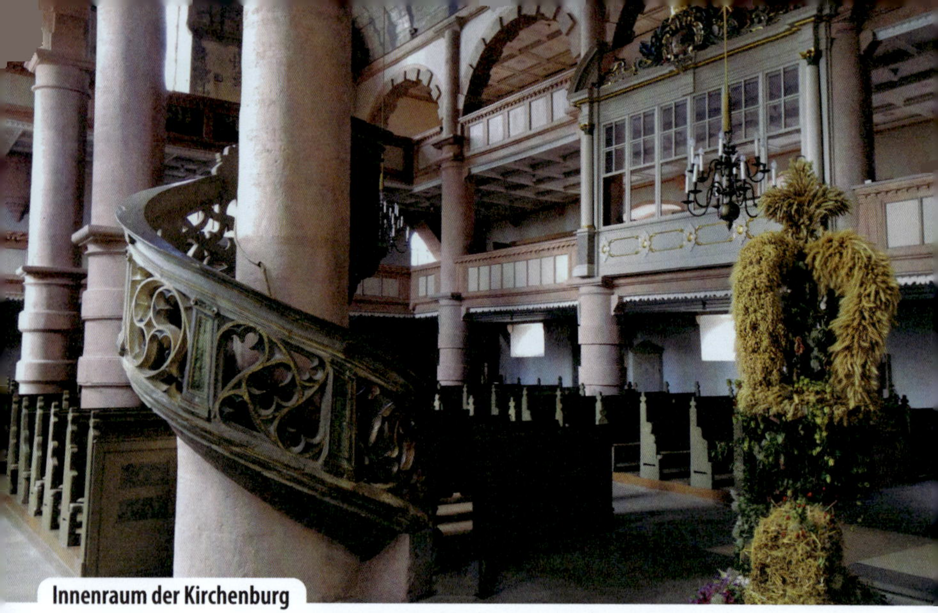

Innenraum der Kirchenburg

eher als Miniaturburg zu vermuten. Wegen seiner kunstvollen Gestaltung steht es bereits unter Denkmalschutz. Wie viel Mühe sich die Menschen damals allein bei der Verzierung eines zweckhaften Wasserwerkes gemacht haben … Uns erfreut es jedenfalls heute noch. An der Stelle des Wasserwerkes beginnt auch die Markierung der Extratour Ostheimer – mit einem roten O auf weißem Grund. Nachdem wir die Zufahrtsstraße zu unserem nächsten Höhepunkt passiert haben, wandelt sich unser Untergrund zu einem schönen erdigen Waldboden, der sich fest in den Hang schmiegt. Hier im Hangwald bricht das helle, wärmende Licht durch das Astwerk, die zarte Stimme eines Rotkehlchens tönt aus dem Dickicht und das sachte Rauschen des Windes hoch oben in den Blättern verbindet sich zu einer Entspannungsmusik für die Seele. Die kleine Auszeit tat gut, denn schon gelangen wir an eine Abzweigung mit einem Picknickplatz. Unser Weg führt an dieser Stelle zwar nach links, aber die von Weitem sichtbare **3 Ruine Lichtenburg** lassen wir uns nicht entgehen: eine echte Landmarke und gern auf Landschaftsmalereien im Hintergrund des Städtchens Ostheim porträtiert.

Der Burginnenhof hat Charme und genau den nutzen die Gastronomen der **4 Gaststätte zur Lichtenburg,**

Bereits Mitte des 19. Jahrhunderts fand sich eine ehrenamtliche Interessengemeinschaft, die sich das Ziel setzte, die ***Ruine Lichtenburg*** *verantwortungsvoll zu restaurieren.*

die uns an dem sonnenreflektierenden, weinrebenbehangenen Sandsteingemäuer saisonale Gemütlichkeitsküche bietet. Auch an verregneten Tagen kommt in dem authentisch holzvertäfelten Rittersaal das Gefühl hoher Gastlichkeit auf. Die kraftvolle Burg gleicht einer märchenhaften Bilderbuchruine. Den Aufenthalt genießen wir umso mehr, haben wir doch die Chance, vom hohen Aussichtsturm aus ins weite Land zu blicken. Ein wunderbarer Blick über die fränkische Rhön, das Henneberger Land und auch ins Grabfeld.

Für die Seele
Wir flanieren zwischen sanften Streuobstwiesen und mittelalterlichem Ambiente.

Haben wir uns an der Ruine sattgesehen – falls das überhaupt möglich ist –, wandern wir gemütlich zurück zu dem Abzweig mit dem Picknickplatz und halten uns dort rechts. Den Hang hinab gelangen wir in eine sonnengeküsste Senke, in der wir an einigen knorrigen Obstbäumen vorbeikommen. An einem **Rastplatz** säuselt sachte etwas Wasser in ein kleines

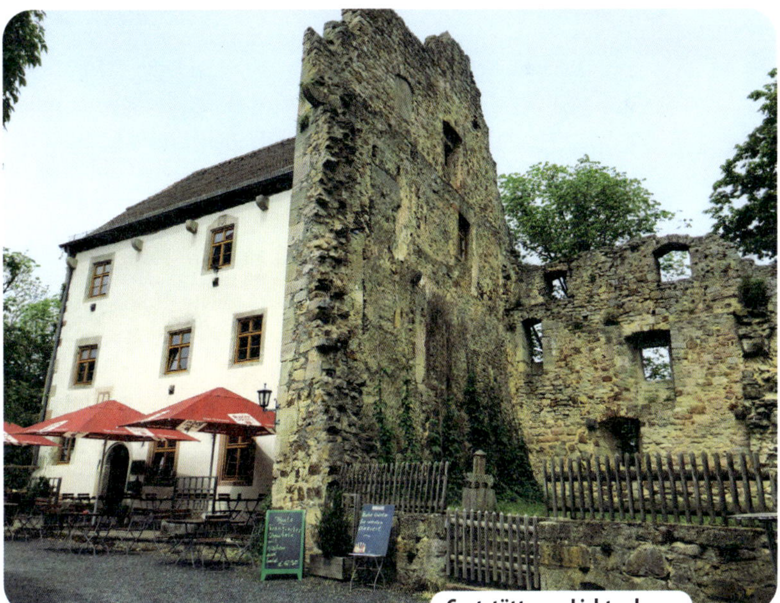

Gaststätte zur Lichtenburg

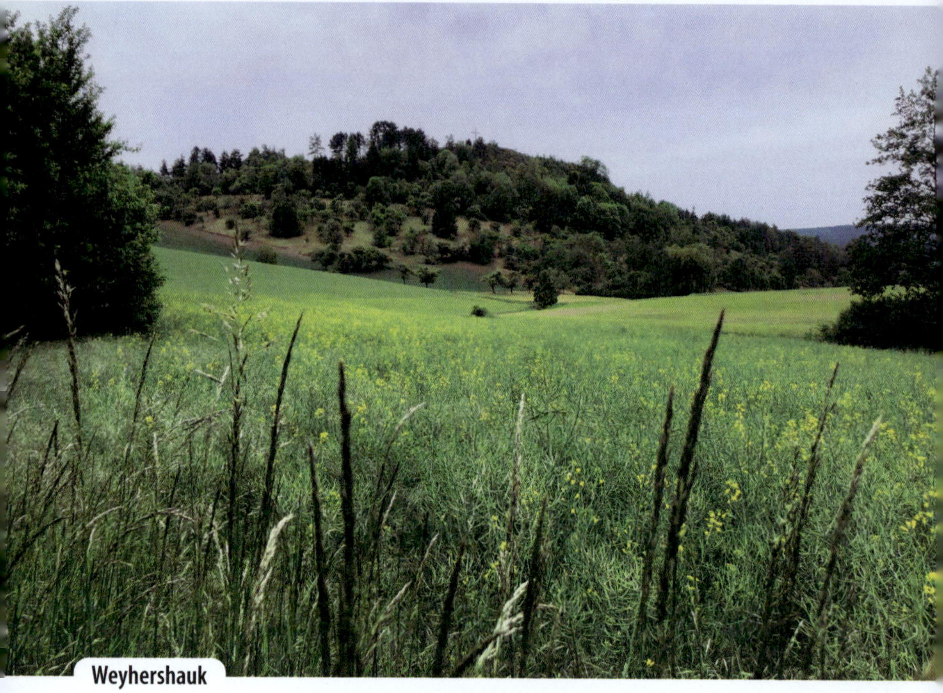

Weyhershauk

Becken. Solche Wiesen sind nahezu zu jeder Jahreszeit prachtvolle Ruheorte. Im Frühsommer locken sie mit zartrosa und weißen Blüten, im Spätsommer mit frischem Obst und immer sind sie eine Stätte voller Leben. Nicht nur aufgrund der vielen Kräuter, die im Wechselspiel von Licht und Schatten gedeihen können, bieten der üppige Strukturreichtum der Wiesen und die zahlreichen Höhlen der alten Bäume Raum für viele auch seltene Tier- und Insektenarten.

Höhenfeeling im absoluten Miniaturformat schenkt uns die Wanderung über den ❺ **Weyhershauk** mit seinem abrupt steilen Aufstieg und einem Landschaftswechsel, der uns urplötzlich trocken-kalkigen Boden unter unseren Wanderstiefeln zerknirschen lässt. Mit viel Glück treffen wir hier die strahlende Silberdistel und einige anmutige Bläulinge an, die zart über den kargen Boden flattern. Nehmen wir den Ort an, setzen uns auf den Untergrund und spüren ein wenig in unsere Umgebung hinein. An dem staubigen Ort beobachten wir eilige kleine Ameisen, ein leuchtstarker Prachtkäfer schwirrt lautstark an unserem Ohr vorbei, während eine Amsel durch das trockene Gestrüpp huscht. Ein Platz zum Ankommen in der Natur!

Vorsichtig steigen wir den schroffen Abweg hinunter und schlendern weiter. Unser nächster Halt gebührt einem 400 Jahre alten Naturdenkmal – der sogenannten **6 Doppelten Eiche.** Eigentlich ein Solitärgehölz, wirkt die Stileiche wie aus zwei zusammengewachsenen Bäumen. Ein ganz schöner Koloss mit seinen knapp 6,5 Meter Stammumfang. Lockeren Schrittes

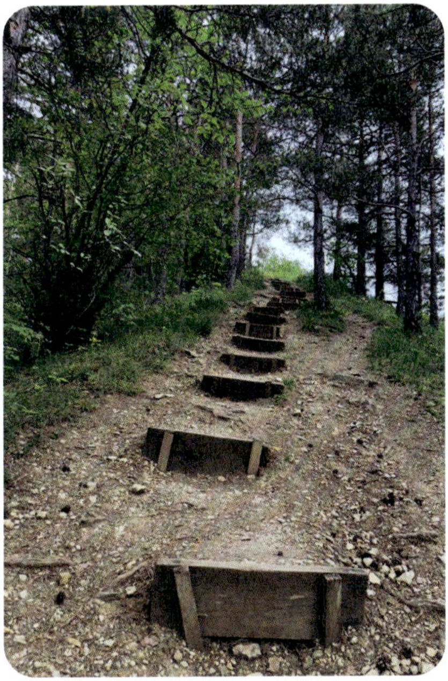

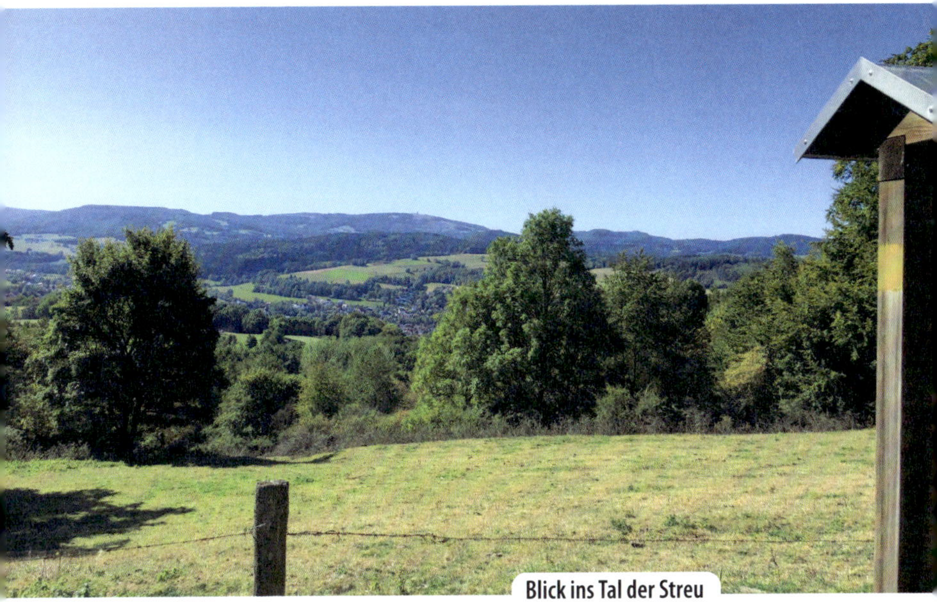

Blick ins Tal der Streu

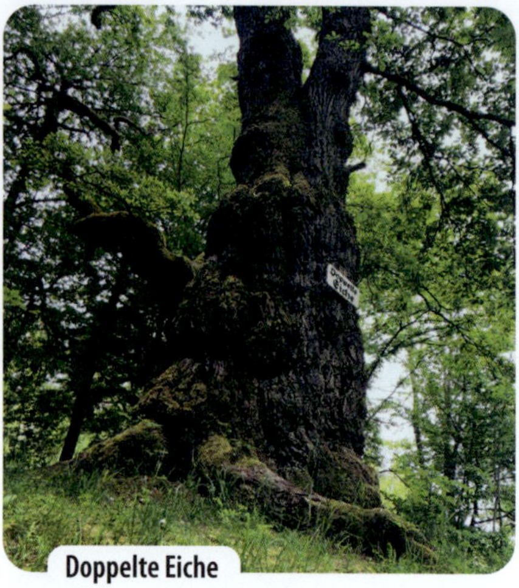
Doppelte Eiche

durchkämmen wir das anschließende Kiefernwäldchen und holen tief Luft, um ein wenig des würzig-harzigen Duftes zu erhaschen.

Auf dem anschließenden Höhenweg erhalten wir eine großartige Sicht auf die Hohe Rhön und auch auf das unter uns gelegene Tal der Streu. Noch ein Linksabzweig und wir befinden uns auf dem Rückweg zum historischen Wasserwerk, von dem aus wir wieder ganz bequem durch Ostheim zu unserem Ausgangspunkt zurückwandern können.

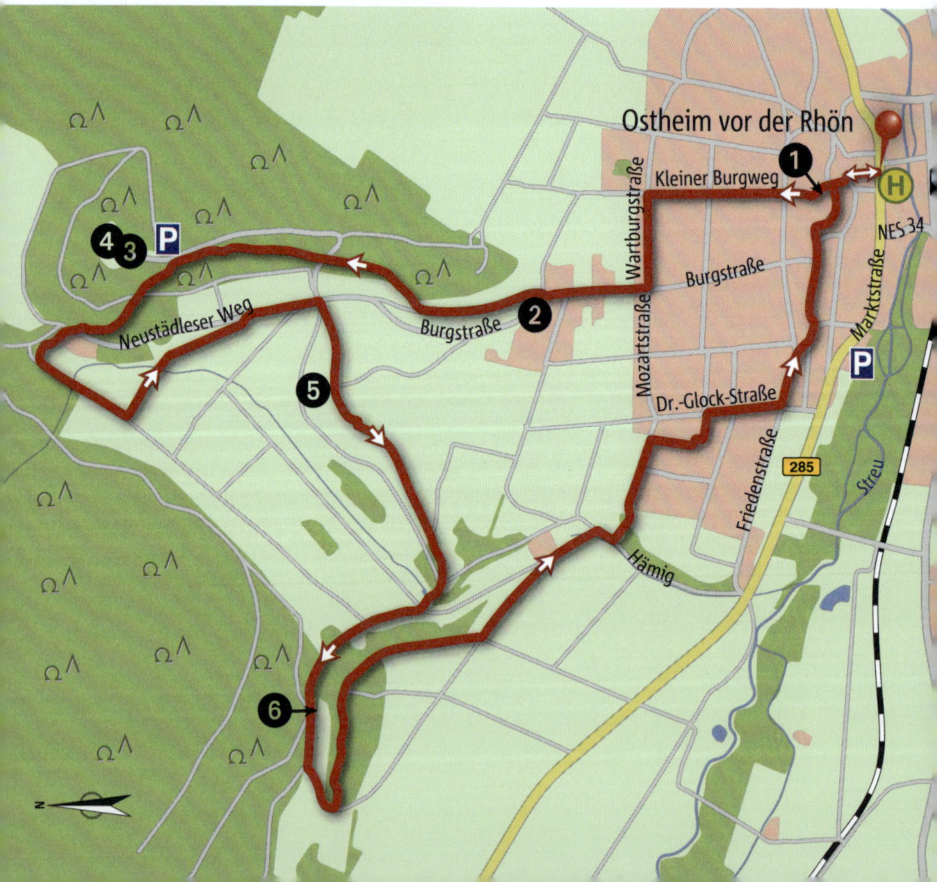

ALLES AUF EINEN BLICK

Entspannung 5/5
Abenteuer 2/5
Vielfalt 4/5

WIE & WANN

Nachdem wir Ostheim verlassen haben, wandern wir nur noch über losen, aber angenehm zu gehenden Untergrund. Aufgrund der doch eher kurzen Wegstrecke und ihres Abwechslungsreichtums ist die im Frühling und Frühsommer zu empfehlende Tour besonders für Familien geeignet. Wer die Kinder auf Trab halten möchte, wandert den Weg umgekehrt, damit die Burg als Highlight erst am Ende kommt.

HIN & WEG

Auto: Parkplatz Nordheimer Straße Ecke Moritzmühle, 97654 Ostheim vor der Rhön; Parkplatz an der Lichtenburg, Burgstraße, 97654 Ostheim vor der Rhön
ÖPNV: Haltestelle Ostheim Rathaus; Bahnhof Ostheim (Historische Museumsbahn Rhön-Zügle)

ESSEN & ENTSPANNEN

4 **Gaststätte zur Lichtenburg,** an der Ruine Lichtenburg, 97645 Ostheim vor der Rhön, Tel. (0 97 77) 23 55, lichtenburg-ostheim.de

ENTDECKEN & ERLEBEN

1 **Kirchenburg**
2 **Historisches Wasserwerk**
3 **Ruine Lichtenburg**
5 **Weyhershauk**
6 **Doppelte Eiche**

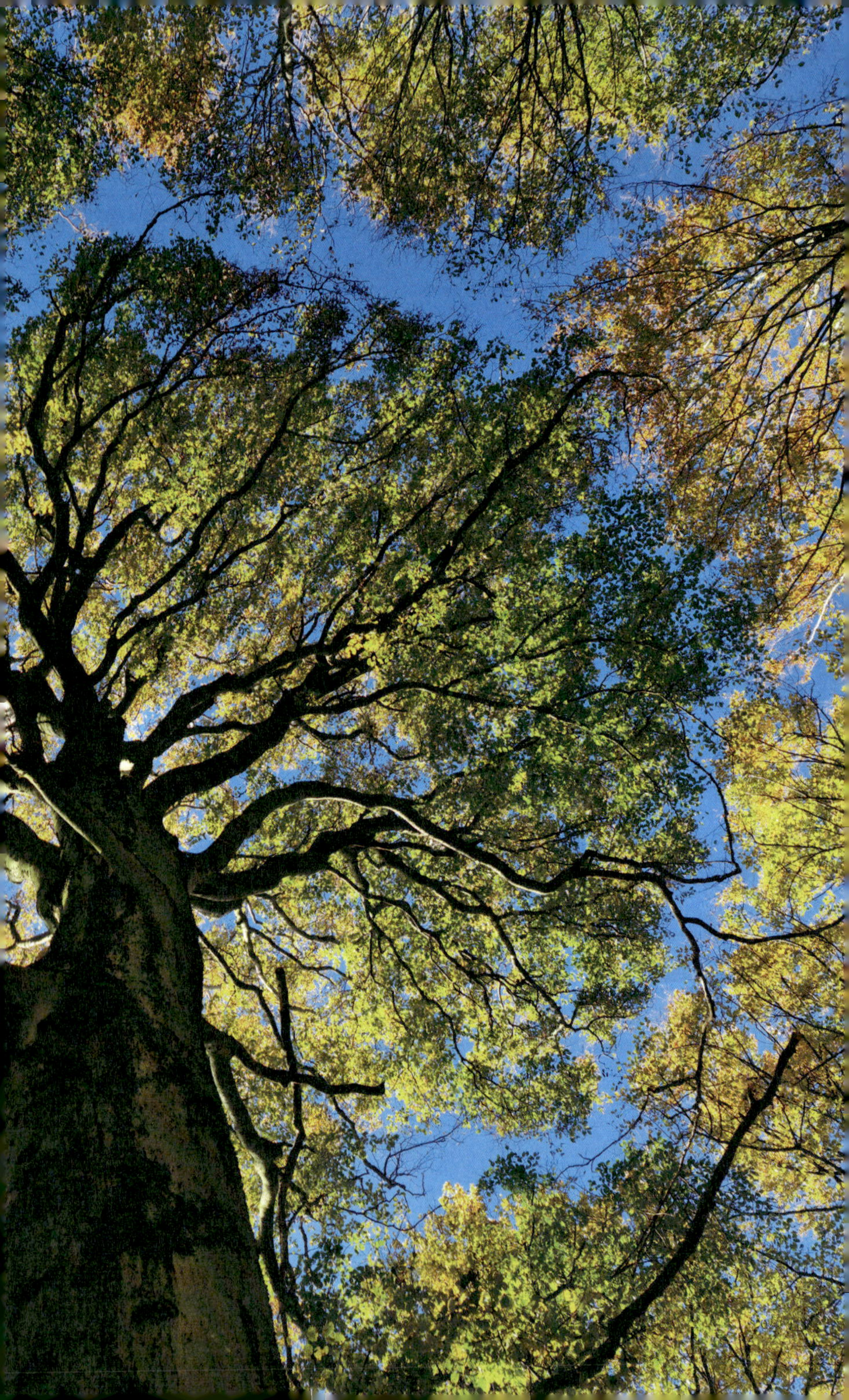

Waldbaden

Im Klosterwald von Bad Brückenau

Der heutige Tag ist wie ein meditativer Saunagang im Grünen: erst Waldbaden, dann ein frisch gebrühter Kaffee im Kurgarten, bevor wir erneut für einige Zeit zu einem Bad im Wald zurückkehren.

Wir starten unsere Wanderung am Parkplatz unterhalb des 1 **Klosters Volkersberg** mit der **Klosterschänke.** So haben wir die Möglichkeit, am Ende zünftig einzukehren. Der Weg führt uns zunächst über das Gelände der Klosteranlage zwischen den trockenen Mauern hindurch, den Südhang über einen blumenreichen Wiesenpfad hinab. Direkt zu Beginn ergibt sich schon ein toller Ausblick auf die benachbarten Berge. Das Örtchen **Volkers** lädt uns zum Durchqueren ein. Wir können uns zunächst an der Hauptstraße orientieren, ehe wir an einer kleinen Grünanlage mit Bushaltestelle in den **Neuländerweg** einbiegen. Die Weidewiese an dessen Ende führt uns vorbei an der Luitpoldhütte in den tiefen Buchenwald.

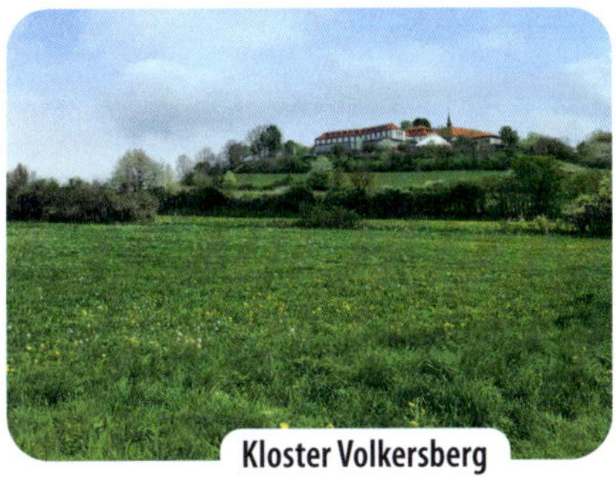

Kloster Volkersberg

Jeder Schritt über den belaubten Boden raschelt uns fein knisternd entgegen. Hier und da ragt kraftvoll der Farn aus dem humosen Boden empor und entrollt seine zungenförmigen Blätter. In der Ferne hören wir das Glockengeläut des Klosterturms und ein Trupp Spatzen jagt durchs Grün. Der erdige Pfad schlängelt sich ins 200 Höhenmeter tiefer gelegene Tal, wo das Flüsschen Sinn Kurgästen Entspannung bietet. Wir nehmen uns die Zeit,

Kilometer: 12,3

Höhenmeter: 394

Stunden: 3,5

RUNDWEG

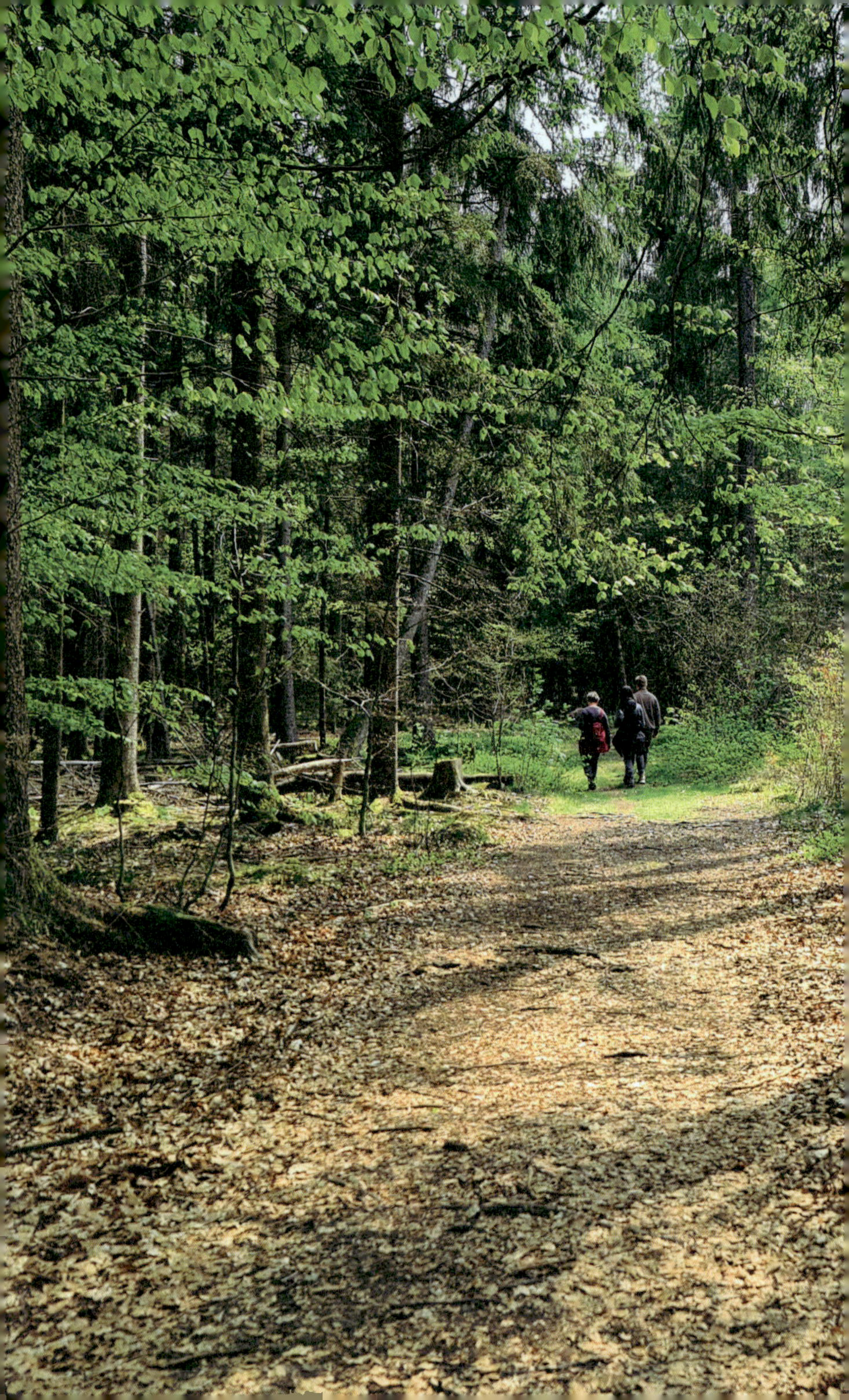

um den Wald mit allen Sinnen zu genießen. Die Buchen stehen dicht, doch die hellgrünen Blätter sorgen für das sachte Durchscheinen der Sonne. Hier und da naschen wir von den zahlreichen Heidelbeersträuchern, bis der Pfad noch schmaler wird. Der Kuckuck ruft widerhallend durch die aufrecht in die Höhe ragenden Buchenstämme. Mit jedem Schritt lassen wir uns mehr und mehr auf den Wald ein und erspähen schon bald einen breiten Weg, der unseren quert. Nichts bringt uns heute aus der Ruhe, wir passieren diesen gelassen und tauchen bei nächster Gelegenheit wieder in einen schmalen Pfad ab.

Für die Seele

Wir genießen das Bad im Wald und verwöhnen uns im barocken Kurpark und in der Klosterschenke.

Wer sieht zuerst den ❷ **Crailsheim-Platz,** eine steinerne Gedenkstätte am unteren Rand des Waldes? Von hier aus bekommen wir immer mehr Blicke auf das im Tal gelegene Bad Brückenau, eine Stadt, die ursprünglich aus einer Furt entstanden ist und lange Zeit zum fuldischen Hochstift gehörte. Wir wandern den Höhenweg am oberen Stadtrand entlang. Hier und da lädt eine Bank ein, kurz zu verweilen und den Blick auf den Kurort zu genießen. Immer öfter wird uns die Sicht ins Sinntal ermöglicht. Kurz daraufhin macht der Weg einen Bogen und führt teils über Treppenstufen hinunter zum Flussbett. Eine Brücke erleichtert uns den Übergang über die **Sinn.** Anschließend halten wir uns rechts und wandern unterhalb der Staatsstraße entlang. Der Weg schmiegt sich angenehm in den Hang und erinnert stellenweise, aufgrund seiner mäuerlichen Fassung, an seine historische Funktion als wichtiger Verkehrsweg. Vor dem prachtvollen ❸ **Ristorante Castello Belvedere** gehen wir den Weg hinunter. Hinter dem Ristorante befindet sich außerdem das gut geführte ❹ **Rhönstübchen.**

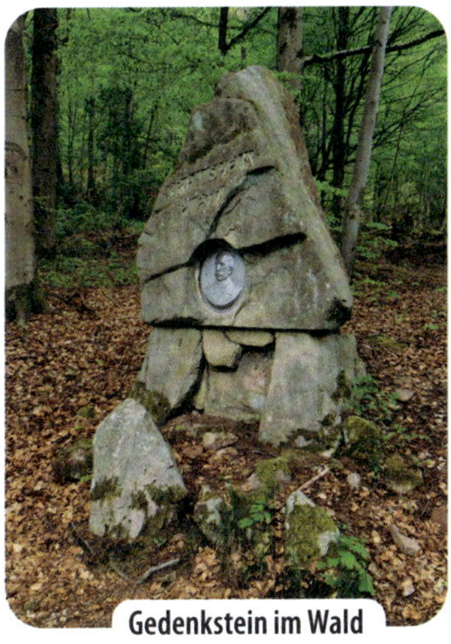

Gedenkstein im Wald

*Die Terrasse des **Ristorante Castello Belvedere** liegt perfekt in der zentralen Sichtachse des Kurparkes. Von hier oben haben wir einen tollen Blick auf die unten flanierenden Menschen.*

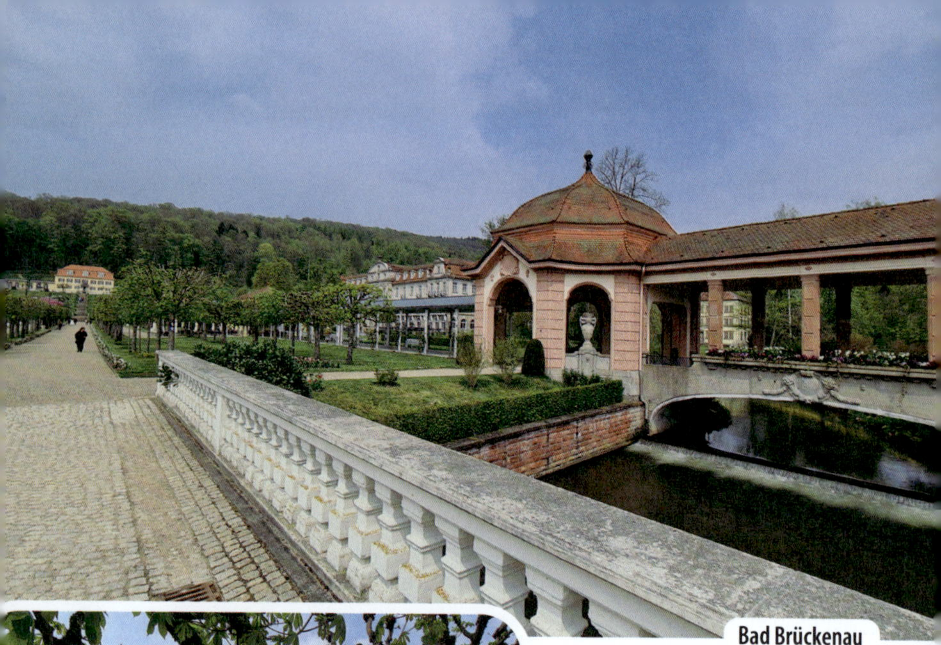

Bad Brückenau

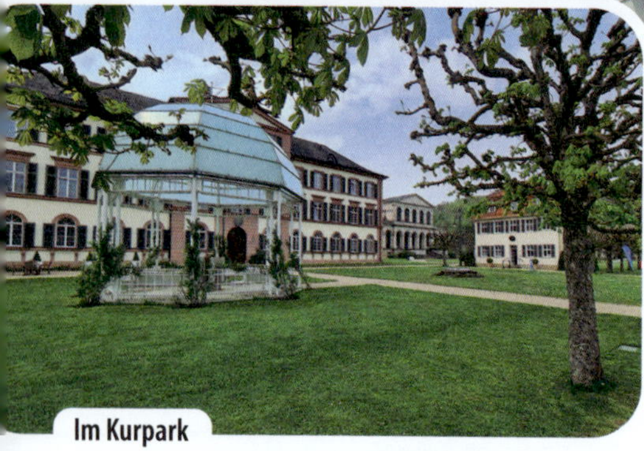

Im Kurpark

Am ❺ **Kurpark** stehen uns viele Möglichkeiten offen, ein wenig mehr zu entschleunigen und den Genuss unserer Wanderung zu erhöhen. Rechts von uns bietet ein idyllisches Kneipp-Becken ein wenig Abkühlung. Die Restaurants des ❻ **Badhotels** und des ❼ **Dorint Hotels** oder die ❽ **Caffetteria La Dolce Vita** laden zur Einkehr. Etwas versteckt hinter dem lang gestreckten Pavillon auf der rechten Seite befinden sich ❾ **Liegestühle unmittelbar am Fluss** auf einem kleinen abgelegenen Plateau. Eine schöne Gelegenheit, mit einem frisch gebrühten Kaffee ein wenig abseits des Trubels zu entspannen, und ein echter Geheimtipp. Wer möchte, schlürft seinen Kaffee, während die Füße im bergbachkalten Wasser baumeln.

Haben wir eine Kurkarte, können wir hier einen Schluck des prickelnden Wassers der ❿ **Heilquellen** für unsere innere Balance nehmen, flanieren dann die Allee entlang und wenden uns kurz vor ihrem Ende nach links, um den Parkplatz zu passieren. Gegenüber nehmen wir die Treppenstufen hinauf. Nicht unentdeckt bleibt sicher die kolossale ⑪ **König-Ludwig-Eiche** zu unserer Linken, die zu den national bedeutsamsten Bäumen zählt. Schätzungsweise ist sie bis zu 700 Jahre alt. Dieser Baum hat schon viel erlebt, sonnige Tage und stürmische Zeiten. Nun trägt er eine raue und zerklüftete Rinde, ausladende Äste, deren Laub im Wind schwingt und einer Handvoll Krähen Schutz bietet. Der angrenzende kleine **Tierpark** ist meist geöffnet, auch wenn er eigentlich nur für Kurgäste gedacht ist.

__Bad Brückenau__ war Sommerresidenz des bayerischen Königs Ludwig I., der das Staatsbad mit prachtvollen Gebäuden ausbauen ließ.

Wir queren die Straße und steigen in den Wald ein, der neben Buchen auch immer mehr Nadelgehölz vorzuweisen hat. Nun haben wir wieder Zeit für ein zweites Bad im Wald und richten unseren Fokus auf das Vorhandene. Der Weg wird etwas steiler und wir verschwinden ganz im Grün. Ein Baumläufer umrundet galant einen massiven Stamm und windet sich leichtfüßig nach oben. Mit seinem spitzen Schnabel scharrt er unter der abblätternden Baumrinde nach nahrhaftem Futter. Ein wenig weiter ragt im Schatten der Blät-

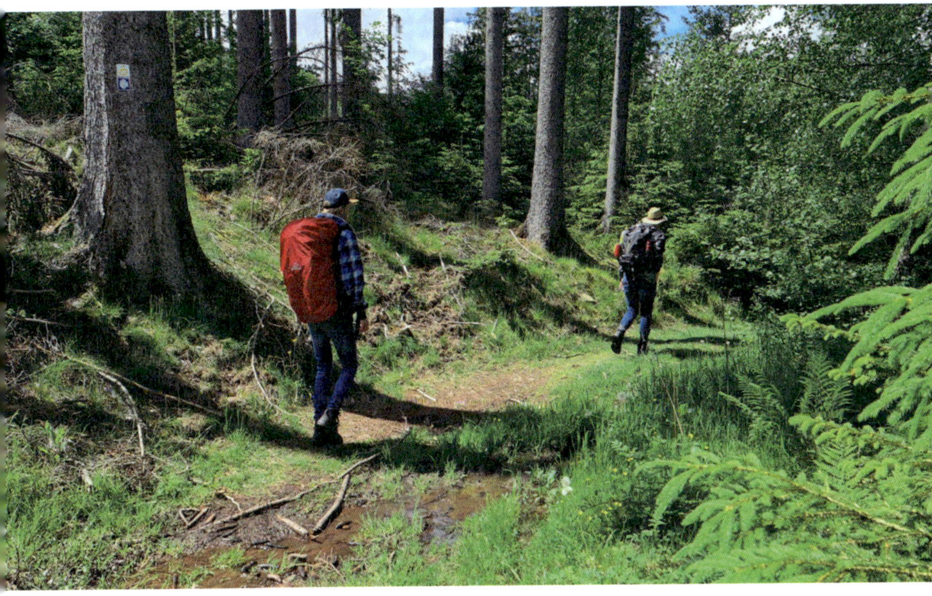

ter ein modriger Baumstumpf empor, auf dem sich das Leben kräuselt. Zahllose Ameisen haben ihn eingenommen und hier und dort sticht eine rote Feuerwanze aus dem Dunkel heraus. Wir gelangen an einen dunkleren, erdigen Gang, an den sich dichte Fichten drängen. Der würzige Duft von harzbedeckten Nadeln steigt uns in die Nase und verstärkt das Gefühl von Wellness. Haben wir einen kleinen, trüben Tümpel erreicht, sind wir wieder kurz vor dem Stichweg, der uns durch das Örtchen Volkers über eine Wiese hoch zum Volkersberg führt. In der ehemals franziskanischen **Klosterschänke** endet unsere heutige Etappe. Neben einer köstlichen Brotzeit erwarten uns hier ehrliche Gerichte aus regionalen Zutaten. Dann zum Wohl!

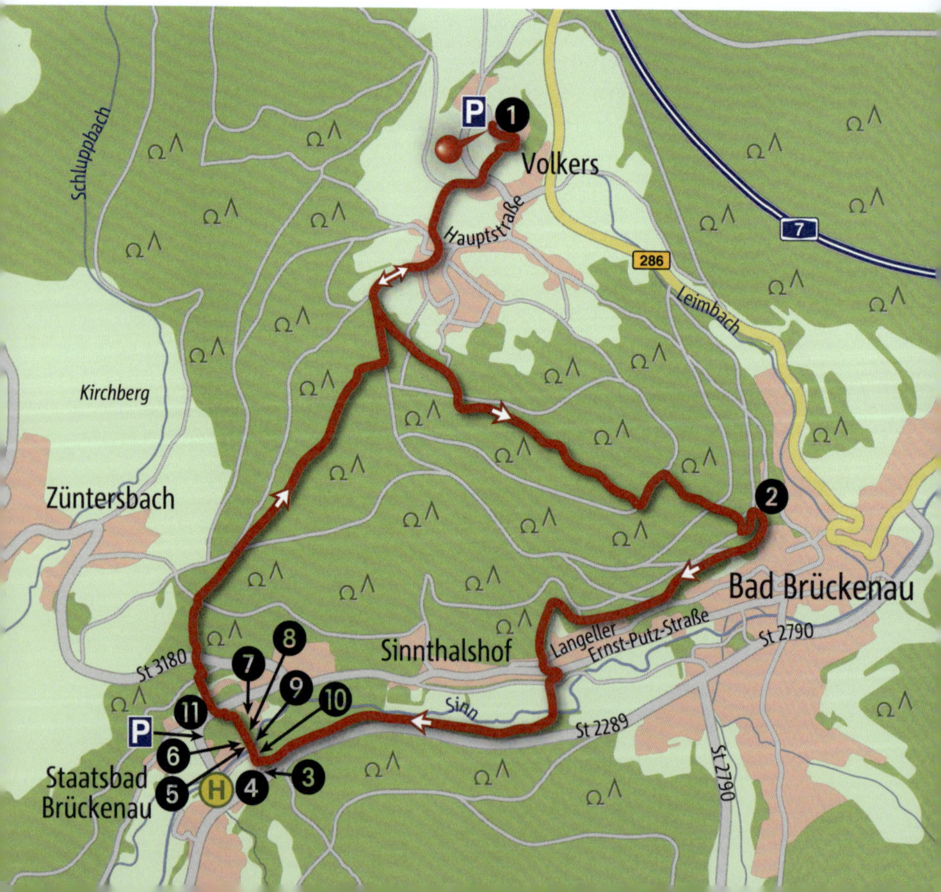

ALLES AUF EINEN BLICK

Entspannung

Abenteuer

Vielfalt

WIE & WANN

Die Tour führt überwiegend durch Wald und über erdige Pfade. Innerhalb der Ortschaften finden sich kleine Passagen mit gut ausgebautem Untergrund und auch kurze Abschnitte auf Wirtschaftswegen. Daher eignet sich die Wanderung zu jeder Jahreszeit. Besonders intensiv ist das Gefühl von Waldbaden aber, sobald die Bäume begrünt sind.

HIN & WEG

Auto: Parkplatz am Kloster Volkersberg, Volkersberg 1, 97769 Bad Brückenau; Parkplatz an der König-Ludwig-Eiche, Heinrich-von-Bibra-Straße, 97769 Bad Brückenau
ÖPNV: Haltestelle Am Schlosspark

ESSEN & ENTSPANNEN

1 **Klosterschänke Volkersberg,** Volkersberg 1, 97769 Bad Brückenau, Tel. (0 97 41) 91 32 00, volkersberg.de

3 **Ristorante Castello Belverde,** Wernarzer Straße 2, 97769 Bad Brückenau, Tel. (0 97 41) 9 39 07 12, castello-belvedere.de

4 **Rhönstübchen,** Wernarzer Straße 1, 97769 Bad Brückenau, Tel. (0 97 41) 21 70, rhoenstuebchen.de

6 **Badhotel Bad Brückenau,** Amand-von-Buseck-Straße 8–10, 97769 Bad Brückenau, Tel. (0 97 41) 93 76 00, badhotel-badbrückenau.de

7 **Dorint Resort und Spa Bad Brückenau,** Heinrich-von-Bibra-Straße 13, 97769 Bad Brückenau, Tel. (0 97 41) 8 50, dorint.com

8 **Caffetteria La Dolce Vita,** Heinrich-von-Bibra-Straße 15, 97769 Bad Brückenau, Tel. (0 97 41) 9 39 55 50, caffetteria-dolcevita.de

ENTDECKEN & ERLEBEN

1 **Kloster Volkersberg,** siehe ESSEN & ENTSPANNEN

2 **Crailsheim-Platz** 5 **Kurpark** 9 **Platz mit Liegestühlen**

10 **Heilquellen** 11 **König-Ludwig-Eiche**

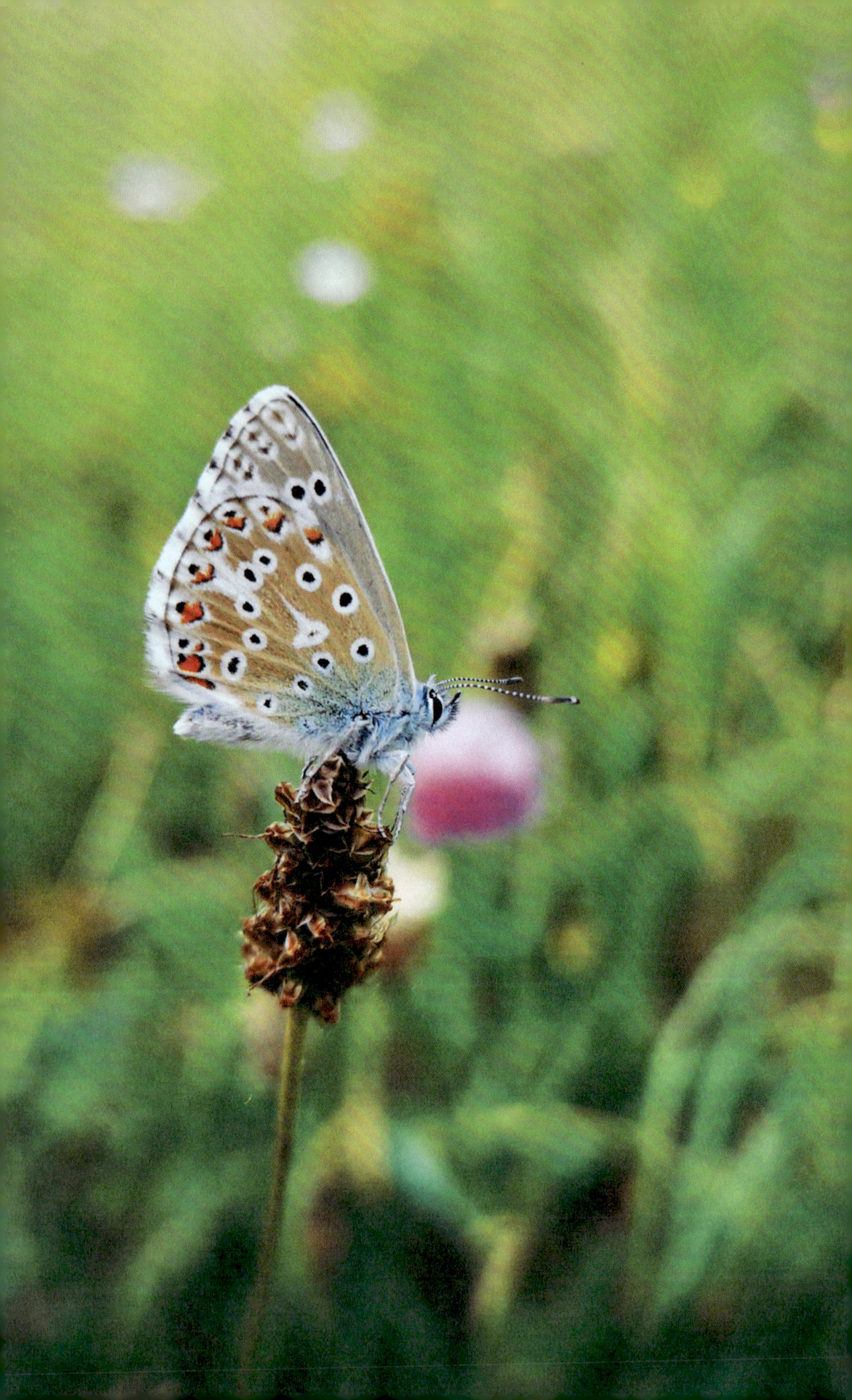

Genusswandeln

Rund um den Buchschirmberg

Die Extratour Der Hilderser wurde im Jahr 2022 zu einem der schönsten Wanderwege in Deutschland gekürt. Durch seine Länge ist es ein wunderbarer Weg, der immer wieder neu zum Bewandern, Erkunden und Seele-baumeln-Lassen einlädt. Unsere Tour startet im Osten des Örtchens **Hilders** am Ende der **Sandgasse.** Zunächst führt uns der Weg über strukturreiches Grünland. Wir durchwandern kleine Laubbaumhaine, schlendern über saftige grüne Wiesen oder streifen entlang spatzenlärmender Schlehen-, Weißdorn- und Holunderhecken. Der bevorstehende Buchenmischwald ist im Frühsommer mit süßlich duftenden ausgedehnten Waldmeisterbeständen gespickt, hier und da säuselt das Waldbrettspiel, ein kleiner gemusterter Schmetterling, sachte durch die Luft und lässt sich auf einem nahe gelegenen Windröschen nieder. Abrupt wird es unwegsam, denn wir wandern einen **Kreuzweg mit 14 Stationen** hoch zur **❶ Wallfahrtskapelle St. Maria.** Während wir die ersten Meter noch über den knisternden Laubboden gehen, führt uns am Ende der schroffen Kuppe eine steinerne Treppe die letzten Schritte hinauf. Ein Ort der Stille erwartet uns schon und wir lassen es uns nicht entgehen, einen Blick in das barock anmutende Innere des kleinen spirituellen Räumchens zu werfen. Eine Besonderheit ist das Armeseelenhäuschen seitlich der Kapelle, das mit einem Abbild des Fegefeuers aufwartet. Wir wandern eine kleine Serpentine weiter und gelangen auf eine blütenreiche Mähwiese. Noch immer befinden wir uns auf dem Weg hoch zum

Auf dem Buchschirm befindet sich auch ein ***Sternenschauplatz*** *– ein ausgewiesener Ort, um bei klarem Nachthimmel eindrucksvolle Sternenbeobachtungen machen zu können.*

Kilometer: 11,2

Höhenmeter: 303

Stunden: 3,5

RUNDWEG

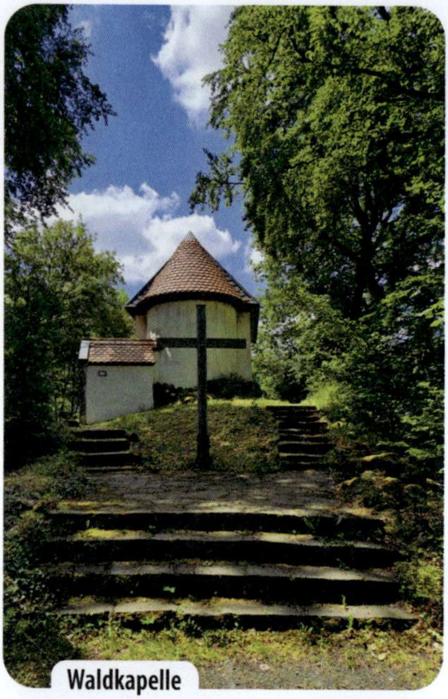

Waldkapelle

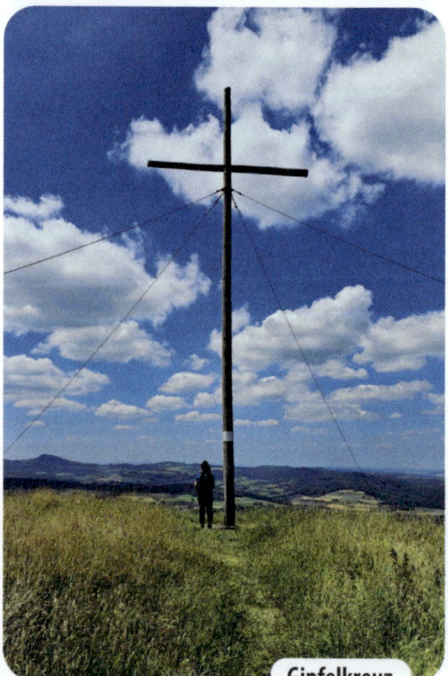

Gipfelkreuz

745 Meter hohen Buchschirm. Nach einer bequem zu gehenden Geraden knickt der Weg nach rechts auf einen rasigen Untergrund ab. Zwischen zwei Weiden schlendern wir in Richtung des großen hölzernen Bergkreuzes des Buchschirms. Seitlich von uns lassen sich auf den Almen Wälle aus Steinen erkennen, die Hirten ehemals aufgelesen und zu einem Mäuerchen zusammengetragen haben. Heute dienen die trockenen Gesteinshaufen wärmeliebenden Laufkäfern, Eidechsen und Wieseln als Unterschlupf. Wer die solitär stehende und sehr fotogene **Wetterbuche** nicht weit von unserem Weg in einem schönen Licht erwischt, hat ein herrliches Wandersouvenir für die heimische Wohnzimmerwand. An diesen Almen erleben wir direkt mit, wie sich die wichtige Arbeit des Biosphärenreservates auf unsere Natur und auf unser Wohlbefinden auswirkt, denn vor wenigen Jahren waren die Huteweiden noch übersät mit Büschen. Dank dem Projekt „Rhöner Bergwiesen“ freuen sich nun auch seltene Bodenbrüter wie der Wiesenpieper über neu gewonnene Lebensräume.

Endlich auf dem Buchschirm angekommen, halten wir uns auf dem bequemen Höhenweg links. Toll: Über ein kleines Gatter gelangen Wandernde auf die Weide und können eine Rast an dem ❷ **Gipfelkreuz des Ostens** bei einem sagenhaften Weitblick in tierischer Gegenwart genießen. Auf dem kleinen ❸ **Aussichtsturm** haben wir etwas weiter einen genialen 360-Grad-Rundumblick. Zwar mag der Turm nur wenige Stufen hoch sein, doch er reicht gerade so über die Baumwipfel hinweg, um im Osten auf den Ellenbogen mit dem markanten Segel blicken zu können.

Im Schatten einer ausgedehnten Gehölzreihe erreichen wir einen frischfeuchten Schluchtwald und wandern zwischen Buchschirm und Espenhauck zur ④ **Rhönklubhütte Simmershausen,** wo die Bronquelle in einen kleinen Teich sprudelt. Wer noch etwas Proviant dabeihat, wartet aber lieber noch mit der letzten Vesper, denn es wird an der Ruine Auersburg noch etwas pittoresker. Dazu folgen wir der Wegführung bis zur Kreisstraße, die uns zum Queren einlädt und weiter in einen schönen Mischwald führt. An der über 1000 Jahre alten Burganlage der ⑤ **Ruine Auersburg** angekommen, suchen wir uns den Eingang durch das Hofportal, denn die massiven Ringmauern sind

Für die Seele
Über sonnenverwöhnte Matten und lauschige Ruheorte zur mächtigen Burgruine.

*Von den Ortsansässigen wird der **Aussichtsturm** aufgrund seines gestauchten Aussehens liebevoll als „Krönchen" bezeichnet. Wo sie recht haben, haben sie recht!*

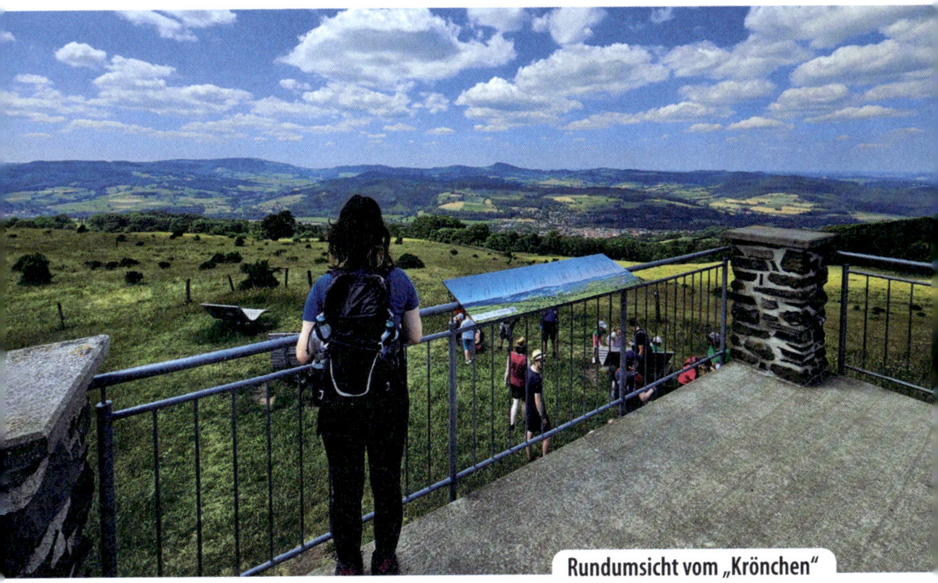
Rundumsicht vom „Krönchen"

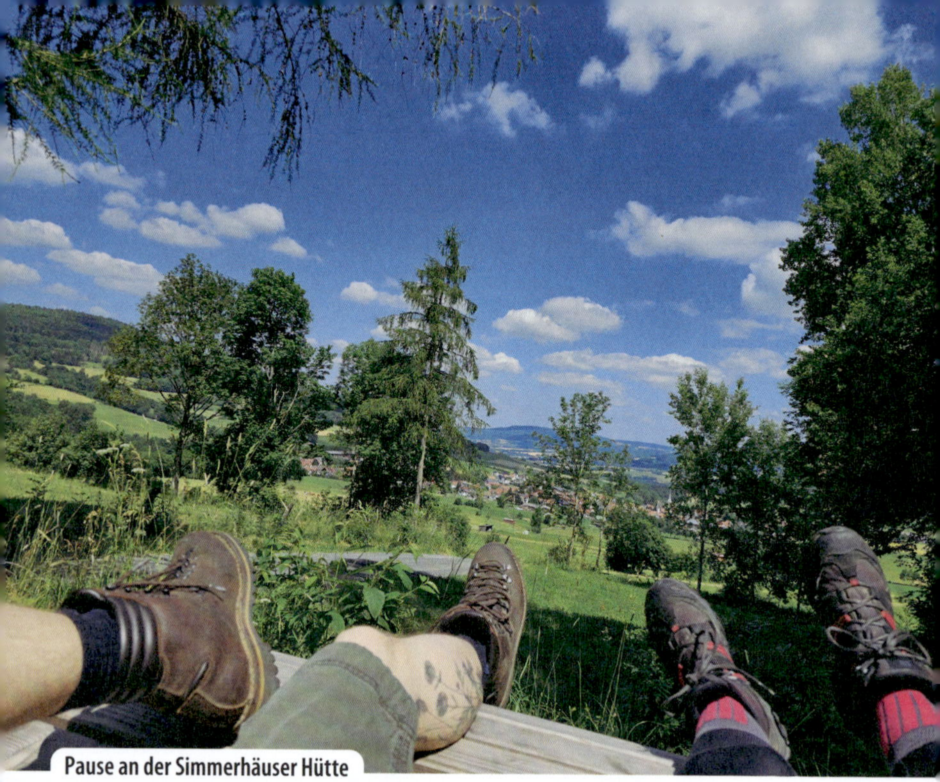

Pause an der Simmerhäuser Hütte

Ruine Auersburg

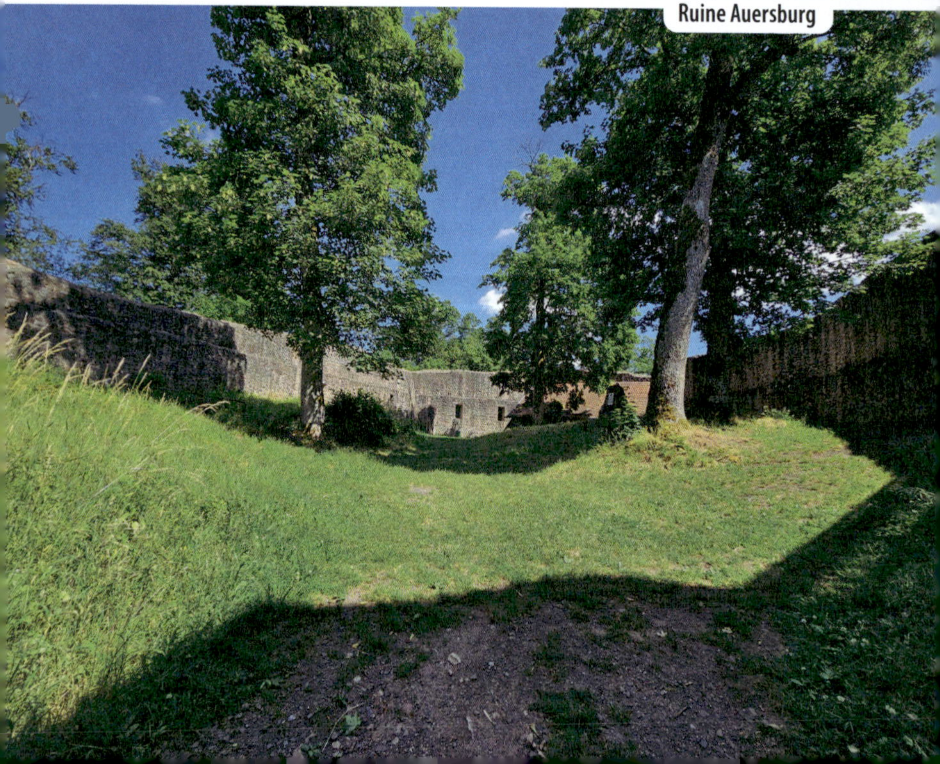

noch vollkommen intakt. Im weiträumigen Innenbereich mit seinem grasigen Untergrund und den hohen Bäumen fühlen wir uns direkt geborgen. Auf der modern angebrachten Aussichtsplattform heißt es noch mal tief durchatmen und einen Moment innehalten. Wir lassen den Blick über das beschauliche Schleppbachtal bis hin zur Milseburg und der Wasserkuppe schweifen. Wer an diesem Ort nicht vollkommen auf seine Wanderkosten kommt … – ein richtiger Lieblingsplatz.

Wenn wir beim Hinabsteigen an einem abgesperrten Kellergewölbe vorbeikommen, läuft uns dennoch ein kleiner Schauer über den Nacken. Liegt es daran, dass es Gerüchte gibt, dass ein geheimer Gang durch den Berg in das benachbarte Tann führt, oder dass mehrere Sagen von dem tragischen Tod der letzten bösartigen Burgbewohner erzählen? Wir lassen uns nicht beirren und genehmigen uns unsere letzte versprochene Stärkung im nun friedlichen Hof der Ruine.

Es zieht uns raus aus den Toren der Burg, durch den Wald. Wir wandern hinab an einem kleinen

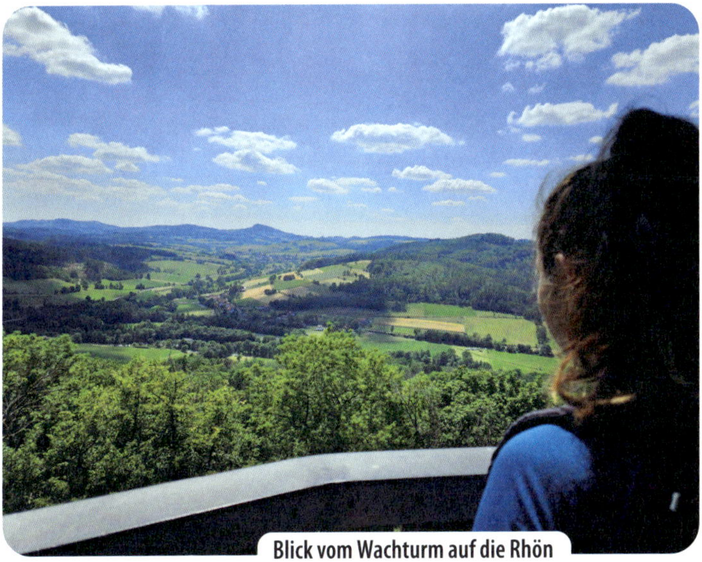

Blick vom Wachturm auf die Rhön

Weiher vorbei und erspähen vielleicht sogar noch einen Eisvogel, der seine blitzschnellen Bahnen durch die frische Natur zieht. Über den grünen Flor kommen wir in eine kleine bewaldete und deutlich kühlere Landschaftskerbe. Rechts führt uns ein schmaler Pfad in eine Miniaturausgabe einer Klamm, in der wir sachte plätscherndes Wasser kreuzen. Sobald wir die zwei Brücken gequert haben, gelangen wir wieder in eine grüne Offenlandschaft. Ein kleines Vergnügen erwartet uns noch am Ende dieser Wanderung, denn im ❻ **Kneipptretbecken** am Ende der Sandgasse können wir unseren geforderten Füßen eine kleine Erholung gönnen. Ein willkommenes Ende nach einem ereignisreichen Wandertag.

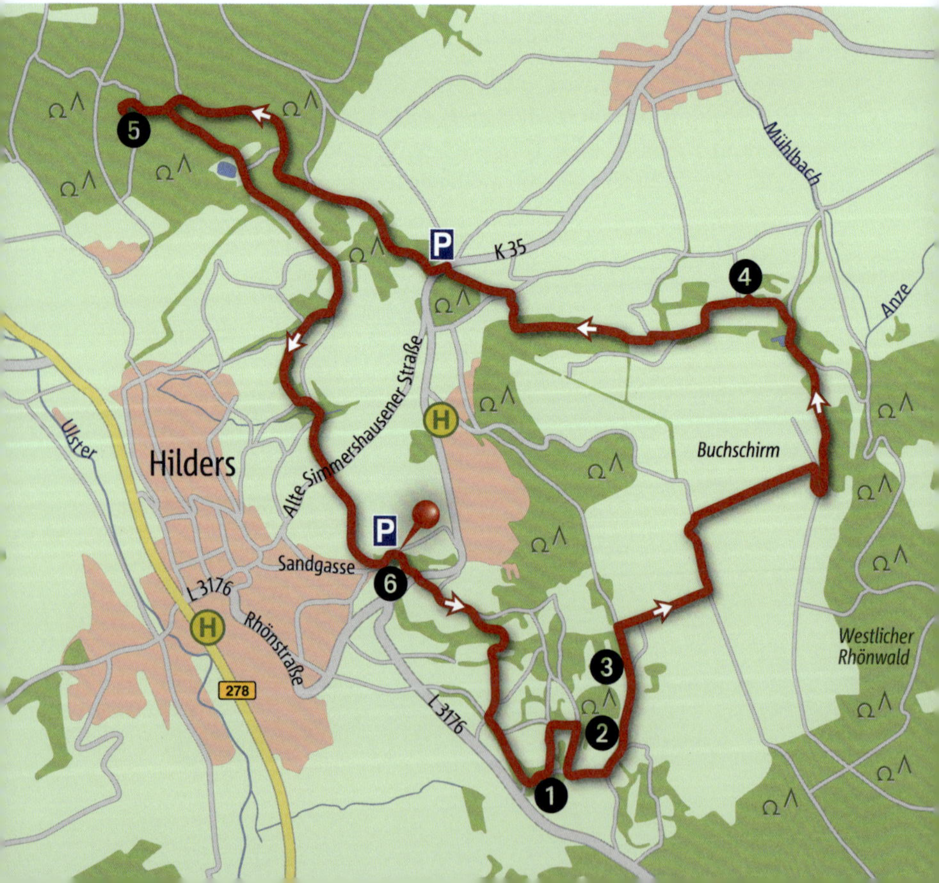

ALLES AUF EINEN BLICK

Entspannung 4/5
Abenteuer 3/5
Vielfalt 4/5

WIE & WANN

Grüne Almen, Kapellen, ein knackiger Aufstieg und zuletzt eine Burg. Dazwischen zahlreiche Pfade, waldige Passagen und Wiesenwege. Ein runder Wanderweg für jede Jahreszeit, den wir auch gerne mal erst nachmittags in Angriff nehmen können.

HIN & WEG

Auto: Wanderparkplatz Extratour Der Hilderser, 36115 Hilders; Wanderparkplatz Köpfchen, An der Kreisstraße 35, 36115 Hilders
ÖPNV: Haltestelle Hilders ZOB oder Hilders Feriengebiett

ESSEN & ENTSPANNEN

Bitte an Rucksackverpflegung denken.

ENTDECKEN & ERLEBEN

1. **Wallfahrtskapelle St. Maria**
2. **Gipfelkreuz des Ostens**
3. **Aussichtsturm**
4. **Rhönklubhütte Simmershausen**
5. **Ruine Auersburg**
6. **Kneipptretbecken**

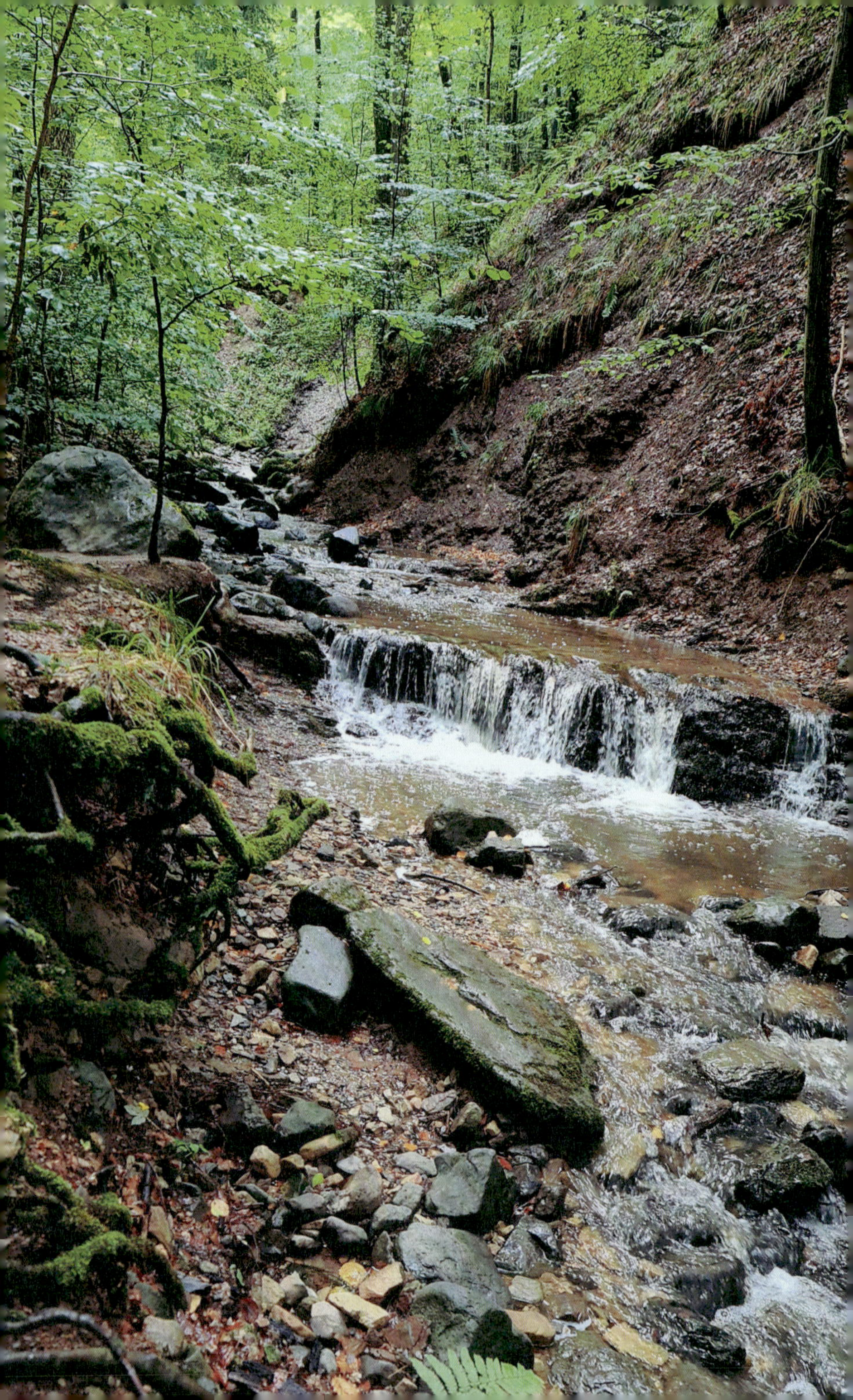

Rauschendes Nass

Kaskadenschlucht und Rotes Moor

Wir beginnen unsere Wanderung im Bergstädtchen **Gersfeld,** in dem wir das noch junge Flüsschen der Fulda überqueren. Wer am Ende der Wanderung seine Füße in dem bergbachkalten Wasser erfrischen möchte, tut also gut daran, etwas zum Abtrocknen dabeizuhaben. Zunächst einmal lassen wir aber den lichthellen Marktplatz und die ❶ **barocke Schlossanlage** hinter uns.

*Die Anlage besteht aus drei **Schlössern.** Das obere Schloss ist mit 800 Jahren das älteste und fungierte zunächst als Wasserburg. Das mittlere ist rund 500 Jahre alt und diente als Gefängnis. Herzstück ist das untere Schloss aus der Barockzeit.*

Zwar beginnen wir heute unsere Wanderung im hessischen Teil der Rhön, doch an den Zwiebeltürmen der Kirche können wir noch die bayerische Vergangenheit des kleinen Bergstädtchens ablesen. Durch einen dunklen Gang im Rücken des ❷ **Hotels Sonne** gelangen wir auf den Wanderparkplatz, auf dem der Wanderweg 1 des Rhönklubs beginnt. Gegenüber dem Parkplatz lädt uns ein erdiger Pfad an einem steil abfallenden Fichtenhang ein, die Straße zu queren. Wir lassen uns die ersten Kilometer des Weges von der ❸ **Fulda** aus dem heilklimatischen Gersfeld heraus über einen weichen Wiesenpfad führen. Nach gut 2 Kilometern knickt der Weg ab und wir biegen zu unserer Rechten über das kleine Flüsschen, das uns so gut geführt hat, hinauf zum Örtchen **Sandberg.** Das beschauliche Dorf ist durchzogen von kleinen steilen Anstiegen und schlussendlich umkurvt unser Weg einen Bauernhof, auf dem flauschige Highland-Rinder an einer steilen Mulde grasen. Diese Rinderart ist kein seltener Anblick in der Rhön, sind sie doch gut an das raue Klima hier oben angepasst. Nachdem wir die ausladende Kurve entlang der Einkerbung genommen haben, gelangen wir an einen

Kilometer: 17,3
Höhenmeter: 578
Stunden: 6
RUNDWEG

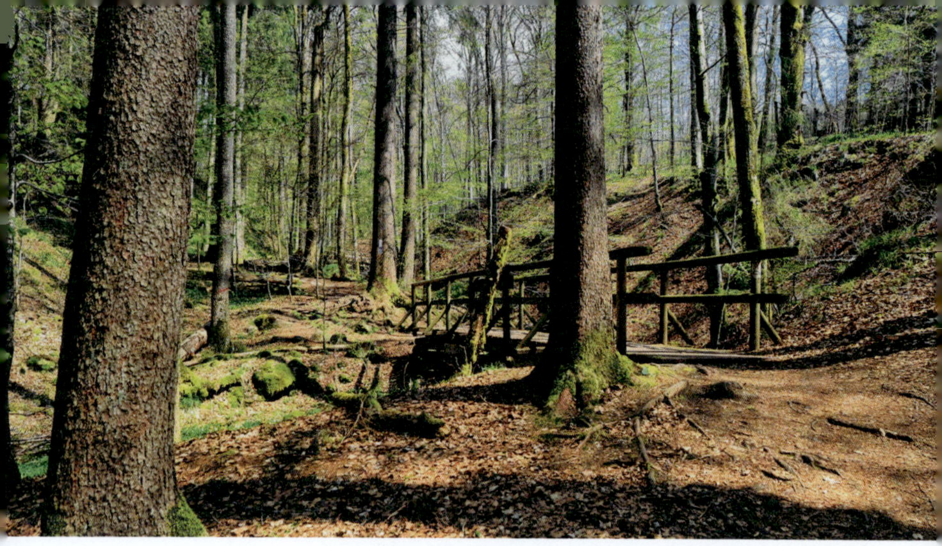

Wanderparkplatz, der mit einer Infotafel den Startpunkt der ❹ **Kaskadenschlucht** kennzeichnet. Schon allein der Name regt unsere Fantasie an. Das Wasser des Feldbaches schlängelte sich in engen Kurven die steile Schlucht hinab, umgestürzte Buchen bilden kleine Brücken und Ruheorte, die über den Bach ragen, schmale Pfade winden sich zu jeder Jahreszeit neu die schattige Talenge hinab. Immer wieder lassen wir uns von den kleinen **Wasserfällen** überraschen. Uns steigt die frische feuchte Luft in die Nase – hier können wir richtig durchatmen. Wer gerne über plätscherndem Wasser unter den aufgeregten Rufen von Amsel und Bachstelze eine meditative Pause einlegen möchte, findet an der kleinen ❺ **steinernen Brücke** einen optimalen Ruheplatz und kann seine Beine frei über dem kühlen Nass baumeln lassen. Weiter oben beginnt ein kleiner Canyon mit vielen Brücken, die uns trockenen Fußes über den Feldbach tragen. Einige davon wurden bereits mehrfach erneuert, da das Wasser gerade im Frühjahr nach der Schneeschmelze oder nach starken Regengüssen sturzbachartig die Kaskaden hinabrauscht. Die vielen Erosionsflächen am Hang zeugen von der massiven Wasserkraft.

Kurz bevor der Wald endet, lädt uns rechts eine wärmende Offenlandschaft zum Weiterwandern ein. Wir werden mit dem ersten Ausblick belohnt und merken erst jetzt den Anstieg, den wir geschafft haben. Danach entscheiden wir uns, noch tiefer in den grünen Urwald abzutauchen, und steigen links ein paar kleine steinerne Stufen den schmalen erdigen Gang hinauf. Der nadelbedeckte Waldboden federt unsere Schritte zwischen dem dichten Wurzelwerk ab, aber die Schreie des bunten Eichelhähers verraten unsere Position unter den dunklen Tannen. Nach einigen Metern treten wir ans Licht und marschieren weiter auf einem breiten Forstweg zu einem einladenden sonnigen **6 Picknickplatz.** Wir haben den höchsten Punkt unserer heutigen Wanderung erreicht und lassen uns kurz auf den basaltenen Steinen nieder, um ein wenig Energie zu tanken. Nun biegen wir nach links und nach einer kleinen **Wetterschutzhütte** erneut nach links ein.

Für die Seele
Wir versinken im üppigen Grün der Wälder, flanieren durchs Moor und lauschen plätschernden Kaskaden.

Der hölzerne Unterstand weist auf die Bedeutung des Naturschutzgebietes des Roten Moores hin. Da wir den **7 Moorsee** sehen möchten, machen wir einen kurzen Abstecher zur Anhöhe wenige Meter weiter. Eine leichte Erhebung führt uns bis an den gesicherten Uferrand heran. Die Bank davor lädt uns dazu ein, die still vom Wind bewegten Wogen einen Moment zu begleiten. Der Sage nach hat der Teufel an dieser Stelle die Siedlung Poppenrod versenkt, weshalb noch heute das

*Das **Moor** ist ein lebenswertes Biotop für zahlreiche bedrohte Tierarten. Allein die vielfältige Vogelwelt: Waldschnepfen, Bekassine und Wachtelkönige brüten hier. Vielleicht vernehmen wir sogar die gepressten Rufe eines entfernten Rebhuhns.*

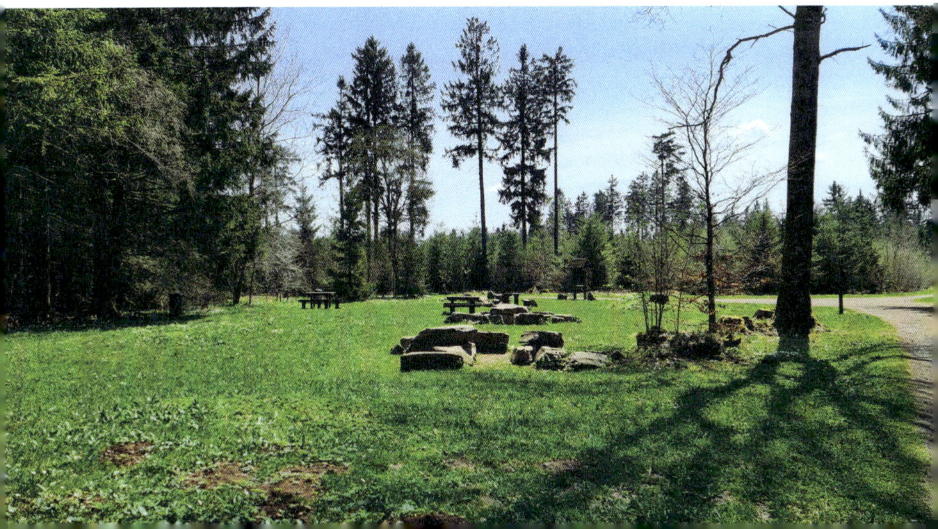

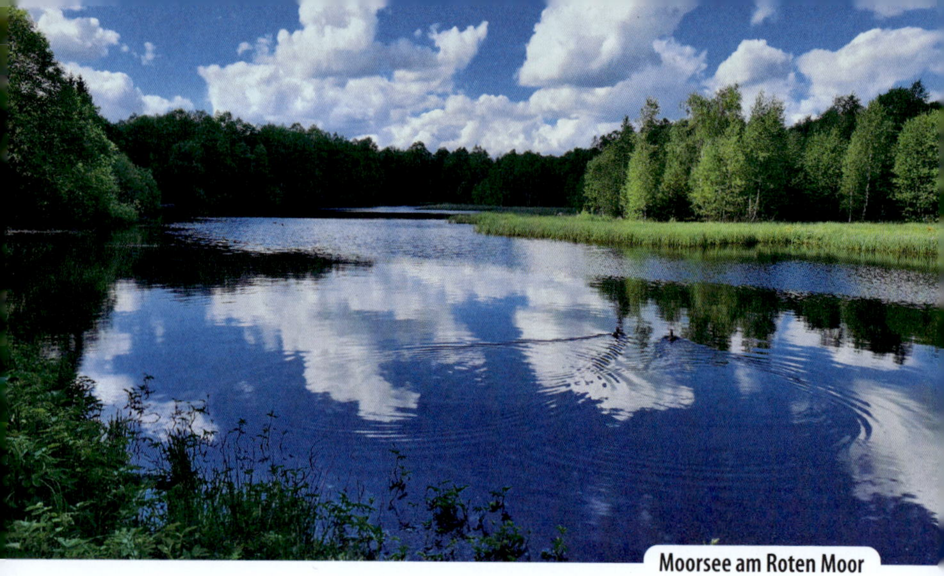

Moorsee am Roten Moor

*Im **Haus am Roten Moor** versüßen Spezialitäten wie Rhöner Lammbratwurst, Spinat-Spatzeklöß und süßer Ploatz die Wanderung.*

Aufglimmen alter Geister über den Mooraugen zu sehen sein soll. Ein 500 Meter langer Abstecher führt uns zum **8 Haus am Roten Moor.**

Wir machen uns mutig auf den Weg zurück zum Informationsstand und steigen rechts in das **9 Rote Moor** hinein. Ein hölzerner Bohlenpfad schlängelt sich für gut 1 Kilometer durch das Moor und bringt uns sicher über die sumpfige Vegetation. Es bricht nur wenig Licht durch die Stämme, der moosige Boden ist dunkel. Gerade an feuchten Tagen haftet den dicht stehenden Birken etwas Mystisches an. Kein Wunder also, dass die Menschen hier immer wieder Moorjungfrauen im Nebel klagen sehen. Abseits des Weges säumen zahlreiche Rauschbeerensträucher den Weg, gelbe Sumpfdotterblumen, rote Sumpf-Blutaugen und das besonders auffällige flockige Wollgras, eines der vielen Erkennungsmerkmale des Hochmoores, erfreuen uns. Viele Tiere schätzen den außergewöhnlichen Ort: Bergmolche kommen an sonnigen Tagen auf die Holzbohlen, um die Wärme zu genießen, und huschen raschelnd durch das Gestrüpp unter unseren Füßen. Kurz vor dem Ende des Bohlenpfades haben wir die Möglichkeit,

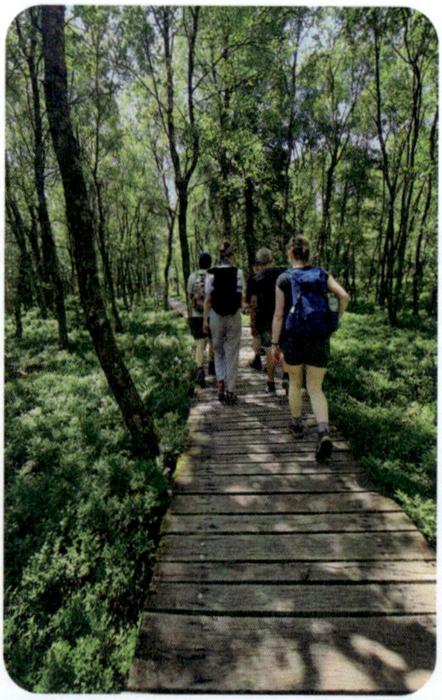

einen kleinen ⑩ **Aussichtsturm** hinaufzusteigen. Oben angekommen, ergibt sich der Blick auf den nahe gelegenen Heidelstein mit seinen 925 Metern.

Wir verlassen das Moor nach rechts und bereiten uns allmählich auf den Abstieg vor. Über einen breit angelegten Forstweg biegen wir links hinunter. Neben uns erscheint das mächtige Kugelgebäude der Wasserkuppe im Ausblick. Wir steigen in einen Wald hinein und der Weg unter unseren Füßen wird weich durch das durchwachsende Gras. Als wir dann nach rechts in einen Wiesenpfad einbiegen, begrüßt uns auf der **Bergweide** das neugierige fränkische Gelbvieh. Der Bach am Wegrand ist aus seinem Verlauf getreten und tränkt unseren Weg mit abfließendem Wasser. Nun verlassen wir den Wald auch schon wieder und neben uns taucht ein Jägerhäuschen auf. Ein wenig weiter steigen wir rechter Hand ein letztes Mal leicht hinauf und biegen nach links, bis wir über dem Feldbachhof sind, diesem Weg folgen wir. Hier oben ergeben sich immer wieder herrliche Ausblicke in das weite Land.

Am Südhang des Feldberges lassen wir uns auf die wunderbar platzierte Bank fallen und genießen den ⑪ **Panoramablick in die Ferne.** Die Abendsonne flimmert über die vielen Kuppen und lässt das Bergstädtchen

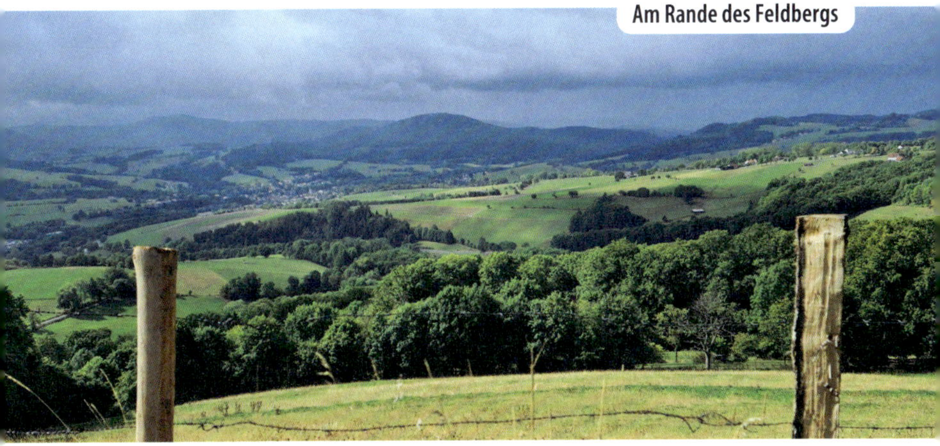

Am Rande des Feldbergs

Gersfeld im Tal aufschimmern. Noch einmal tief durchatmen, bevor wir die Serpentinen hinab zum Örtchen **Sandberg** steigen. Bis wir unten angekommen sind, begleitet uns das Panorama und mehrere Bänke bieten Gelegenheit, immer wieder anzuhalten und einen Moment zu ruhen. Der Weg mündet bald in eine asphaltierte Straße, die den Feldbachhof mit Sandberg verbindet. Sind wir wieder in dem steil gelegenen Örtchen angekommen, nehmen wir von dort aus den Stichweg, den wir gekommen sind, an der Fulda zurück nach Gersfeld. Hier können wir uns zum Abschluss der Tour im **Hotel Sonne** oder im ⑫ **Hotel Restaurant Krone-Post** noch mit einem frischen, herzhaften Schmankerl belohnen.

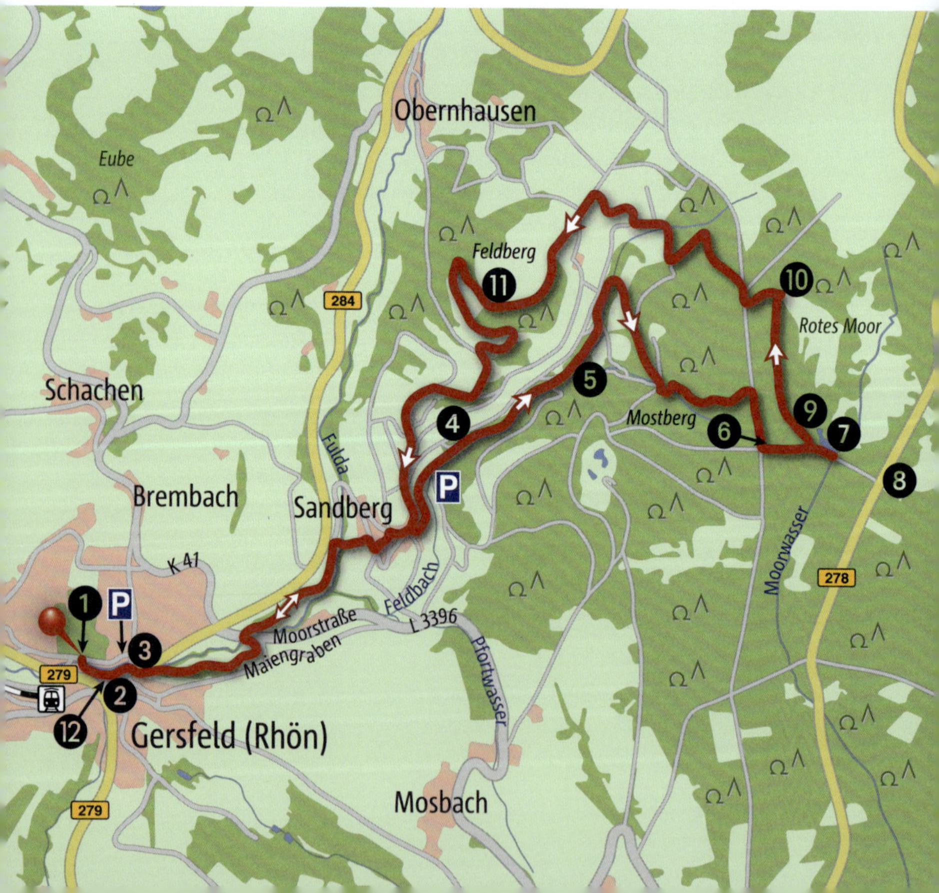

ALLES AUF EINEN BLICK

Entspannung ●●●●○
Abenteuer ●●●●○
Vielfalt ●●●●●

WIE & WANN

Eine etwas längere, anspruchsvollere, aber sehr abwechslungsreiche Wanderung, die überwiegend über hölzerne Brücken und Bohlen, dann wieder über nadelbedeckte und verwurzelte Pfade führt. Zwischendrin gibt es auch einmal Forstwege und in den Orten asphaltierte Abschnitte. Die Tour ist besonders nach Regentagen und nach der Schneeschmelze im Frühjahr schön, denn dann sind die Kaskaden gut gefüllt und wir wandern entlang zahlloser kleiner sprudelnder Wasserfälle.

HIN & WEG

Auto: Wanderparkplatz Am Rathaus, 36129 Gersfeld (gebührenpflichtig); Wanderparkplatz Kaskadenschlucht, 36129 Gersfeld (Wer sein Auto hier abstellt, verkürzt die Wanderung um 5 Kilometer, verpasst aber das schöne Bergstädtchen Gersfeld.)
ÖPNV: Bahnhof Gersfeld, 5 Minuten Fußweg zum Marktplatz Gersfeld

ESSEN & ENTSPANNEN

2 **Hotel Sonne,** Amelungstraße 1, 36129 Gersfeld, Tel. (0 66 54) 9 62 70, sonniges.de
8 **Haus am Roten Moor,** Moorlinden, 36129 Gersfeld, nabuhausamrotenmoor.de
12 **Hotel Restaurant Krone-Post,** Marktplatz 30, 36129 Gersfeld, Tel. (0 66 54) 6 22, kronepost-gersfeld.de

ENTDECKEN & ERLEBEN

1 Barocke Schlossanlage in Gersfeld
3 Fluss Fulda 4 Kaskadenschlucht
5 Steinerne Brücke 6 Picknickplatz 7 Moorsee
9 Rotes Moor 10 Aussichtsturm 11 Bank mit Panoramablick

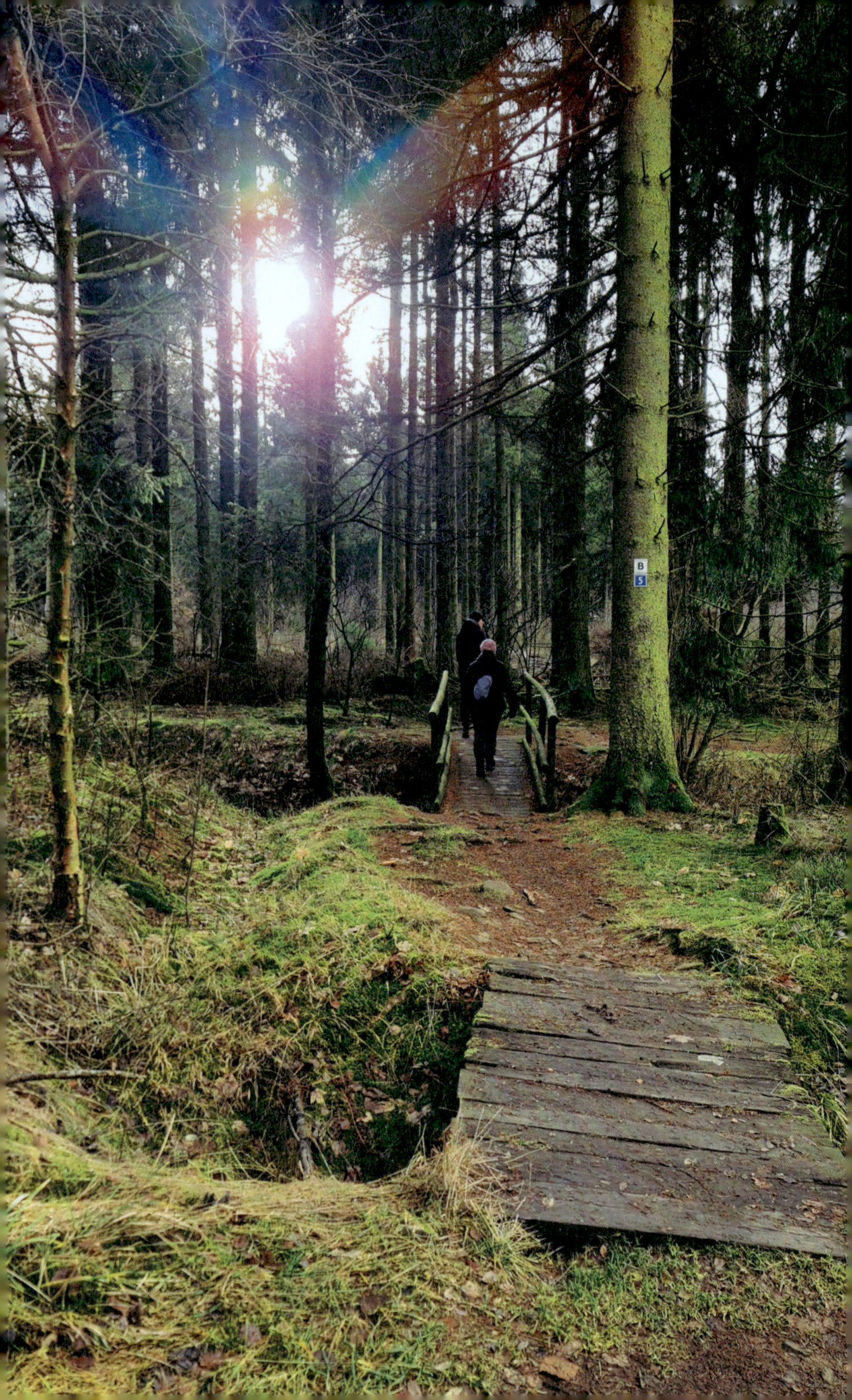
B
5

Nebelbegegnungen

Rund ums Schwarze Moor

Der heutige Wandertag hat etwas Mystisches, denn rund um das Schwarze Moor hält sich der Nebel an vielen Tagen im Jahr bis in die Mittagsstunden. Oftmals deuten sich die zahlreichen Bäche von Weitem nur durch ein kraftvolles Rauschen an. Wer also das besondere Hochrhönerlebnis sucht, sollte sich dieses tolle Wanderhighlight für die späten Herbst- oder sogar für die frühen Wintertage aufheben. Den Startpunkt unseres mystischen Wandertages stellt das hoch gelegene **Birx.** Das kleine Bergörtchen liegt auf sage und schreibe 750 Höhenmetern. Die Menschen hatten auf dieser Höhe kein leichtes Leben, denn aufgrund der Höhenlage waren die Sommer zu kurz, um Nahrung anzubauen, die kalten Jahreszeiten dafür umso kräftezehrender. Zunächst wandern wir zum Ortsausgang und folgen dort der wenig befahrenen Straße in Richtung Seiferts für rund 1,4 Kilometer, ehe wir zu unserer Linken den ❶ **Birxgraben** rauschen hören. Über eine kleine hölzerne Brücke gelangen wir an das obere Ende des Grabens.

*Wer möchte, kann den **Birxgraben** ein wenig hinabspazieren, um zu erkunden, wie das rauschende Nass malerisch über die kleinen Terrassen ins Tal fällt. Bis an den Anfang des Birxgrabens ist es ein knapper Kilometer.*

Wir halten uns nach dem Brückenübergang geradeaus und gelangen auf eine almähnliche Wiese: Eine kleine ❷ **Hütte des Rhönklubs Seiferts** mit dunklem Holz ziert den oberen Wiesenhang, wunderbar gelegene Holzliegen und ein plätschernder Brunnen runden das Idyll ab – ein echter Geheimtipp für einen Moment der Entspannung. Am Ende der Wiese steigen wir rechts auf und queren rasch die Straße. Ein Höhenweg führt uns seitlich der Straße über kalkigen Boden

Kilometer: 15,9
Höhenmeter: 585
Stunden: 6
RUNDWEG

und mündet in einen baumflankierten Pfad. An der nächsten T-Kreuzung lädt uns der linke Weg dazu ein, zum **Hinweisschild Dreiländereck** der Bundesländer Bayern, Hessen und Thüringen zu wandern. Dahinter halten wir uns rechts und laufen auf eine Offenlandschaft zu. Mehrere Spuren verlaufen über die würzig duftende Bergwiese und es ist nicht ganz leicht, die richtige zu finden. Daher machen wir es uns bequem und halten uns einfach strikt am rechten Waldrand, sodass wir zielsicher und sorgenlos auf den richtigen Pfad kommen, der uns am Ende durch ebendiesen Wald führt. Eine schöne baumdurchsetzte Spur bringt uns wieder hinunter zur Straße. Diese lädt ein, ihr für knapp 700 Meter zu folgen. Da wir in einer Serpentine wandern, ist hier etwas Achtsamkeit geboten, aber der nächste Abzweig auf der rechten Seite gehört auch schon uns.

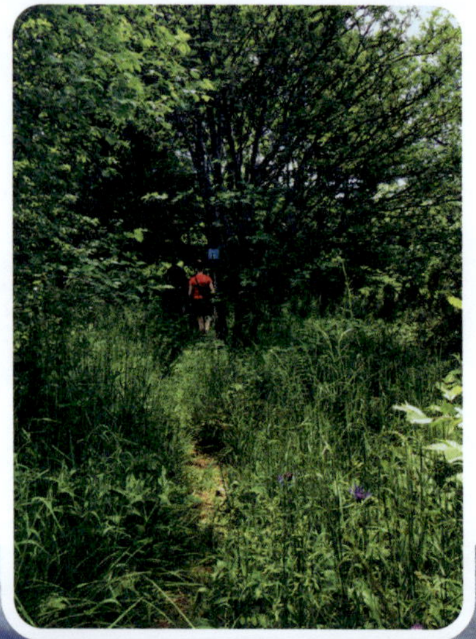

Immer mehr spüren wir die Höhenlage. Damit wir uns im dichten Nebelgewand des kargen Plateaus nicht so schnell

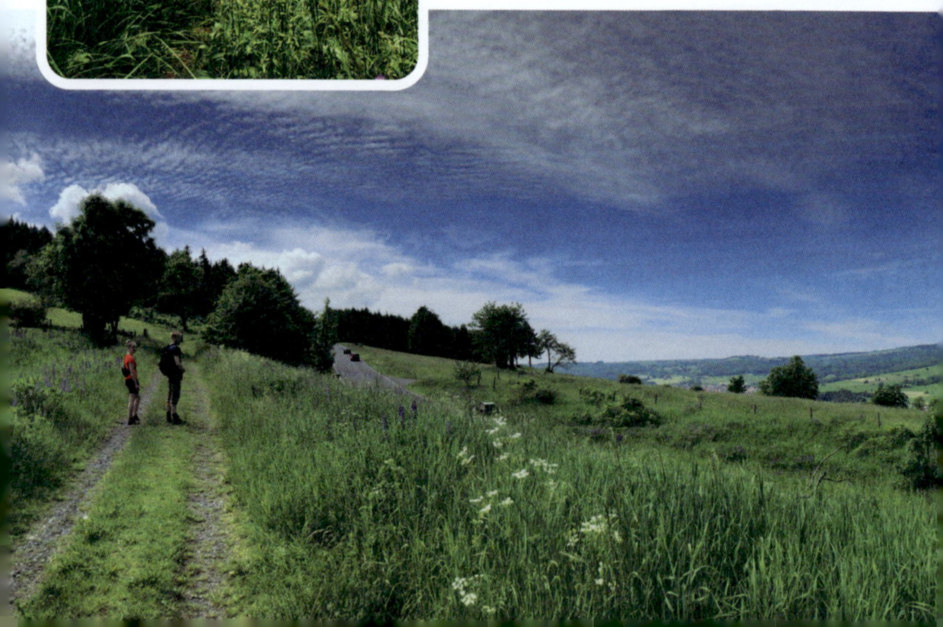

verirren, folgen wir nun bequem der Markierung des HOCHRHÖNER®, die uns an den nördlichen Rand des 1,9 Kilometer entfernten Stirnberges führt. Kurz vor dem eigentlichen Berg biegen wir links ein und lassen uns von dem **Rhönrundweg 1** sicher über den **Melpertser Rasenberg** führen. Falls sich der Nebel zwischendurch etwas lichtet, ergibt sich hier oben eine grandiose Sicht in das darunterliegende Ulstertal. Falls nicht, lohnt es sich, ein wenig zu lauschen, denn in diesen offenen Gefilden brütet das sagenumwobene und inzwischen äußerst selten gewordene Birkhuhn, dessen gepresste Schreie furchterregend durch die dunstigen Schwaden stechen. Dem Rhönrundweg 1 weiter folgend, gelangen wir über die Hochrhönstraße, vorbei am 829 Meter hohen, aber kaum ersichtlichen Huckel. Die Wegemarkierung führt uns etwas später nach rechts und sofort wieder nach links. Halten wir hier einen Moment inne! Wer hört zuerst das sturzbachartige Getöse, das sich uns mit jedem Schritt mehr aufdrängt? Aus dem Nebel heraus taucht zunächst bloß eine

Für die Seele

Urwüchsige Natur erwartet uns auf den stillen Hirtenpfaden der kargen Hochrhön.

Auf dem Höhenweg

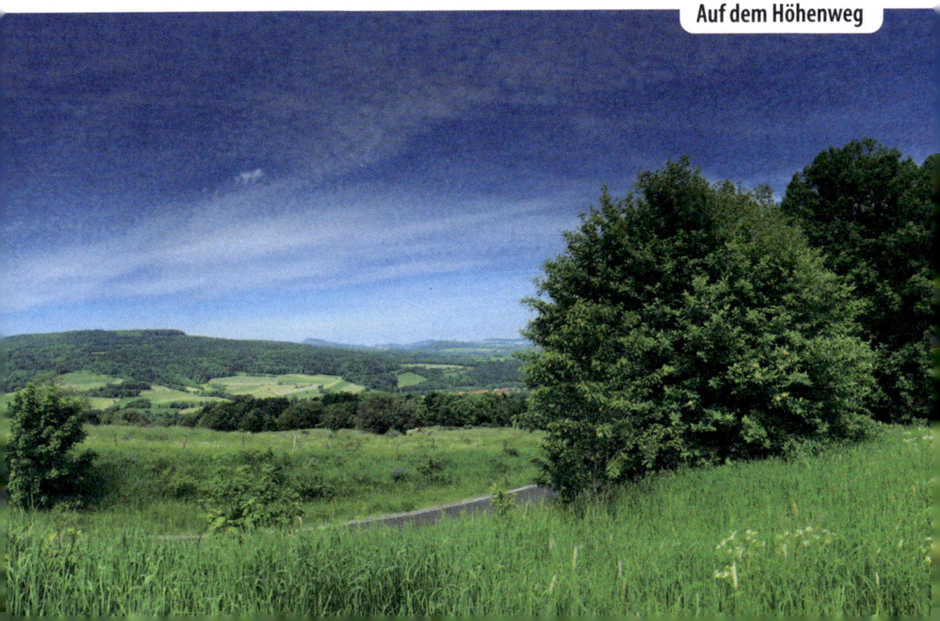

Bei einem Starkregenereignis im 19. Jahrhundert suchten sich die Wassermassen den schnellsten Weg ins Tal. Sie lösten dabei eine Menge Geröll, furchten sich tief in die Weide und formten somit den ***Wasserfall Eisgraben.***

verlassene Picknickgruppe auf. Dann steht aber plötzlich ein knorriger Baum vor uns und eine hölzerne Brücke gibt uns den Hinweis auf den weiteren Weg. Doch als wir uns der Brücke nähern, erkennen wir, dass die Wiese von einem breiten Graben durchzogen wird, in dem der große ❸ **Wasserfall Eisgraben** rund 4 Meter tief hinabstürzt.

Der Wasserfall liegt versteckt in einer Kerbe auf den weiten Bergwiesen, ist aber zu jeder feuchten Jahreszeit ein echtes Naturerlebnis und lädt ein, einen Moment länger zu rasten. Die Wassermassen tosen nur so mit aller Naturgewalt die Felsen herab und Trittsichere erhaschen unterhalb des Eisgrabens ein Bild, das absolut instagramable ist. Hinter der Brücke ist dann wieder etwas Achtsamkeit beim Schrittesetzen gefragt, denn am **Hang des Eisgrabens** entlang schlängelt sich der Pfad über rutschige Steine. An dem nächsten Wanderschild halten wir uns nach links in Richtung des Schwarzen Moores und steigen schon bald in einen lichten Nadelwald ein. Der gemulchte

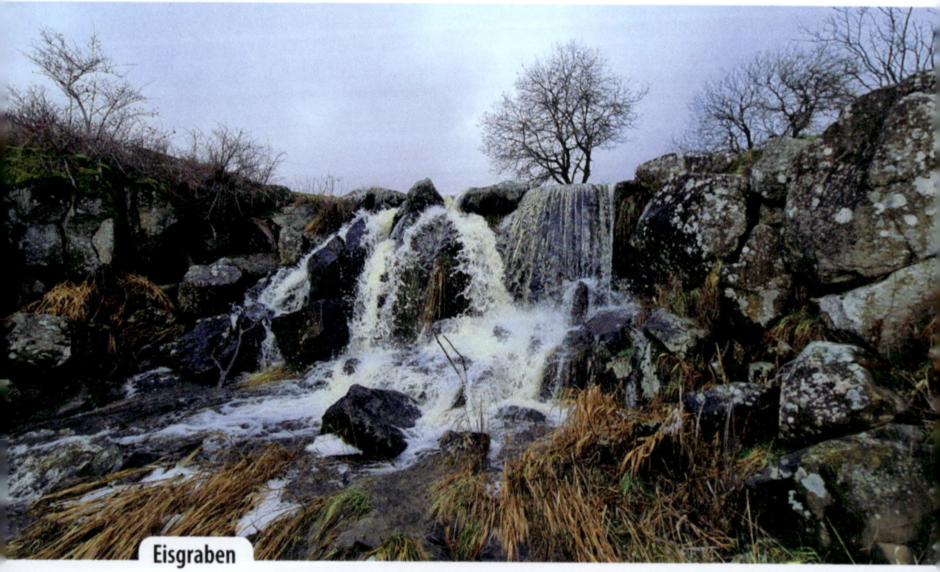

Eisgraben

Untergrund federt unsere Schritte ab und mit viel Elan marschieren wir den Forstweg links hinauf. Wir passieren eine verlassene Seitenstraße und wandern in den nadelbesetzten Fichtenweg hinein. Der Untergrund knatscht nur so mit jedem Schritt, dem wir uns dem Moor näher. Bald versinken unsere Wanderstiefel zur Hälfte im nassen Boden. Zur rechtzeitigen Rettung liegen um die nächste Kurve hölzerne Planken aus. Doch Vorsicht sollte walten, denn die Planken sind oftmals sehr glitschig und ein Ausrutschen oder ein Fehltritt wird mit einem kalten Bad bestraft. Ein Spaß, den wir uns zu diesem Zeitpunkt gerne ersparen.

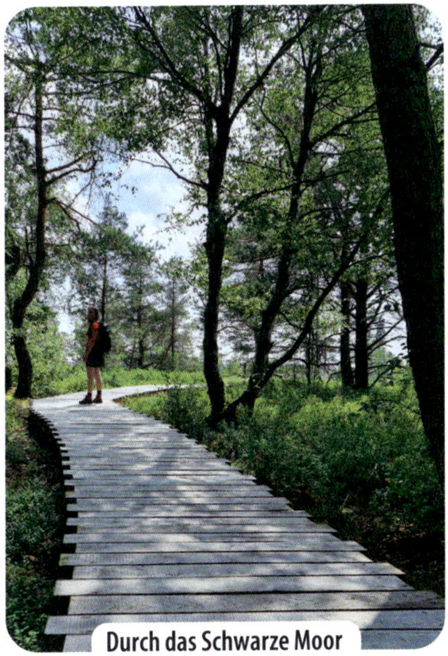

Durch das Schwarze Moor

Nach einer hölzernen Brücke biegen wir links ab und kreuzen die Hochrhönstraße, sodass wir gegenüber auf dem weich gemulchten Wanderweg weitergehen können. Vorne am Kiesweg angekommen, haben wir die Qual der Wahl. Erst eine Stärkung im ❹ **Bistro am Schwarzen Moor** gegenüber oder lockt doch schon das ❺ **Schwarze Moor** zu unserer Linken zu sehr? Wer eine ausführliche Einkehr bevorzugt, findet in der 700 Meter entfernten ❻ **Sennhütte** kulinarische Slow-Food-Genüsse.

Hinter dem Bistro wandern wir über den Wanderparkplatz und nehmen den komfortablen Wirtschaftsweg. 600 Meter weiter ergibt sich ein Abstecher zu einem ❼ **denkmalgeschützten Grenzturm,** der uns daran erinnert, dass hier noch vor wenigen Jahren zwei Welten aufeinandertrafen. An der **Bank der Hoffnung** können wir im regionaltypischen Dialekt einem Hirten lauschen, der uns von den unwirtlichen Lebensbedingungen in der kargen Region erzählt. An kaum einem anderen Tag empfinden wir mehr Empathie für seine Umschreibungen als an einem kalten und nebeligen

*Trotz der 3,2 Extrakilometer durch das überwiegend unberührte **Schwarze Moor** sollten wir uns diese Rhönperle nicht entgehen lassen. Lieber genehmigen wir uns im Nachgang eine besondere Stärkung im Bistro am Schwarzen Moor.*

*Die besten Bratwürste gibt es traditionell im **Bistro am Schwarzen Moor.** Klasse: Seit einigen Jahren werden sogar vegane Bratwürstchen im Brötchen angeboten. Noch besser: Hier achtet man sehr auf Regionalität!*

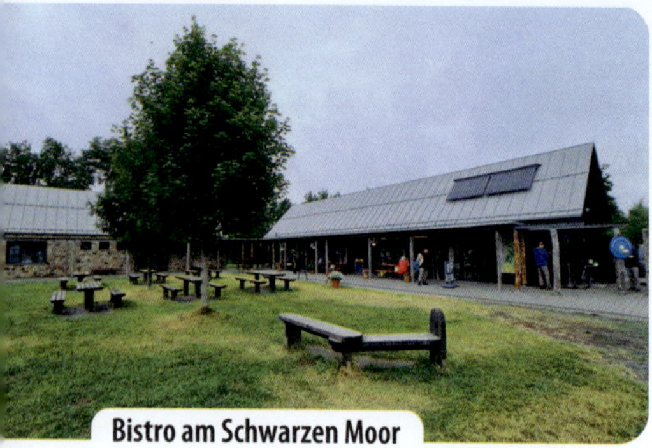
Bistro am Schwarzen Moor

Novembermittag. Wir folgen der Markierung mit dem grünen Ö des HOCHRHÖNER®, das uns zuverlässig zurück nach **Birx** bringt. Über den Hutweg kommend, knicken wir in die Seifertser Straße ab. Erst lockt der **8 Flechsenberger Hof** mit seiner warmen Stube zur Einkehr und kurz vor dem Ortsausgang das **9 Rhönstübchen.** Unten in Seiferts rundet uns der **10 Gasthof Goldener Stern** den Wandertag mit Speisen aus überwiegend regionalen Zutaten ab.

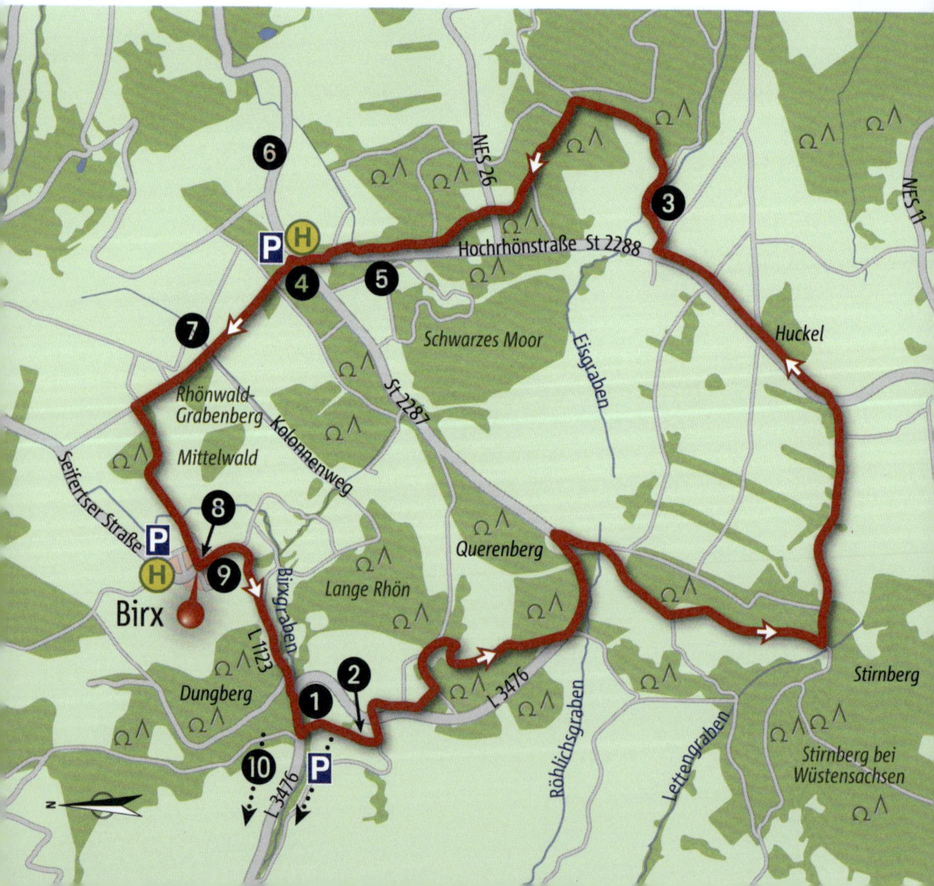

ALLES AUF EINEN BLICK

Entspannung 4/5
Abenteuer 4/5
Vielfalt 4/5

WIE & WANN

Die vielen Kilometer werden durch die zahlreichen Naturereignisse kurzweilig. Obendrein sind wir mit leichtem Gepäck unterwegs, da wir an wunderbaren Einkehrmöglichkeiten vorbeikommen. Besonders in den kalten und nassen Jahreszeiten lohnt sich der Weg, denn nach der Schneeschmelze rauscht das Wasser nur so ins Tal. Einziger Wermutstropfen ist eine Passage am Anfang der Wandertour entlang einer wenig befahrenen Straße.

HIN & WEG

Auto: Wanderparkplatz Birxgraben, 36115 Ehrenberg; Parkplatz am Schwarzen Moor, 97650 Fladungen; Parkplatz am Sportplatz, Am Sportplatz 8, 98634 Birx
ÖPNV: Haltestelle Birx oder Schwarzes Moor

ESSEN & ENTSPANNEN

4 **Bistro am Schwarzen Moor,** Schwarzes Moor 1, 97650 Fladungen, Tel. (0 97 78) 7 48 89 22
6 **Berggasthof und Hotel Sennhütte,** Sennhütte 1, 97650 Fladungen, Tel. (0 97 78) 9 10 10
8 **Flechsenberger Hof,** Seifertser Straße 18, 98643 Birx, Tel. (03 69 46) 3 21 10, flechsenberger-hof.de
9 **Rhönstübchen,** Seifertser Straße 3, 98643 Birx, Tel. (01 74) 5 21 70 91, rhönstübchen.de
10 **Gasthof Goldener Stern,** Eisenacher Straße 48, 36115 Ehrenberg (Rhön), Tel. (0 66 83) 2 87, goldener-stern-rhoen.de

ENTDECKEN & ERLEBEN

1 **Birxgraben** 2 **Hütte des Rhönklubs Seiferts**
3 **Wasserfall Eisgraben** 5 **Schwarzes Moor**
7 **Denkmalgeschützter Grenzturm**

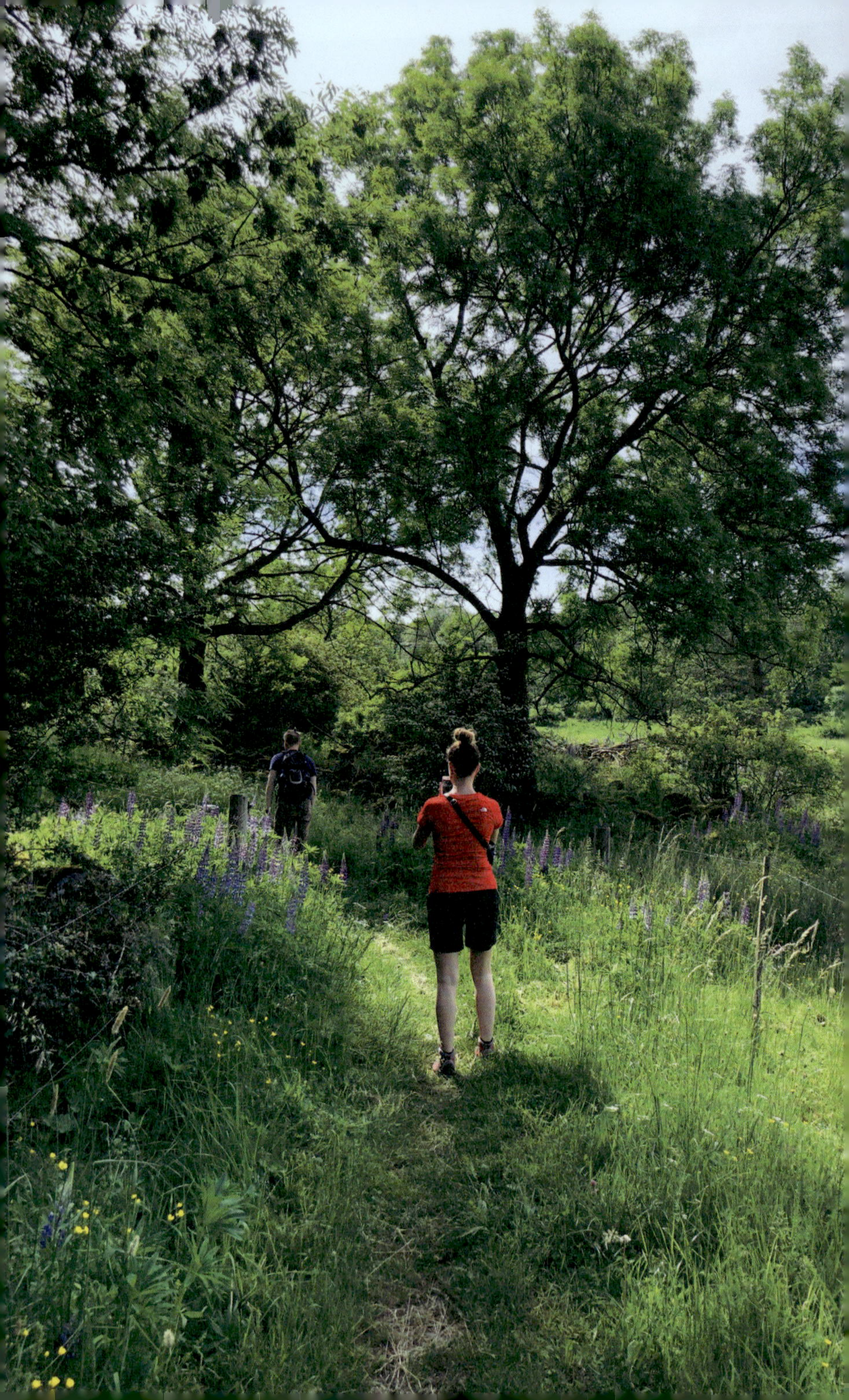

Wald, Wiese, Wasser

Am glitzernden Rothsee

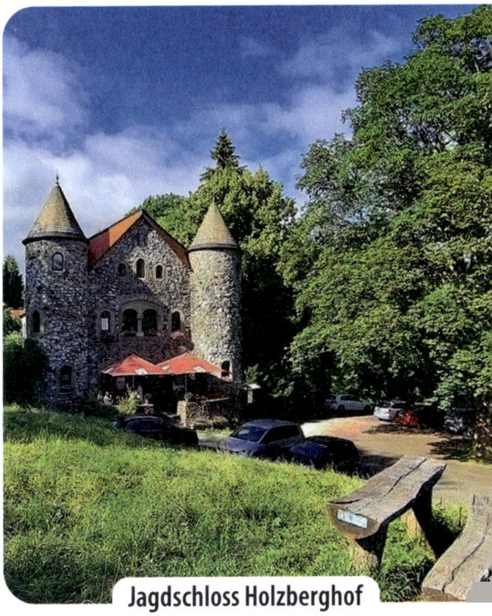

Jagdschloss Holzberghof

Es erwartet uns ein toller Mix aus kühlen Wäldern und offenen Flächen mit duftenden Wiesenkräutern. Da die Wanderung außerhalb der Begegnungsorte wenig frequentiert ist, steht uns ein optimaler Tag zur inneren Einkehr bevor. Unsere Wanderung startet am Parkplatz Holzberghof, hinter dem wir einen gut ausgebauten Stichweg hinunter zum **1 Jagdschloss Holzberghof** nehmen. Die urige Gestalt des lang gestreckten Schlosskomplexes in Alleinlage mitten im Wald wirkt der Welt entrückt. Im Ursprung diente das 400 Jahre alte Schloss tatsächlich als Jagd- und Forstresidenz für den damaligen Bischof von Würzburg. Mitte des 20. Jahrhunderts wurde es für den Tourismus fit gemacht. Schwer vorstellbar, dass es erst vor wenigen Jahren an das Stromnetz angeschlossen wurde – die schummrig schöne Stimmung hält sich aber bis heute in den Gemäuern. Denn genossen wird das regionale Essen nur beim Lichte von Petroleumlampen. Besonders schön ist es daher, einen Tisch in einer der beiden Rundtürme zu ergattern. Dass uns der köstliche Geruch von herzhaften Schmankerln entgegenweht, macht es uns nicht leicht, den Tag nicht direkt mit einem Schmaus zu beginnen. Die Vorfreude auf eine schöne Einkehr am Abend bleibt erhalten und wir wandern um das Jagdschloss herum,

Kilometer: 15,3
Höhenmeter: 343
Stunden: 6
RUNDWEG

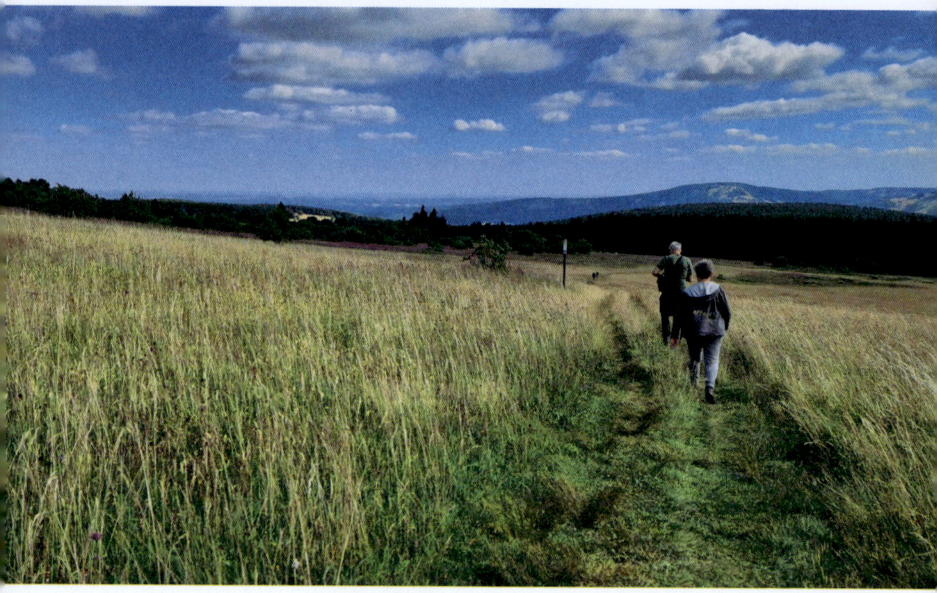

folgen einem Pfad an einer Weidefläche vorbei und biegen nach links oben in den Wald ein. Der Weg führt uns seitlich um den bewaldeten **Gipfel des Münzkopfes.** Wir halten uns nach dem Waldeinstieg direkt rechts, widerstehen den beiden verlockenden Pfaden links und rechts und biegen erst an einem breiten Forstweg nach rechts ein. Die lange Gerade führt uns zu einer Kreuzung mit einem liebevoll geschnitzten Picknickplatz samt kleinen Eulen. Wenn wir einen kleinen Abstecher nach links machen, gelangen wir an das ❷ **Haus am Roten Moor –** ein klimaneutrales Informationszentrum des NABU. Neben spannenden Ausstellungen hält das Haus so manch köstliche Leckerei für uns bereit.

*Das **Haus am Roten Moor** lockt mit Rhöner Spezialitäten wie Lammbratwurst, Spinat-Spatzeklöß und Ploatz. Alles regional natürlich!*

Vom schön gestalteten Picknickplatz wandern wir nach rechts aus dem Wald heraus und flanieren auf einem lang gestreckten Weg hinauf zum ❸ **Heidelstein** mit seinem prägnanten Sendemast. Ein angenehmes Gefühl steigt in uns auf, endlich den kühlen Schatten verlassen zu haben und heraus in die Wärme zu treten.

Schon säuseln die ersten Bläulinge vor unserer Nase herum. An der Bank am Ende des Weges lassen wir uns fallen. Schließlich ergibt sich hier ein wunderbarer Blick in die fuldische Rhön. Die **Lange Rhön** ist ein friedliches Areal mit ausgedehnten Blumenwiesen, dem einen oder anderen aufkreischenden Greifvogel und wenig Wandernden. Hier können wir in die Natur eintauchen. Rechts von der Bank führt uns ein weicher, federnder Pfad sanft hinab. An dessen Ende wollen wir rasch die historische **Hochrhönstraße** überqueren, damit wir uns im gegenüberliegenden Abschnitt wieder den floralen Besonderheiten und dem Gefühl des Alleinseins widmen können. Die nächste Linksabzweigung gehört uns! Mit dem Gefühl von traumhaftem Alleinsein wandeln wir über die Bergwiesen und geben uns mehr und mehr unseren Sinnen hin. Denn nachdem wir die nächste Abzweigung nach rechts abgebogen sind, verläuft der Weg entspannt geradlinig.

Für die Seele
Schattige Wälder, würzige Kräuter und springende Forellen erfrischen auf diesem idyllischen Weg.

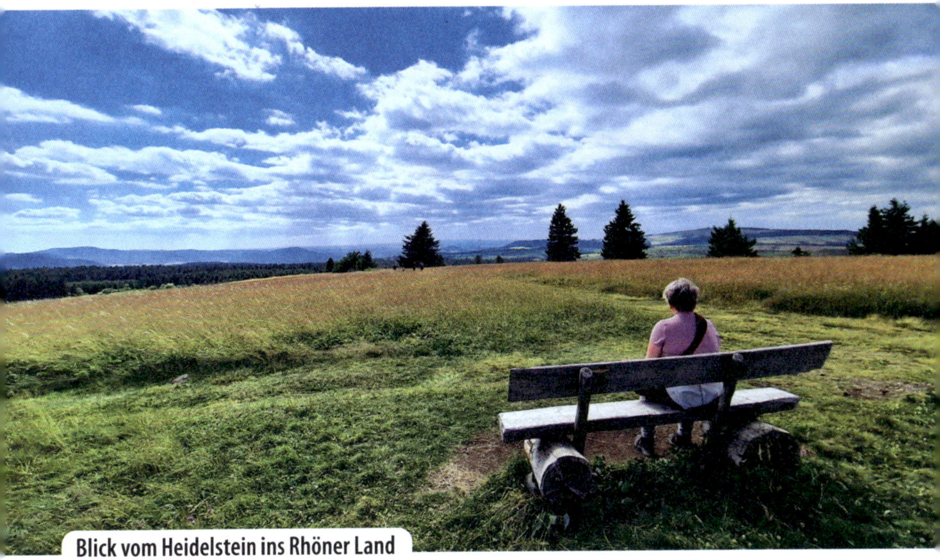
Blick vom Heidelstein ins Rhöner Land

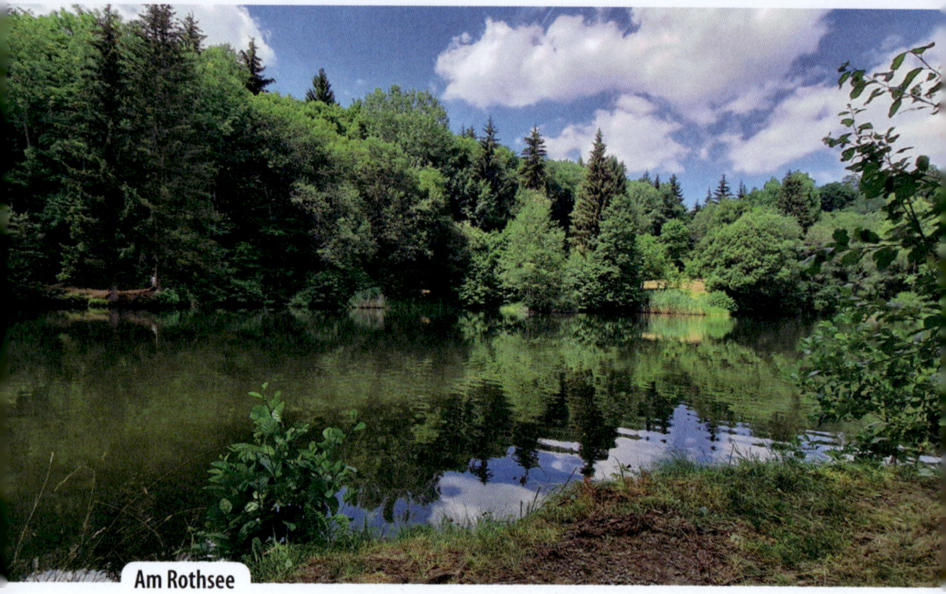

Am Rothsee

*Im Sommer können wir bis zu 60 Meter tief in den **Besucherstollen** hineingehen. Dazu gibt es ein Licht, das wir am Eingang einschalten können. Aber Achtung: Es ist ein wenig kalt hier drin.*

Nach etwa 1,7 Kilometern ist wieder unsere Achtsamkeit gefragt, denn in einem Spurendreieck heißt es rechts abbiegen. Folgen wir dem natürlichen Verlauf des Weges, plätschert schon bald der Liederbach unter unseren Füßen hinweg. Einmal links noch und wir erwandern uns mehr und mehr unser nächstes Etappenhighlight. Dafür gehen wir über den Wanderparkplatz Rothsee und halten uns rechts. Wenig später begrüßt uns ein Förderwagen des Bergbaus, denn hier am Bauersberg befindet sich eine alte Braunkohlezeche mit **Besucherstollen.**

Wer entdeckt zuerst den idyllisch glitzernden ❹ **Rothsee?** Beschaulich liegt er da, umgeben von alten Bäumen. Setzen wir uns doch direkt an den Uferrand oder noch besser auf die Sonnenterrasse der angrenzenden ❺ **Fischerhütte.** Die kleine Hütte gilt als echter Geheimtipp der Rhön, auch wenn es nur kleine, feine Speisen gibt. Aber wie überall in der Rhön: Wochenends zieht es die Menschen raus und an jeder bewirtschafteten Hütte gibt es eine echte Gaudi.

Ob wir den See jetzt rechts oder links umrunden, bleibt uns frei. Hinter dem Gewässer nehmen wir den Pfad in den Wald und passieren kurz darauf wieder die Hochrhönstraße. Jetzt stehen uns noch einmal ein echter Aufstieg und ein uriger Waldabschnitt bevor, denn wir wandern dem gurgelnden Schwarzbach entgegen. Überwiegend plätschert er genügsam neben unseren Füßen in seinem Bachbett, doch an der **6 Teufelsmühle** wird er noch mal tosender. Wer zu ihm hinunterkraxelt, um sich die Quelle des Lärms einmal genauer anzusehen, erkennt einen kleinen Wasserfall. Der Sage nach hat sich hier ein Müller verzweifelt Wasser herbeigesehnt. Das bemerkte auch der Teufel und erschien ihm an der Stelle des heutigen Wasserfalls. Würde der Müller ihm die erste Seele versprechen, die sich auf einem ausgemachten Felsen zum Ruhen setzen würde, so bekäme der Müller Wasser und Mühle. Der Müller willigte ein und schon strömte der Schwarzbach den Berg herab. Als der Teufel am

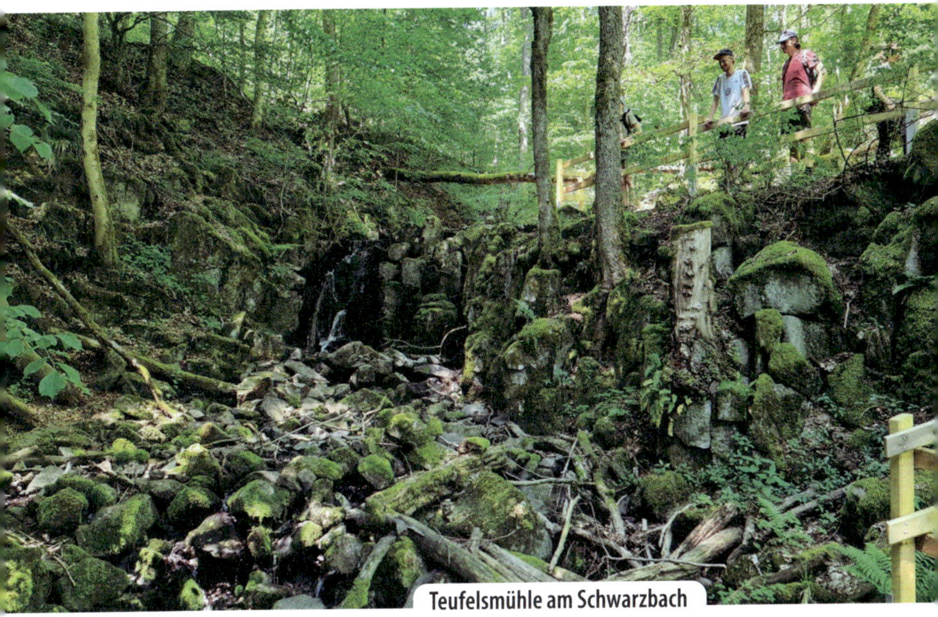

Teufelsmühle am Schwarzbach

nächsten Tag nach dem Rechten schauen wollte, erkannte er, dass nun auch der besagte Felsen vom Schwarzbach überströmt lag.

Hoffentlich herrscht nicht gerade Trockenheit und wir haben uns aus Versehen auf dem sagenumwobenen Felsen ausgeruht. Daher schnell wieder zurück auf unseren eigentlichen Weg. Diesem folgen wir auch nur noch für zwei Serpentinen nach oben und haben dort die Wahl: Möchten wir unsere Wanderung schon beenden, so gehen wir nach rechts zum Wanderparkplatz Holzberghof zurück. Oder verwöhnen wir unseren hungrigen Magen noch ein wenig, dann genehmigen wir uns den Abstecher nach links zum **Jagdschloss Holzberghof.**

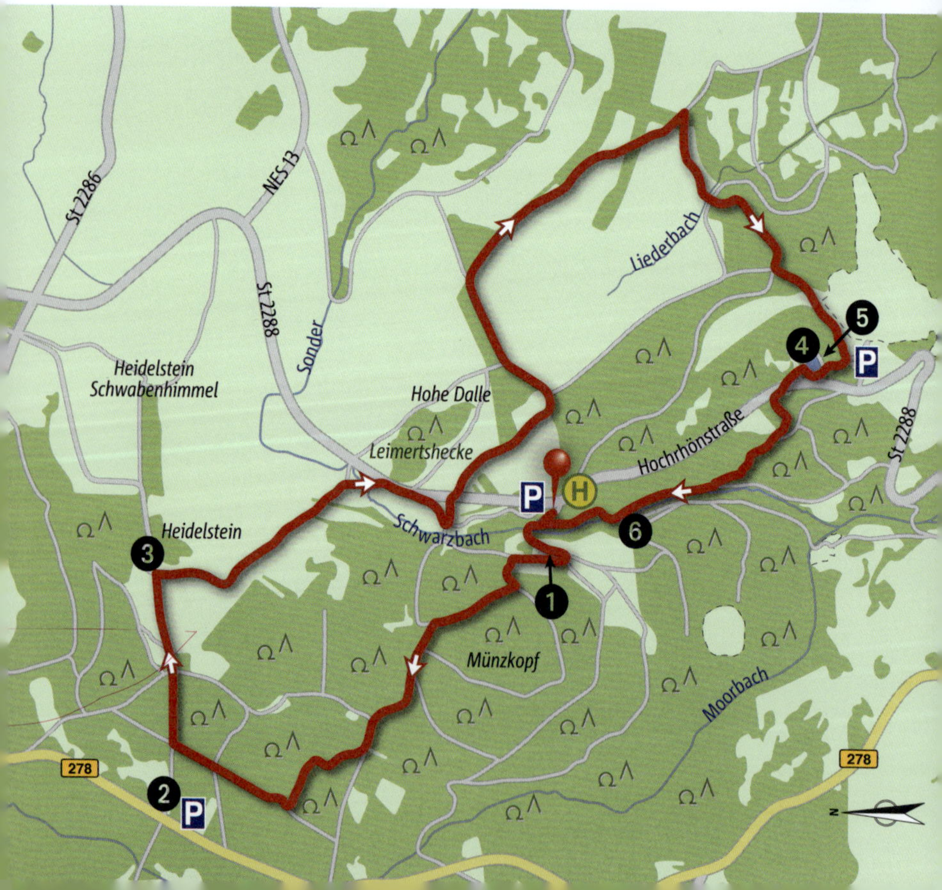

ALLES AUF EINEN BLICK

Entspannung 4/5
Abenteuer 3/5
Vielfalt 4/5

WIE & WANN

Angenehm zu gehende Wanderung. Sanfte Aufstiege hält die Lange Rhön bereit, dafür viel Wiesenuntergrund sowie hier und da mal ein paar Waldwege. Aufgrund ihres Abwechslungsreichtums lohnt sich die Tour das gesamte Jahr.

HIN & WEG

Auto: Wanderparkplatz Holzberghof, Hochrhönstraße, 97653 Bischofsheim in der Rhön; Wanderparkplatz am Roten Moor, Bundesstraße 278, 36129 Gersfeld; Parkplatz Rothsee, Hochrhönstraße, 97653 Bischofsheim in der Rhön
ÖPNV: Haltestelle Holzberghof oder Rothsee

ESSEN & ENTSPANNEN

1. **Jagdschloss Holzberghof,** Holzberg 1, 97653 Bischofsheim in der Rhön, Tel. (0 97 72) 12 07, holzberghof.de
2. **Haus am Roten Moor,** Moorlinden, 36129 Gersfeld, nabuhausamrotenmoor.de
5. **Fischerhütte Rothsee,** Bauersbergstraße 134, 97653 Bischofsheim in der Rhön, Tel. (09 77 2) 16 77, fischerhuette-rothsee.de

ENTDECKEN & ERLEBEN

3. **Heidelstein**
4. **Rothsee**
6. **Teufelsmühle**

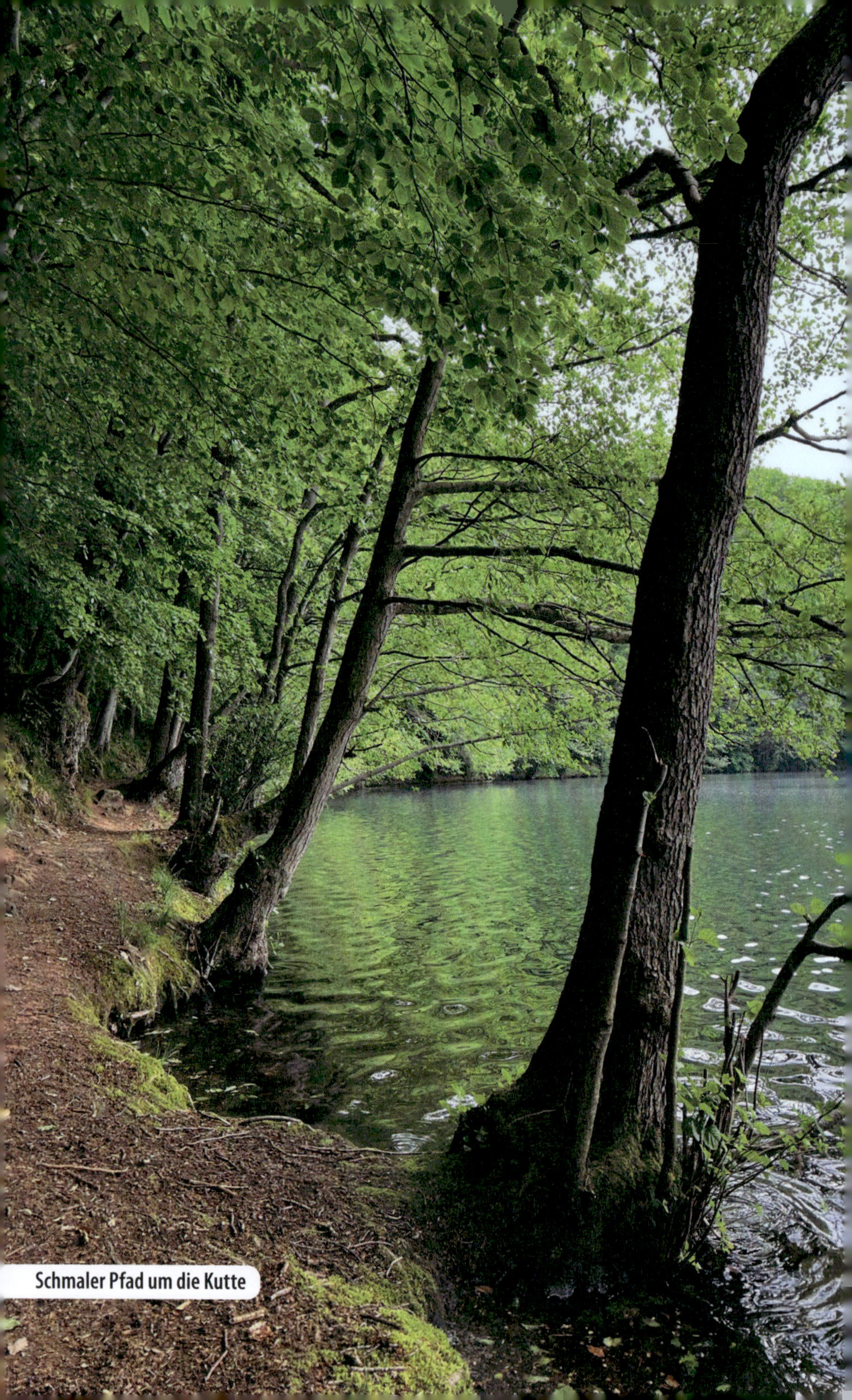

Schmaler Pfad um die Kutte

Zwei-Seen-Tour

Von der Kutte zum Pleß

Wer möchte, packt sich Badesachen ein, denn mit dem Schönsee gegen Ende unserer Tour haben wir einen Badesee mit Naturidylle. Unsere Wanderung erfrischt aber nicht nur aufgrund der vielen Gewässer: Im äußersten Norden der Rhön erinnert unser Weg wegen der dichten Vegetation bereits an die Untiefen des Thüringer Waldes. Zunächst beginnen wir unsere Wanderung aber ganz rhöntypisch im beschaulichen Bernshausen und folgen lockeren Schrittes der Beschilderung des Weitwanderweges DER HOCHRHÖNER®, dem gelben Ö auf weißem Grund, zur ❶ **Bernshäuser Kutte.**

Gleich zu Beginn unseres Wandertages lassen wir uns am Ufer der Kutte nieder. Das üppige Grün rahmt den tiefen und kreisrunden See und wir beobachten die Schönwetterwolken, die sich in dem seichten Gewässer spiegeln. Der Wind streicht sachte die Wellen aus dem Wasser. Einmal tief Luft geholt, strömt uns der kühle Geruch von Feuchte in die Nase. Gedanklich erfrischt, folgen wir dem HOCHRHÖNER® weiter über den sonnigen und trockenen Wiesenweg entlang des Waldrandes. (Wer aus der Wanderung eine 3 ½-Seen-Tour machen möchte, hält sich an der nächsten T-Gabelung rechts und gelangt wenig später zum ❷ **Gräfensee** und anschließend am ❸ **Birkensee** vorbei.)

Ab jetzt ändert sich die Landschaft komplett. Aus den typischen hellen Weiten gelangen wir in einen Wald, der uns vom Alltag immer weiter entfernt. Wir wandern links den komfortablen Waldweg hinauf, bis uns ein altes Holzschild auf die Stoffelskuppe hinweist.

*Die 45 Meter tiefe **Bernshäuser Kutte** entstand durch einen Bodenrutsch. Erdfälle treten in der Region aufgrund der vielen Hohlräume öfters auf. Auch die anderen Seen, die wir heute zu Gesicht bekommen, wurden durch Erdfälle gebildet.*

Kilometer: 13

Höhenmeter: 437

Stunden: 4

RUNDWEG

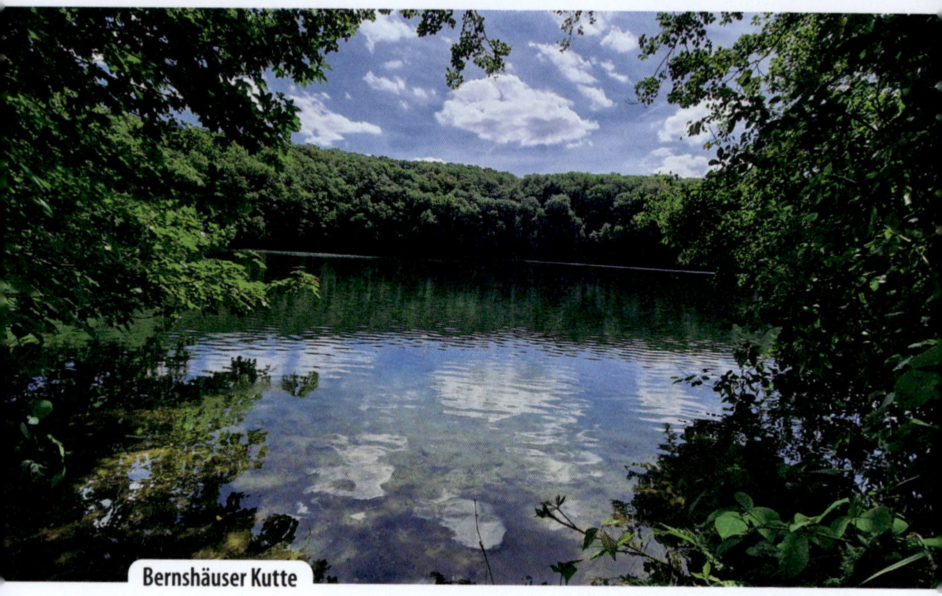

Bernshäuser Kutte

Dort biegen wir ein und gelangen mehr und mehr auf kleine verschlungene Pfade. Hier in der Kernzone des Biosphärenreservates bleiben die toten Bäume als Lebensraum für viele Insektenarten liegen. Daher wühlen wir uns durch das Dickicht und klettern auch mal über den ein oder anderen umgewuchteten Baum. An der nächsten Kreuzung haben wir die Qual der Wahl: Geradeaus führt uns ein abenteuerlicher und wildromantischer Stichweg hoch zur felsgekrönten **4 Stoffelskuppe.** Wer sich das Geotop und den tollen Ausblick nicht entgehen lassen möchte, plant am besten 30 Minuten für hin und zurück ein. Aber Achtung! Lassen wir uns besser nicht von einer weiblichen Gestalt am Gipfel des Berges verführen, denn die schroffen Felsen auf der Stoffelskuppe sollen einer Sage nach die Reste eines verwunschenen Schlosses sein. So

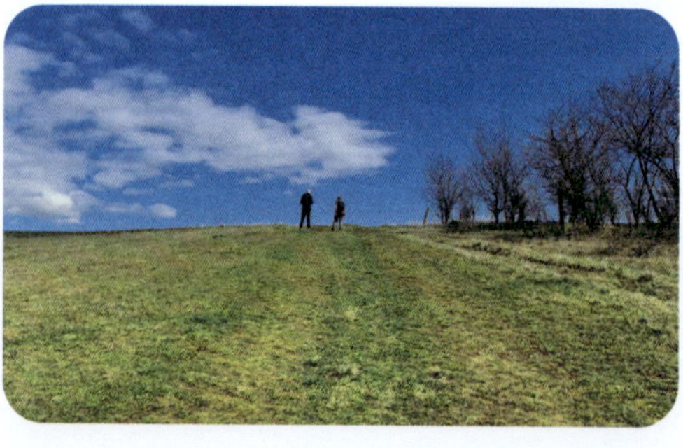

soll ein Kuppenfrauchen in dem emporragenden Gestein wohnen und Wandernde freundlich begrüßen. Erzählungen zufolge winkte sie vor langer Zeit einen Hirten heran, der dann in den Felsen zahllose Goldfässer vorfand. Die Frau bot ihm an, sich etwas Gold einzustecken, doch als er wieder auf offener Flur ankam, fand er nur noch alte Erbsen in seiner Tasche. Frustriert warf er alles zu Boden. Doch zu Hause angelangt, bemerkte er, dass sich einige Erbsen im Stoff seines Futters verfangen hatten, die nun wieder Gold waren. Wie vom Blitz getroffen rannte er zurück, fand aber nichts als goldene Pilze auf dem Boden.

Für die Seele

Versunken im Norden der Rhön erfrischen uns die Seen und das ausgiebige Grün des Waldes.

Wieder zurück von der Stoffelskuppe halten wir uns von der Kuppe aus links und folgen ein wenig weiter dem beschilderten HOCHRHÖNER® bis hoch zum Pleß. Sind wir auf dem Hochweg aufmerksam, fallen uns sicherlich die vielen Wellen im Waldboden auf. Am **Roßdorfer Tor** bekommen wir des Rätsels Lösung: Bei den Wellen handelte es sich um eine 60 Kilometer lange Grenze, die früher die Handelswege auf wenige Öffnungen im Wald beschränkte.

Gerade eben steigen wir am **5 Pleß** aus dem düsteren Wald heraus auf das freundliche und sonnige Gipfelplateau, da packt uns am **Sachsenstein** der nächste Grusel. Denn hier in der Nähe ereignete sich ein Schauermärchen. Aus der Büchse eines Jägers löste sich eine Kugel und erschoss einen anderen jüngeren Jäger. Was zunächst als Unfall kundgetan wurde, munkelte man sich jedoch alsbald als heimtückischen Mord zu. Offenbar war der junge Jäger in herrschaftliche Intrigen verwickelt. Ein bisschen unwohl wird einem vor allem bei der rückseitigen Inschrift des Gedenksteines: „Siehe da.

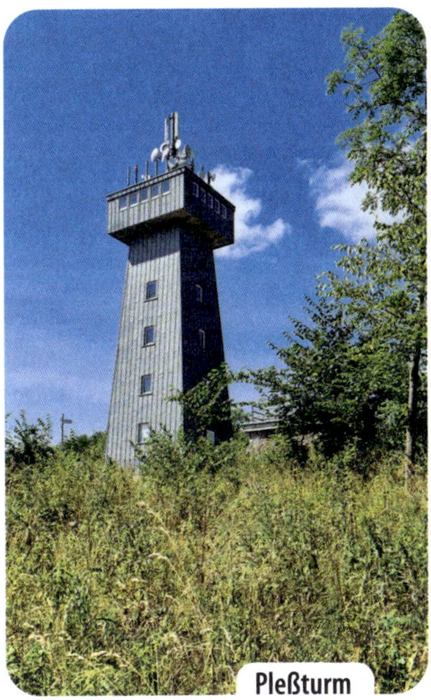

Pleßturm

Eilfertiger Wanders Mann. Eine Mercuriale Säule an einem ungewohnten Ort. Sie zeiget dir etwas Unglückliches an. Und kann doch den besten Weg lehren. Flieh! Hier ist der Tod! Doch halt! Dieweil Du anderswo vielleicht wirst sterben. So lerne erst allhier leben. Ach, wohin Du willst. Der Todt kommt Dir doch entgegen und vielleicht trägst Du ihn jetzt bei dir selbst. Das, was Dich beschützen sollt, nimmt dir das Leben."

Genießen wir doch daher etwas abseits des Steins eine Ruhepause am hohen Pleß. Vielleicht hat ja der Aussichtsturm geöffnet und wir bekommen eine grandiosen Rundumblick oder genießen ein kühles Getränk an der Berghütte des Rhönklubs, ehe wir den schönen erdigen Pfad am Nordhang des Pleß wieder hinabsteigen. Viele schmale Gänge durch dichtes Gestrüpp führen uns hinunter zu den ❻ **Pleßhauswiesen,** dort wandern wir auf einer breiten Wiesenschneise runter ins Tal des Polsambaches — nun immer der Beschilderung des HOCHRHÖNER® nach.

So tief im Wald nehmen wir uns einen Moment und achten auf unsere Umgebung. Junge Bäume treiben im Wetteifer um Licht nach oben und füllen den Wald mit leuchtendem Grün. Die Sonne blitzt durch

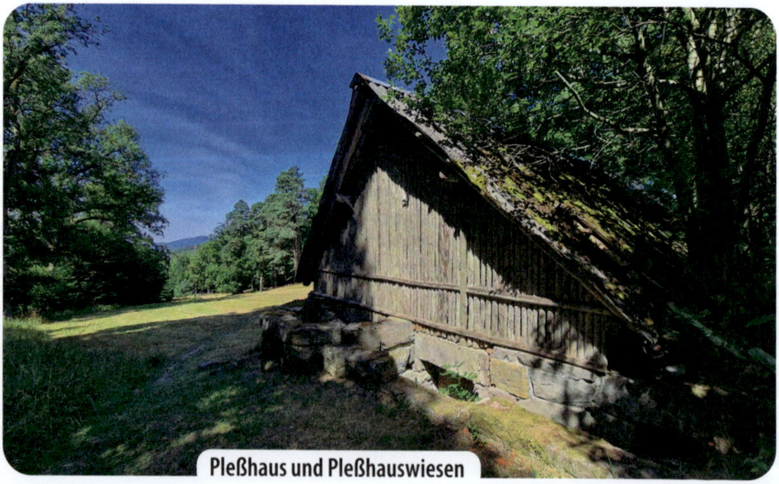

Pleßhaus und Pleßhauswiesen

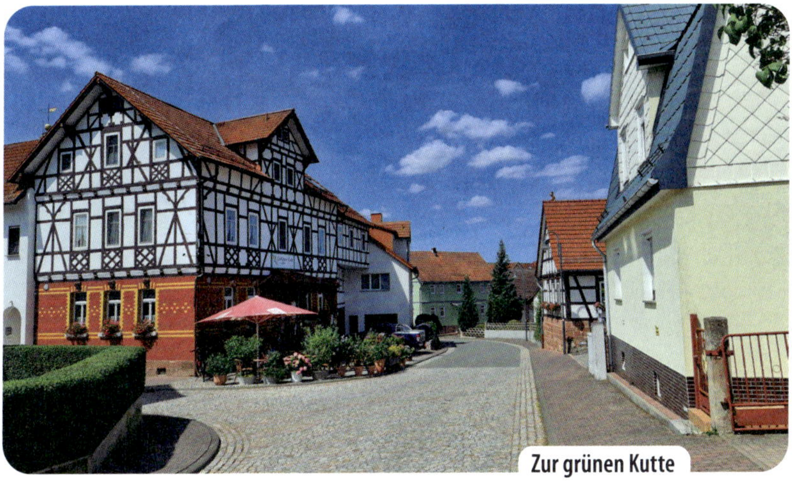

Zur grünen Kutte

die wenigen Lücken und lässt die Blätter hell erstrahlen. Wir schlendern über ein Mosaik aus Licht und Schatten und merken, dass absolut nichts zu hören ist – vollkommene Stille, nicht einmal der Wind rauscht durch das zarte Geäst. Plötzlich werden wir aus unserer Ruhe gerissen, denn das ohrenbetäubend krachende Kreischen eines aufgeschreckten Eichelhähers zieht aus einer nahe gelegenen Tanne zu uns herüber. In der Hecke drüben vernehmen wir plötzlich das hektische murmelknirschende Zwitschern zweier Mönchsgrasmücken. Der **Polsambach** gurgelt neben uns und an dem nächsten, spitzen Abzweig verlassen wir den HOCHRHÖNER® und halten uns links. Für 1,4 Kilometer gehört der Weg nur uns. Dann zweigt nach rechts ein abschüssiger Weg ab, den wir mit viel Bedacht gehen wollen. Denn die **7 Himmelsleiter** heißt nicht umsonst so. 20 Prozent Steigung und mehr, für die wir uns alle Zeit der Welt nehmen. Trauen wir uns den Weg nicht zu oder ist der Untergrund ein wenig rutschig, wandern wir einfach geradeaus und halten uns am nächsten Abzweig rechts hinunter zum **8 Schönsee.** Am See haben wir die Möglichkeit, unsere Badesachen auszupacken und eine kleine Rast einzulegen.

Vom Badesee aus führt ein verwachsener Weg wieder nach oben. Seien wir hier ruhig mutig, denn der Pfad wirkt ein wenig verwegen, führt uns aber geradewegs zu einem klar ersichtlichen Höhenweg. Oben angekommen, folgen wir dem Rhönrundweg 3, durchwandern einen tief gefurchten Hohlweg und gelangen schließlich zurück an den Rand des Örtchens Bernshausen. Im kleinen Dorf lohnt sich die Einkehr in die **9 Grüne Kutte,** denn mit einem Rhönforellen-Filet auf Wildkräuterbouquet oder einem Braten aus heimischem Wild werden wir mehr als fürstlich in dem auffallend schön hergerichteten Fachwerkhaus verwöhnt.

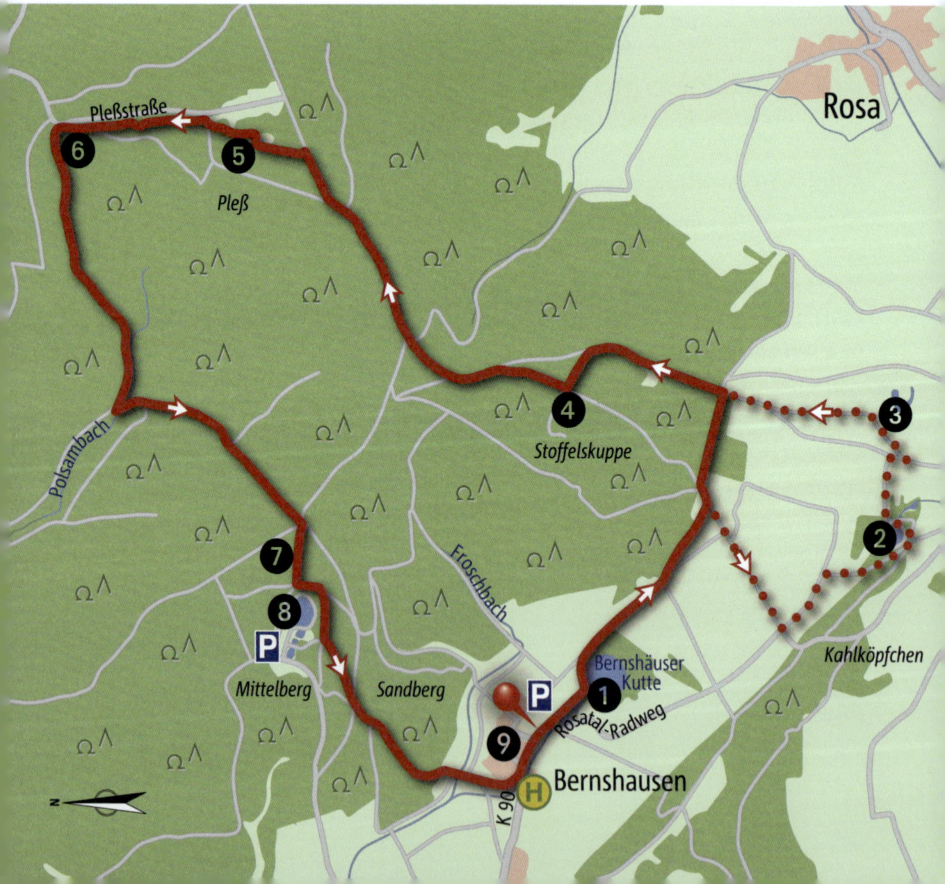

ALLES AUF EINEN BLICK

Entspannung 5/5
Abenteuer 3/5
Vielfalt 2/5

WIE & WANN

Eine spannende und abwechslungsreiche Sommertour, die sich auch in den vielen verschiedenen Bodenuntergründen ausdrückt. Besonders auf der Himmelsleiter sind aber Trittsicherheit und wackere Beine gefragt. Wer möchte, macht es sich mit Wanderstöcken leichter.

HIN & WEG

Auto: Wanderparkplatz Bernshäuser Kutte, Rosatal-Radweg, 36457 Dermbach-Bernshausen; Parkplatz am Schönsee (kostenpflichtig), Zum Schönsee, 36457 Dermbach-Urnshausen
ÖPNV: Haltestelle Bernshausen

ESSEN & ENTSPANNEN

9 **Landhotel Zur grünen Kutte,** Bernshausen 29, 36466 Dermbach, Tel. (03 69 64) 8 23 46, gruene-kutte.de

ENTDECKEN & ERLEBEN

1 **Bernshäuser Kutte**
2 **Gräfensee**
3 **Birkensee**
4 **Stoffelskuppe**
5 **Pleß**
6 **Pleßhauswiesen**
7 **Himmelsleiter**
8 **Schönsee**

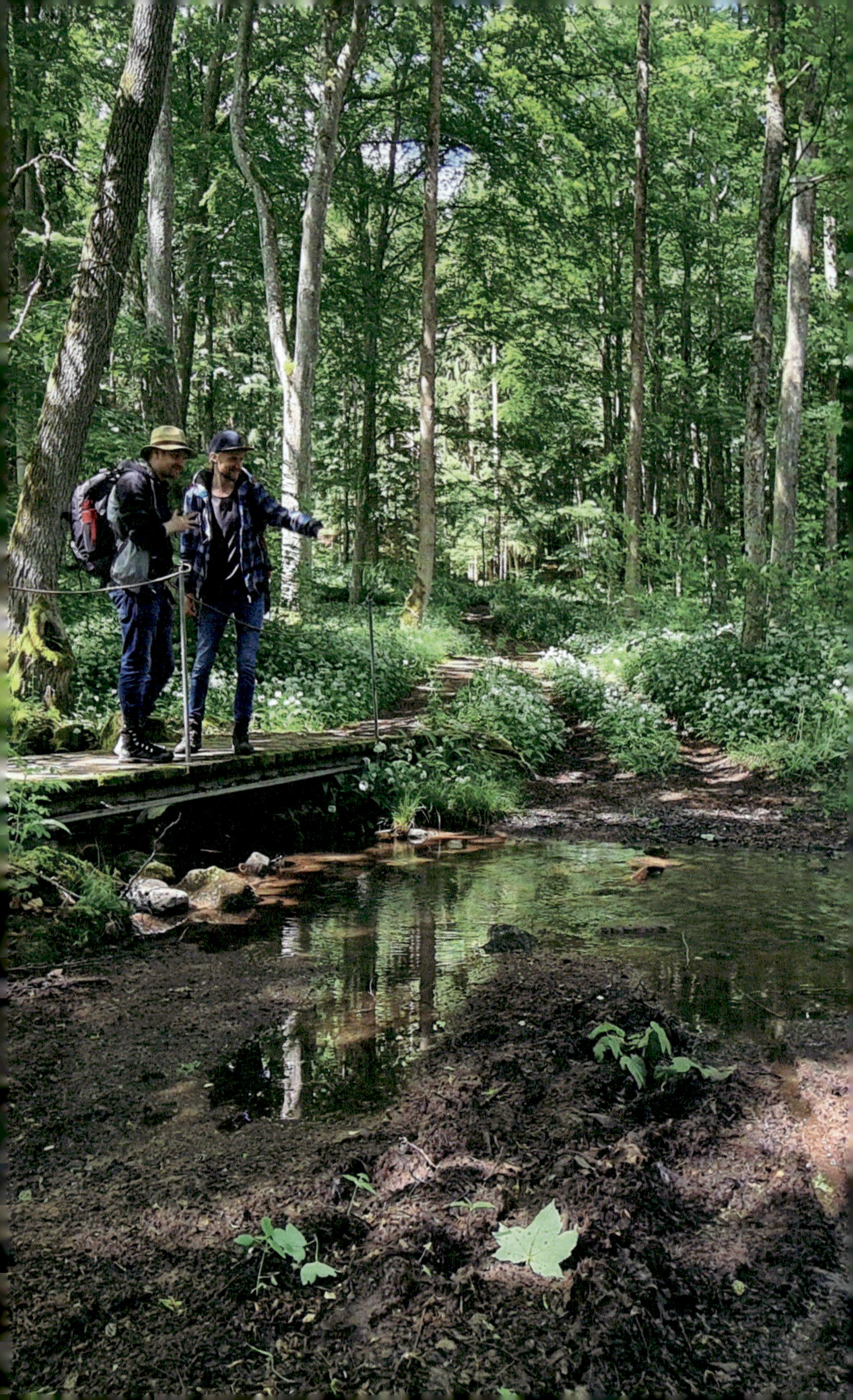

Historisches Wasser

Wandeln an der Aschach

Im schönen Örtchen Stralsbach thront die **Bergkirche St. Oswald** über dem täglichen Geschehen. Ein Besuch ist sie vor allem für diejenigen wert, die sich einen Überblick über das beschauliche Dorf verschaffen möchten. Unsere Wanderung beginnen wir ein wenig weiter unten am **1 Landgasthof zum Weißen Rössl.** Raffiniert, denn somit haben wir am Ende unserer Rundtour ein Wirtshaus mit traumhafter Einkehrmöglichkeit. Wir folgen zunächst etwas der Markierung des HOCHRHÖNER® über den Müllersweg aus Stralsbach heraus. Dabei fallen uns immer wieder kleinere Infotafeln ins Auge, denn wir bewandern gleichzeitig einen Teil des Wasserweges, der uns über die historische Nutzung des kostbaren Nasses informiert.

*Wer mit dem **ÖPNV** anreist, startet am besten seine Wanderung von Bad Kissingen aus und steigt am Ende des Kurparks in das Kaskadental ein.*

Unten in der Senke können wir den **Stralsbach** rauschen hören und dessen Verlauf vor allem an der Vegetation erkennen – Erlen und Weiden säumen nämlich treu und linienförmig das Ufer. Gut vorzustellen, dass die Senke regelmäßig mit dem Wasser geflutet wird. Deshalb wurden die Wiesen entlang des Stralsbaches von den Einheimischen auch saure Wiesen genannt. Aus einer Anekdote ging hervor, dass diese saftigen Wiesen besonders dem Zuchtbullen aus dem Ort geschmeckt und ihn gestärkt haben sollen. Wir machen einen Schlenker und werden von der Markierung hinab zur **Borstmühle** geleitet. Die Straße lädt uns zum Queren ein und wir verzögern auf der anknüpfenden Brücke den Übergang ein wenig, denn über dem Flüsschen Aschach atmen wir die frische Luft, die das klare Wasser mit sich

Kilometer: 15,8
Höhenmeter: 454
Stunden: 4,5
RUNDWEG

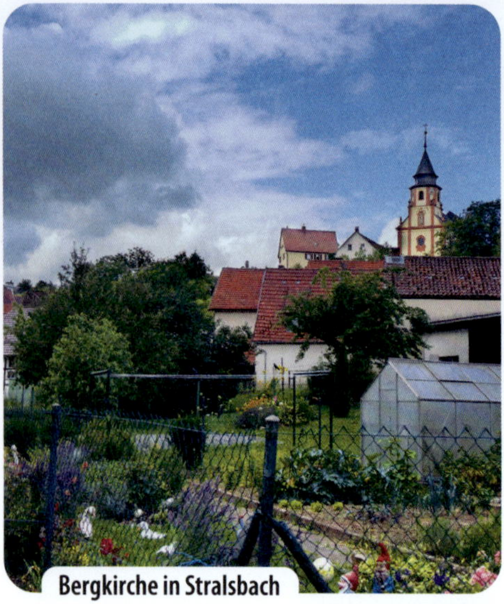
Bergkirche in Stralsbach

führt. Früher reihten sich die Mühlen an die Aschach wie Perlen an einer Kette. 15 Mühlen waren es an der Zahl! Einige davon bestehen heute noch und nutzen das kräftige Wasser des Flusses zum Beispiel für die Gewinnung von Energie. Nach der Brücke verlassen wir den Weitwanderweg DER HOCHRHÖNER® und somit auch die Markierung und halten uns auf dem befestigten Untergrund rechts. An der nächsten Brücke haben wir die Qual der Wahl. Steht der Fluss hier nicht zu tief und gelüstet es uns nach einer ersten Abkühlung, können wir uns auch den Spaß machen, kurz aus den Stiefeln zu fahren und die angrenzende Furt zur Querung des Flusses zu nutzen. Der Wanderweg führt uns in eine idyllische grüne Talsenke, durch die sich die Aschach genügsam schlängelt. An frühen Herbstmorgen hängt der Nebel hier besonders lang, bis die Sonne allmählich durchsticht, im Sommer zieht sich die zähe Kaltluft Richtung Fluss und kühlt das Tal angenehm herunter: zu jeder Jahreszeit also ein Genuss.

Ein kleiner Wiesenweg weist uns auf ein wenige Meter entferntes **2 natürliches Wasserwehr** hin. Den Abstecher nehmen wir gerne mit, erinnert das Wehr nämlich viel mehr an einen kleinen Wasserfall. Allerdings sollten wir eine gewisse Bereitschaft mitbringen, erneut die Stiefel auszuziehen, oder über wasserdichtes Schuhwerk verfügen, denn zum natürlichen Wehr führt lediglich eine Furt. Auch wenn wir es uns bequem machen und nicht die

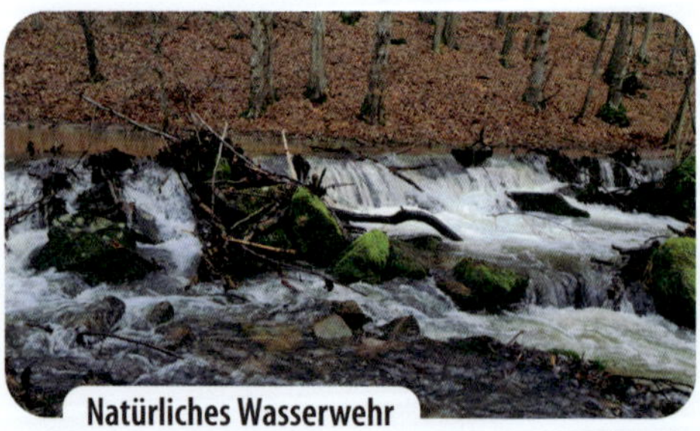
Natürliches Wasserwehr

Aschach durchlaufen, haben wir von unserer Uferseite aus einen schönen Blick auf das sich in den Felsen brechende Wasser. Wir können uns gut vorstellen, dass die Kinder früher an diesem Ort oft schwimmen waren. Schließlich waren Schwimmbäder damals rar und der Fluss an den Wehren tief genug.

Ein ③ **historisches Stauwehr** können wir dann noch 200 Meter weiter inspizieren. Zwar wurde es zu Schauzwecken restauriert, doch das tut uns keinen Abbruch. Ein kleiner Picknickplatz lädt ein, einen Moment länger zu verweilen. Wir nehmen das freundliche Angebot an und stellen uns vor, wie das Wehr die Möglichkeit offenhielt, die angrenzende Grünfläche jederzeit zu fluten. Praktisch, denn so konnte auf Düngemittel verzichtet werden, schließlich brachte das Wasser allerlei Nährstoffe mit! Auf geht´s, denn die nächste Furt möchte durchwatet werden!

Für die Seele

An warmen Tagen kühlt uns das viele Nass wunderbar herunter und am Ende wartet sagenhafter Genuss!

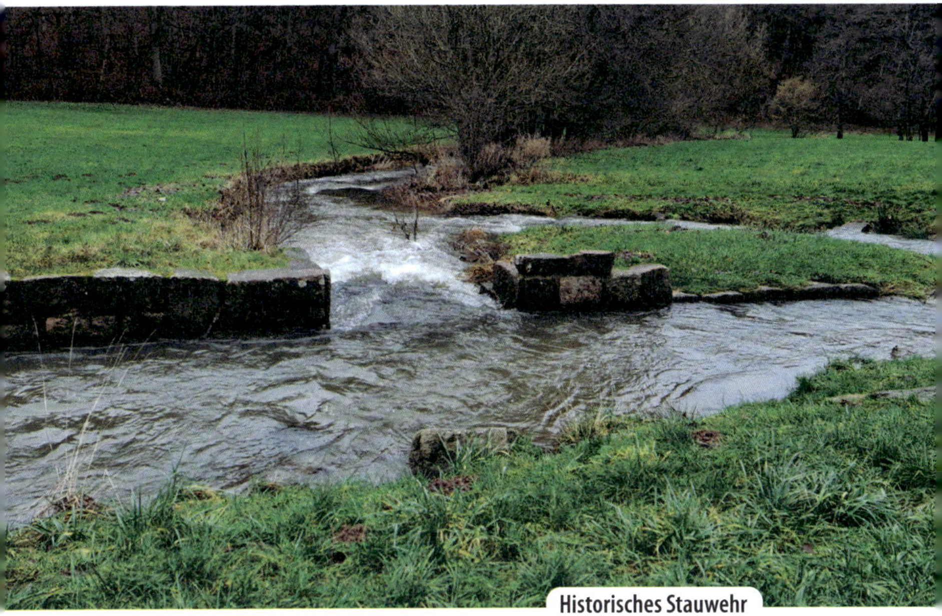

Historisches Stauwehr

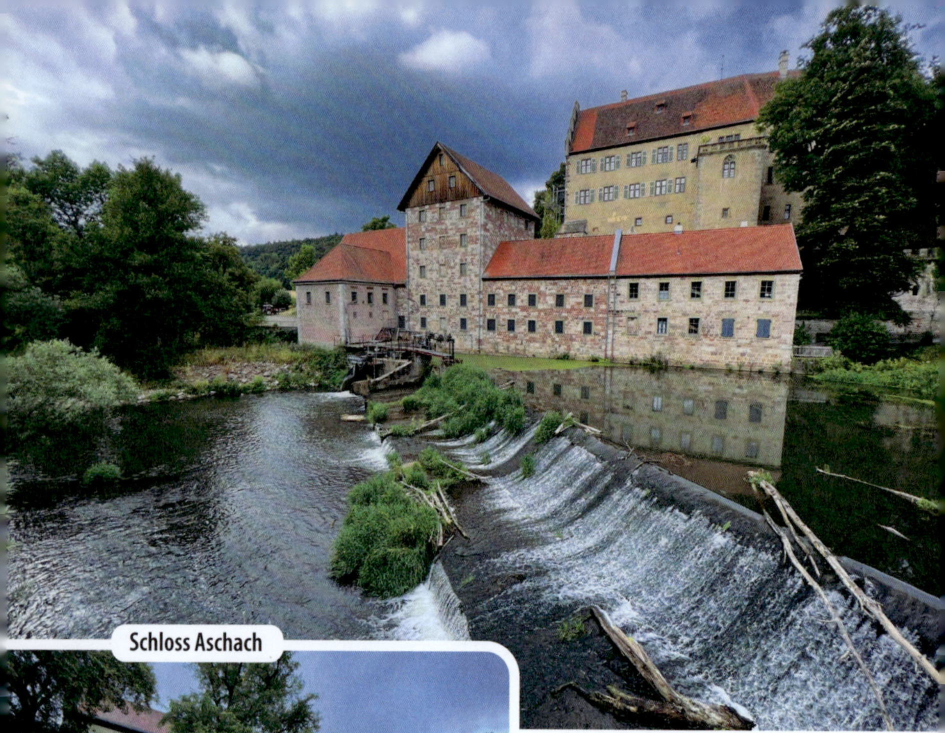

Schloss Aschach

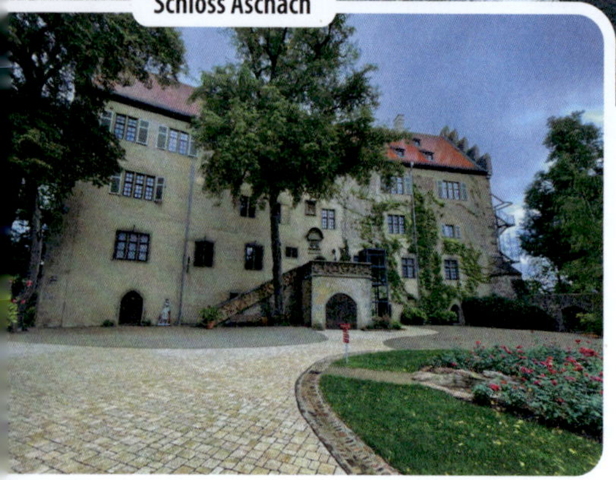

Mit der **Oberen Mühle** haben wir nun auch den Ort **Aschach** erreicht. Achten wir einmal auf das Mühlrad rechts von uns. Der gerostet Cortenstahl zeigt eine tolle Symbiose aus historischer Nutzung und moderner Interpretation. Die Obere Mühle wurde früher nicht nur zum Mahlen von Getreide verwendet, sondern half auch, das viele Holz aus der Umgebung zu zersägen. Wir wandern die Straße Neusetz hinunter bis zur Zehnthalle. Zwar wollen wir von hier aus später nach rechts, sollten uns aber den kleinen Abstecher nach links zum eindrucksvollen **4 Schloss Aschach** nicht entgehen lassen. Neben der eigentlichen Schlossanlage lohnt sich die Besichtigung des **Graf-Luxburg-Museums,** um ein wenig in das luxuriöse Leben der ehemaligen Besitzer einzutauchen.

Zurück in der Schloßstraße nehmen wir links den Burgweg, der am Ende in einen schmalen Waldpfad mündet. Lange verschont, nehmen wir nun unseren ersten Aufstieg am Berghang. Immer wieder gibt das Laubwerk einen Blick auf die Fränkische Saale frei, unter unseren Füßen plätschern nach regenreichen Tagen kleine Bäche, die sich über den Waldboden ziehen. Selbst in der Höhe hält uns das Wasser die Treue. Schwungvoll steigen wir weiter hinauf und folgen der Wandermarkierung SA – Rundtour Schloss Aschach. Der Weg schlängelt sich durch den schattig-kühlen Wald. Vor uns glitzert der kleine **5 Klausweiher** im Dunkeln auf und wir nutzen den Moment, um ein wenig zu rasten, ehe wir mit viel Gemächlichkeit hinunter zum **6 Kaskadental** wandern. Damit wir das schöne Kaskadental nicht irgendwo in der Mitte beginnen, halten wir uns vor einer Brücke links hinab, so bekommen wir die vielen Stufen, die das Wasser plätschernd ins Tal nimmt, in all ihrer Fülle mit. Am Wanderparkplatz angelangt, steigen wir an dem historischen Informationsschild über die alte Holzbrücke. Ausgetre-

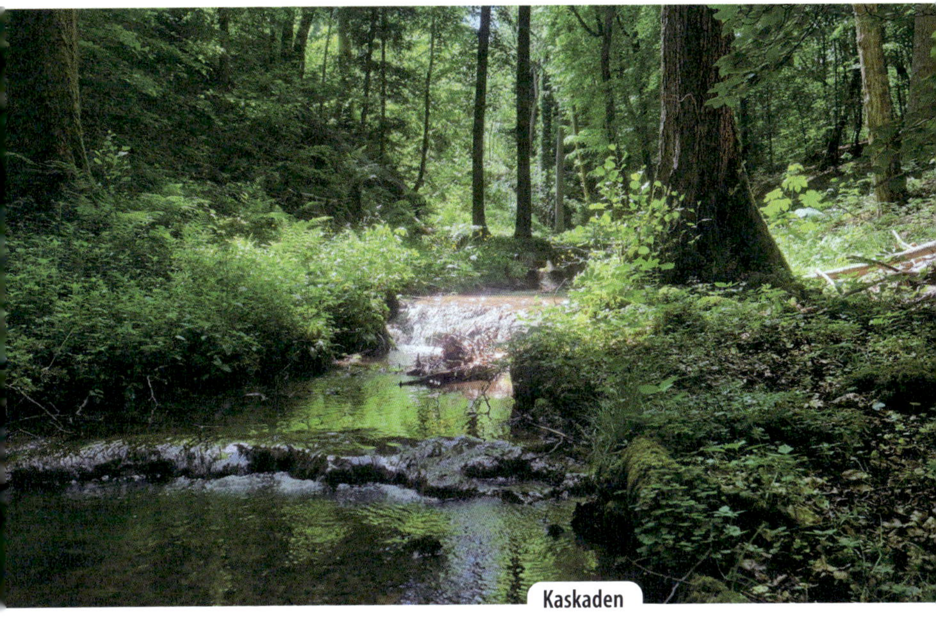

Kaskaden

tene Pfade führen uns mal links und mal rechts vom Kaskadentalbach hoch zur **Klaushöhe.** Ein toller Ort, um zu entschleunigen und mal ein wenig langsamer zu wandern. Anders als die Kaskadenschlucht bei Gersfeld wurden hier die kleinen Wasserfälle im 18. Jahrhundert vom damaligen Würzburger Bischof künstlich angelegt. Sie sollten den Gästen den Aufenthalt in dem damals schon sehr populären Kurort Bad Kissingen noch angenehmer gestalten. Der ehemalige künstlerische Prunk wurde längst von der Natur eingeholt, denn von den ehemalig extra angepflanzten exotischen Pflanzen und den installierten Skulpturen ist heute nichts mehr zu sehen. Wir können uns umso mehr an einem natürlich wirkenden Wechselspiel aus kleinen Wasserfällen und Gumpen erfreuen. Ein wunderbarerer Aufstieg, der noch schmackhafter dadurch wird, dass uns weiter oben schon der würzige Duft des **7 Forsthauses Klaushof** in die Nase steigt. In dem erha-

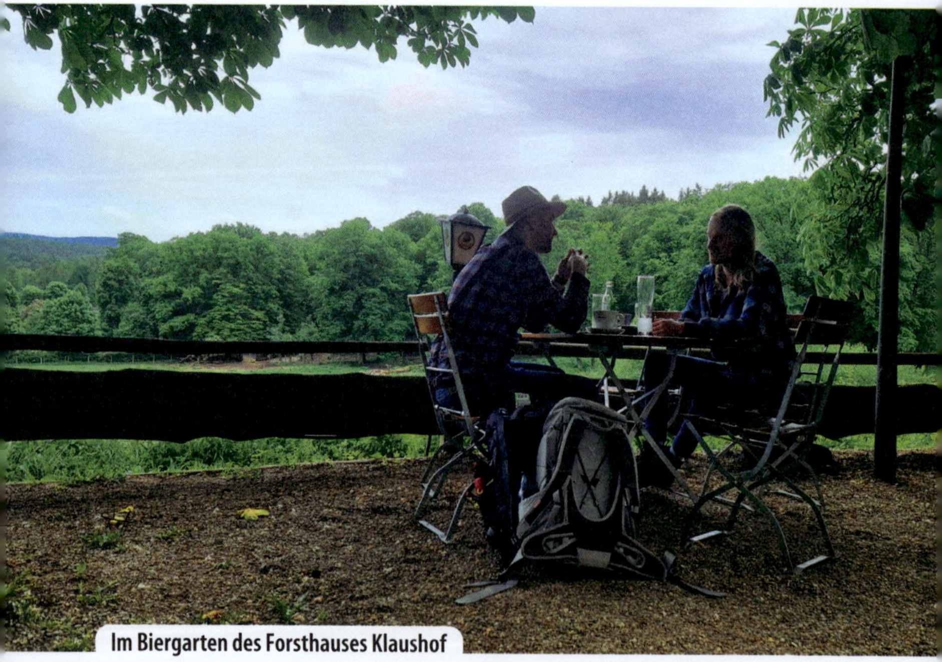

Im Biergarten des Forsthauses Klaushof

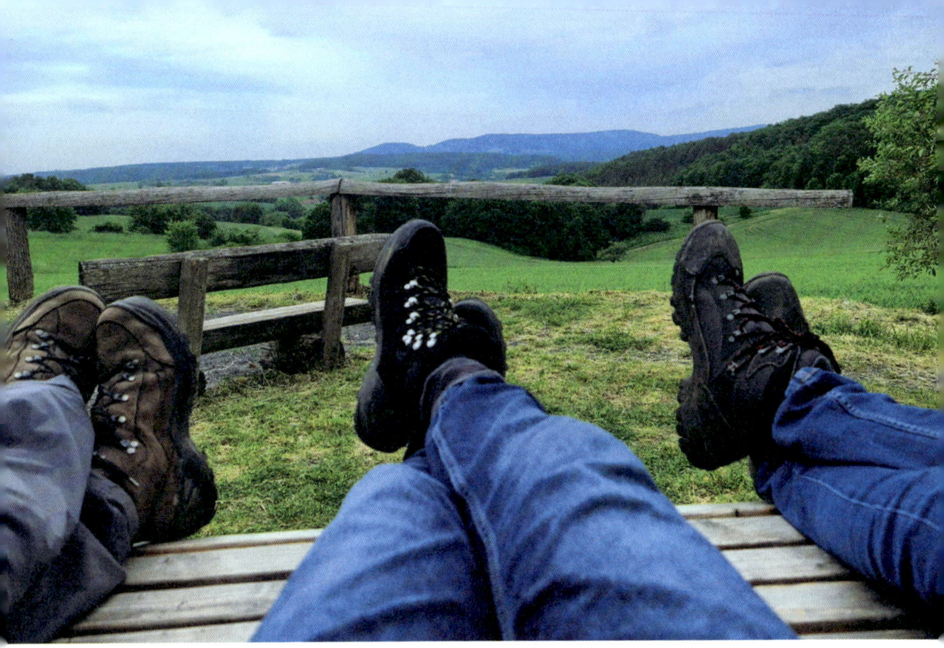

benen Biergarten ist einem Platz unter den Kastanien mit einem kühlen Getränk kaum zu widerstehen. Und vielleicht bekommen wir ja sogar noch Lust, den angrenzenden **8 Wildpark Klaushof** zu besuchen: Wildkatzen, Luchse und Auerhähne warten auf uns!

*Im Stundentakt verbindet eine kleine touristische **Bimmelbahn** Bad Kissingen mit der Klaushöhe. Haben wir noch genügend Muße, können wir einen kleinen Abstecher in die UNESCO-Weltkulturerbe-Stadt machen.*

Hinter dem Forsthof folgen wir ganz bequem dem Weitwanderweg DER HOCHRHÖNER® durch das **Naturschutzgebiet Klaushof.** Die kleinen Pfade in dem alten Bergwald sind ein Genuss! Der erdige Boden federt uns ab und unser Rucksack wippt im Rhythmus unserer Schritte. Mit beschwingter Leichtigkeit nehmen wir das viele Wurzelwerk, das uns den Weg nur zu gerne erschweren möchte, und lassen die natürlichen Hürden hinter uns. An dem **9 Jagdsitz Herrmansruh** legen wir noch einmal die Füße hoch, denn den Holzliegen unter den Obstbäumen mit einem Ausblick in ein sattgrünes Becken wollen wir uns hingeben.

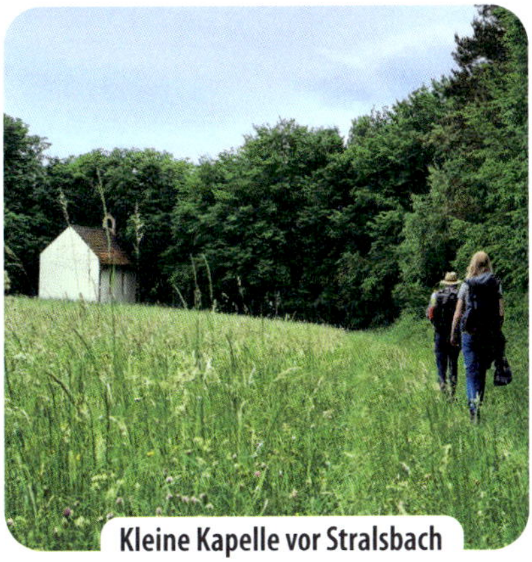

Kleine Kapelle vor Stralsbach

Immer wieder ziehen sich enge kleine Passagen durch den Wald und es tun sich ruhige Stellen auf, einen Moment durchzuatmen und achtsam den Geräuschen des Waldes zu lauschen: Braunkehlchen, Amsel, Blaumeise, Eichelhäher und Sperlinge – Surroundsound Vögel! Am Ende einer Lichtung erahnen wir in dem Versteck aus dichtem Baumwerk eine Kapelle. Daran schließt sich ein recht steiler, aber kurzer Kreuzweg an, der uns hinab zum Silberdistelweg nach Stralsbach führt. Schnurgerade kommen wir am **Landgasthof Zum Weißen Rössl** wieder an. Das Wirtshaus ist ein kleiner Geheimtipp in der Rhön, denn hier werden mit viel Liebe zum Detail traditionelle Speisen nicht nur modern interpretiert, sondern auch auf Spitzenniveau zubereitet. Genau das, was wir uns nach diesem Tag wünschen.

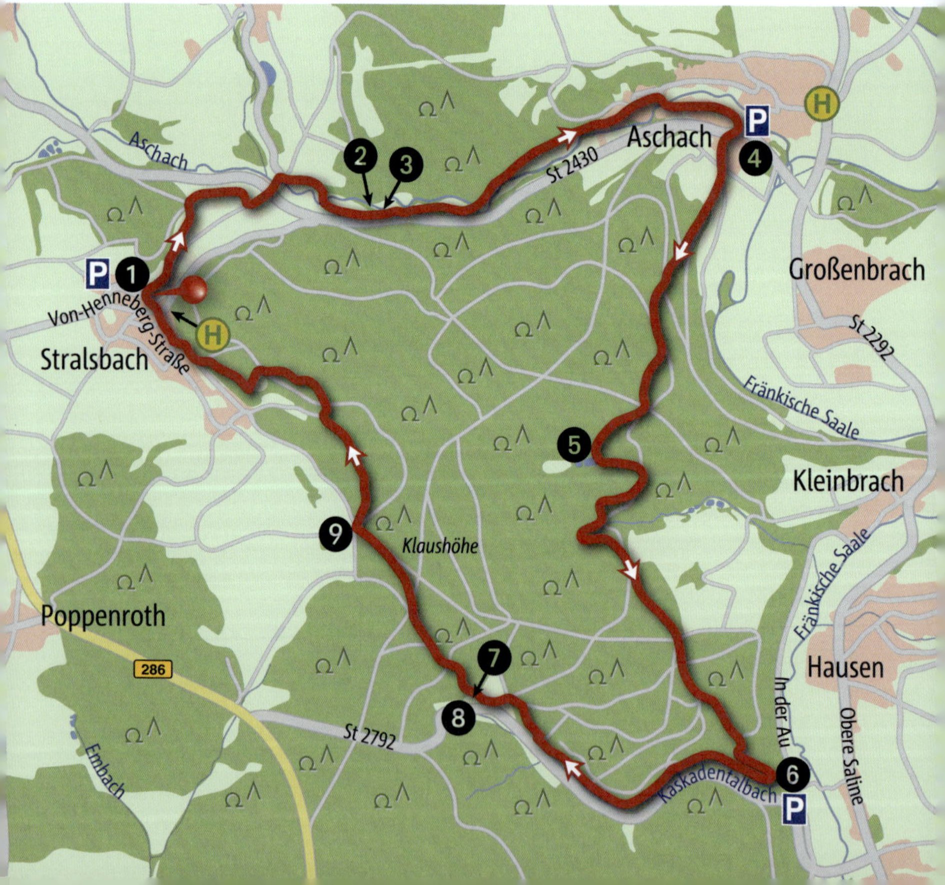